Alan Booth

亞蘭・布斯

廖素珊 譯

縱走日本二千哩

從北海道的極北端
到九州佐多岬，
一場裡日本徒步之旅

The Roads to Sata

a 2000-Mile Walk through Japan

……我常對我的旅行做各式各樣的沉思，並反芻再三，往往陷入一種滑稽的愁雲慘霧心境中。

——賈克斯（Jaques），語出《皆大歡喜》（*As You Like It*）

—目次—

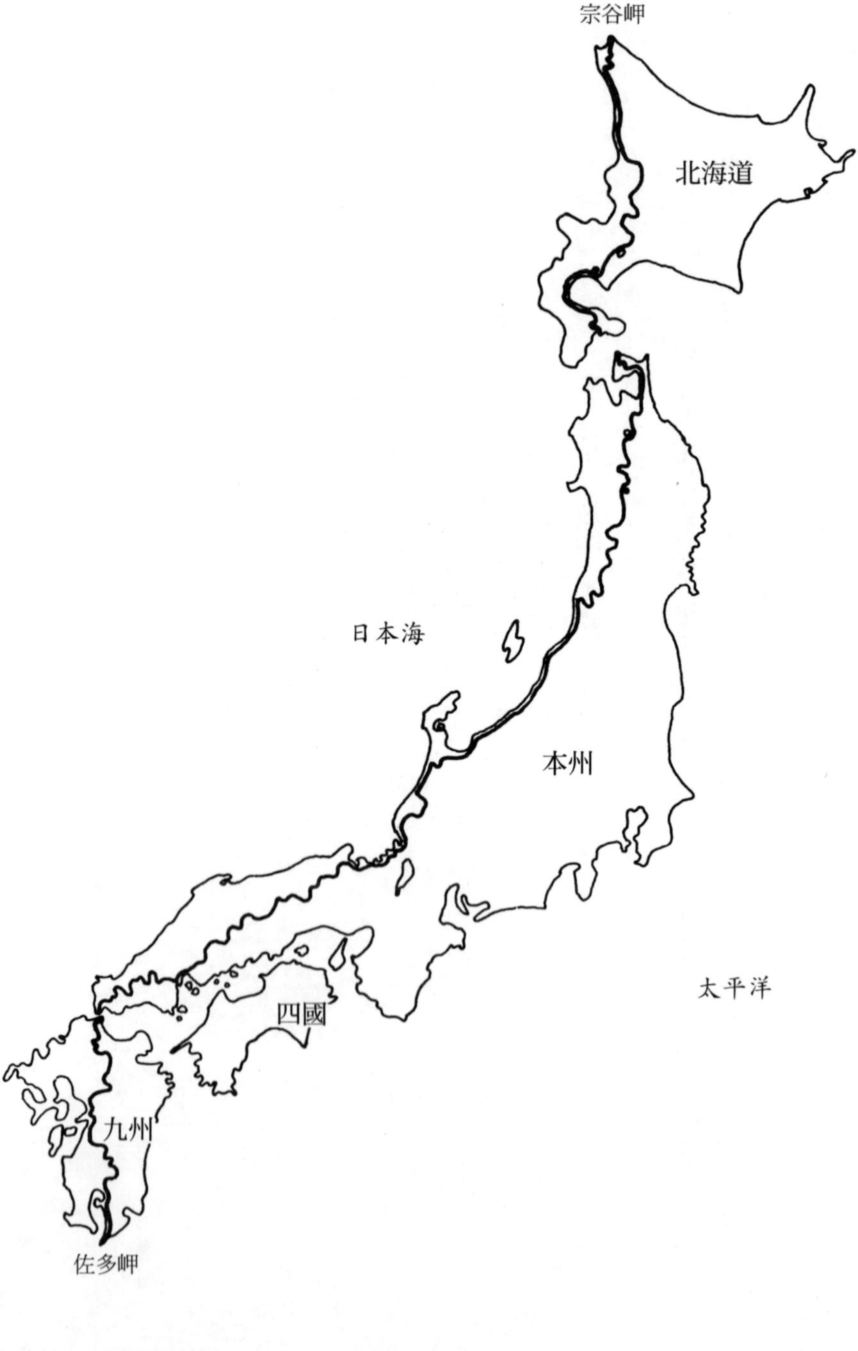
宗谷岬
北海道
日本海
本州
太平洋
四國
九州
佐多岬

前言

佐多（Sata）到底位在何方，（出版商嘟嘟囔囔地警告我）大概沒有幾個人知道，因此最好加以說明。佐多是日本四大島最南端的九州最南端的岬角。我從北海道最北端的宗谷岬（Cape Soya）一路步行到佐多，期間所見所聞成為本書內容。

日本是一個長型國家。同樣的緯度，同樣的距離，在北美，我可以從加拿大的渥太華走到美國阿拉巴馬州墨伯市（Mobile）；如果是在歐洲，從南斯拉夫貝爾格勒（Belgrade）出發的話，可以一路行經中東，抵達亞喀巴灣（Gulf of Aqaba，約旦西南部港市）。這段兩千公里的旅程並非以哩計算，因為大多數日本人都採用公里制，而它也是我在旅程當中日夜使用的單位。

可能的話，我很想向書中提及的男男女女及兒童一一致謝，然而這些人的姓名，我多半不知。對於已知姓名的那些人，我則採用假名。書中使用的姓名沿用日本人的習慣：姓氏在前，名字在後。

書中，我盡量避免籠統的描述，特別是在提及「日本人」的時候。所謂的「日本人」總數共有一億兩千萬，包括剛出生到高齡一百一十九歲的人。他們生存的地理位置跨越了二十一個緯度和二十三個經度，從事的職業從天皇到城市游擊隊不一而足。這本書記載了我與以下這些人的相會：大約一千兩百位商人、農夫、阿婆、漁民、家庭主婦、商店老闆、學童、軍人、警察、僧侶、牧師、旅客、記者、教授、勞工、女傭、服務生、木匠、教師、旅館主人、陶匠、舞者、自行車騎士、學生、貨車司機、韓國人、美國人、酒吧媽媽桑、職業摔角手、政府官員、隱士、酒鬼，以及流浪漢。

第一章　邊遠前哨

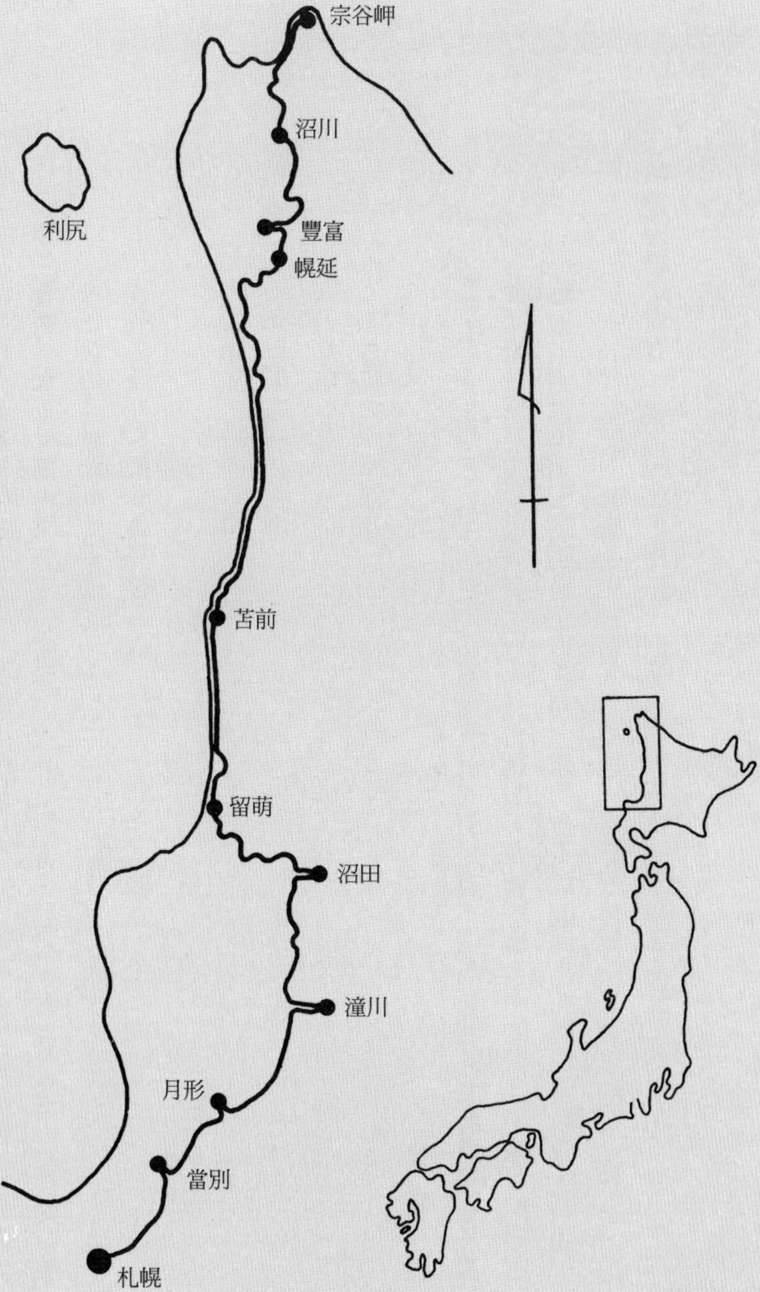

宗谷岬一家拉麵店的大門上，高懸著兩隻喇叭，每隔五分鐘就會播放一首歌：

浮冰融化，春風拂拂
薔薇綻放，海鷗嚶鳴
海洋遠處異國輪船的蒸汽
真教宗谷岬人們喜出望外

風雪退勢，寒冬已遠
蝦蟹正在近海中雀躍
人們敞開心扉
大海也在宗谷岬澎湃

六月底，雨季正酣，大半個日本潮濕而陰沉。但是日本四島最北的北海道卻在熱浪下乾烤。海面不見絲毫波濤或漣漪，一片亮藍刺眼，像柳橙廣告中的海洋。宗谷岬的居民在必要時刻，才會走到熾熱的陽光下活動。他們多半懶散地坐在門口陰影處，看著一對對蜜月新人一陣瞎忙，試圖透過投幣式望遠鏡，望穿厚達四十三公里的海上熱氣，遠眺與拉麵店僅有一水之隔的俄羅斯。四個年輕摩托車騎士身著亮晶晶的黑色皮衣，大汗淋漓，坐在一家餐館門外的桌旁。他們一手敲桌打拍子，一手趕開可口可樂瓶子邊緣的蒼蠅，傾聽喇叭大聲播放的蝦蟹之歌，盯著不遠處四輛嶄新的本田機車。離摩托車停放的地點不到一碼處，就是日本國土的北方終點——北緯四十五度三十分，與義大利米蘭、黑海北岸克里米亞半島（Crimea），以及美國奧勒岡州波特蘭（Portland）的緯度相同。

落日西盡，蒼蠅紛紛飛回山丘，喇叭傳出一陣爆裂靜電雜音後，歌聲戛然而止。北方的傍晚稍顯涼意。從我落腳的民宿門口望去，可見粉紅色海面上的捕蝦船，遙遠又凝止不動，宛如火柴棒般。

「你明早要幾點起床？」民宿老闆問道。他個頭高大，講話直率，滿臉鬍鬚，手裡撥弄著登喜來打火機。

「我不知道，七點吧。最好早一點動身。」

「要趕巴士嗎？」

「不是，我要徒步。」

「要走很遠嗎？」

「整個日本那麼遠。」

整晚，狂風直吹進宗谷岬的民宿房間，讓我輾轉難眠。強風從火爐煙囪呼嘯而入，嗚叮作響，彷彿一窩鳥兒在唱歌：靈巧的日本小鳥將煙囪當成擴音器，啁啾不止。翌晨，老闆給我一條小棉質手帕，上面印有北海道地圖。他解釋，萬一我走錯路，手帕便可派上用場。他小心翼翼地打開手帕，在右上角用印章蓋上民宿的地址與電話號碼。

「今天是幾號？」他扯高嗓門問廚房裡的妻子。

「二十八號喲。」妻子喊回來。

他全神貫注地將另一個橡皮章沾上印泥，在地址的正下方整齊蓋上「六月二十八日」，然後後退一步，仔細端詳。不過他還是不滿意，所以又在日期下面用紅筆寫了一行小字：「七點出發」。

就在此時，隔壁的喇叭開始大鳴大叫，我重新綁了三或四次靴帶。

「今天是二十九號。」我想起來。

「二十九號呀！」民宿老闆大吼一聲，用原子筆猛塗日期的最後一個數字，再潦草寫上新數字，結果糊成一團。

「我老婆是個笨蛋。」他咕噥低聲說。

遙遠的終點

在東京的最後一晚，一群日本友人為我餞別。九點左右，其中一人已經醉醺醺地靠在居酒屋的牆上，下巴黏著一小塊烤雞肝。儘管如此，他還是插進談話。「算步數，」他建議，「從北到南一路計算所有的步數，這樣你就會知道總共有多少步。」

「我幹嘛要知道呢？」

「你可以用這個來寫一本書呀。要寫一本介紹這種旅行的書，怎麼可以不曉得自己走了多少步呢。」

「可是我有地圖和指南針，道路標示也會告訴我……」

「聽我的話，算步數。我這輩子還沒碰過曉得從宗谷岬到佐多岬總共有多少步的人。我打賭從來沒有人算過。你絕對會是第一個。」

說完不久，他就呼呼大睡，烤雞肝還黏在下巴上。兩三個朋友合力抬起他，走向一輛計程車，司機只看了他一眼，就像車尾著火般揚長而去[1]。

我並未計算自己行走的步數，但是我盡可能計算我行走的公里數。在那個特別的第一個早晨，海洋閃耀奪目，我沿著海岸走了十五公里。

沿岸的零星村莊裡，房舍牆壁與屋頂原本漆上原色，如今已被西伯利亞海風帶來的鹽分漂成淡粉紅和淺綠色。牆壁以三夾板或廉價錫板搭成，漆成厚木板色，片片波浪狀鐵板組成屋頂。西南方，越過遠方的稚內（Wakkanai），壯麗巍峨的利尻山（Mt. Rishiri）

1 東京計程車司機不大願意搭載醉漢。

矗立在外海，兀自成島，山巔還覆蓋著些許皚皚白雪。一座漁人倉庫的紅色大門敞開，屋內地上堆著已死的大章魚。我向一位穿和服、戴呢帽的老頭道聲早安。「您辛苦了。」他回禮道。

晌午，開始轉往內陸田埂，在翠綠耀眼的稻田間走了十八公里。炙熱的陽光遍灑在碧藍色筒倉與荷蘭式穀倉屋頂上。一個女人戴著白色頭巾，操作牽引機，忙著將乾草成堆排排排開，整齊得像棋盤方格。男人用耙叉把乾草耙成堆，向我招招手，嘴裡叼了根香菸。

下午三四點左右，我的嘴乾得像沙紙，路邊的空啤酒罐開始讓我口渴難耐。天氣酷熱乾燥。卡車轟隆碾過，揚起的臭風反而顯得濕潤宜人。北海道是日本第二大島，人口卻最為稀少，僅占全國百分之五，密度大約是每四英畝的土地才有一個人。於此島的北隅踽踽而行，經常數小時只見到烏鴉的蹤跡。傍晚，一輛牽引機經過，年輕司機停下車，一語不發地遞給我一瓶柳橙汁。我站在馬路中央將它一口飲盡。牽引機發出低沉的咕隆聲，司機低頭對我咧嘴笑了笑。

「你是哪一國人？」

「英國人。」

「啊，很不錯呀。」

「沼川（Numakawa）還有多遠？」

「過下個山頭就到囉。」

看著我喝完柳橙汁，他滿意地拿回瓶子，發動隆隆的引擎上路，轉進田野。向晚的微風開始在草地上吹起陣陣漣漪。等真正抵達沼川時，我已經翻過了五座山頭，繞過八個大彎。我坐在一家日式旅館（ryokan）的玄關台階上，一連灌下兩瓶啤酒，總算才有力氣解開靴子。老闆娘在一旁張大眼睛，高興地拍手叫好，女服務生站著咯咯猛笑，喘不過氣來。

日本社會裡，充滿了讓人們無法晏起的各式絕招：例如，在天剛破曉時，就把人嚇得滾下床墊的叭叭警笛聲，沿海村落的霧笛此起彼落地響起，或是喇叭大放如〈櫻花，櫻花〉和〈波蓋上校〉這類流行歌曲。在沼川，有一組電子鐘能夠精確模仿英國國會大笨鐘的噹噹報時聲。如果這些聲音仍然吵不醒你，放心，還有伴著小學生魚貫上學的〈起錨歌〉進行曲。旅館老闆小幡（Obata，音譯）先生在沼川小學任教。他說服我，要我在翌晨離開沼川時，順道繞去學校一趟，跟他的學生們露個臉。等我走抵那所迷你單層木造校舍時，〈起錨歌〉的旋律早已停歇，因為學校位於農莊僻處，拐這一個彎，就花了我一個小時。不過從小孩子們突然從嘰喳的喧鬧，變成目瞪口呆和屏氣噤聲的反應看來，絕對值得多磨這麼一點靴底。小幡先生班上只有四個學生：三個六歲大的男孩和一個七歲大的女孩，全瞪大眼珠，坐在板凳上，咕嚕咕嚕地看著老師介紹這位來自外太空的生物。

「小朋友，這位是來自英國的英國人。阿和，你知道英國在哪裡嗎？」

「很遠很遠。」

「你能不能在地圖上找到這個地方？」

老師將一個破舊的金屬地球儀移到教室前方，四個小鬼忐忑不安地圍著它轉來轉去。

「不對，阿和，那裡是沙烏地阿拉伯，這裡才是英國。」小幡老師的指頭輕點在冰島上面。他的背往後一挺，雙臂如風火輪般揮舞著，傳授學生地理知識。

「昨天這個外國人走了三十三公里的路，從宗谷岬來到這裡。阿和，宗谷岬在什麼地方？」

「很遠很遠。」

「對。今天這個英國人要走到豐富（Toyotomi）。小良，豐富在哪裡？」

「很遠很遠。」

「然後他要一路走過全日本喲。」

「哇……」

「你們覺得他會走多久呢？」

「一個禮拜。」

「兩個禮拜。」

「六個月。」

「五年啦。」

這時，我感到兩隻腳丫傳來陣陣刺痛。在孩子們輪流試提過我的背包後（只有那個小女生提得起來），我在教師休息室喝了杯綠茶，不理會坐在一旁暗自嘻嘻笑得抑不可止的校長，就迫不及待地朝豐富出發。

初夏烈陽灼灼，照耀在凹凸不平的路面上，在戴白色頭套的挖水溝婦人身上，在被牽引機軋軋疾駛而過逼開的那條棕色大蛇身上，也在我身上。我在頭上包著一條天藍色毛巾，雙手因曬傷而浮腫了一倍，皮膚逐漸由深紅轉為紫紅。半路，我向一個農家要水喝，他們端來綠茶和點心，並建議我找醫生看手傷。蓊鬱林間的蒼蠅成群圍在我臉上，久久不散。我脫下靴子和襪子，將腳浸入一條溪流中，溪水清涼，轉眼間就被溪裡的小蟲叮出滿腿血斑。

傍晚抵達溫泉勝地豐富，鎮上只有一條灰塵滿布的寂寥街衖和十數家老舊旅館。我已累得寸步難行。頭兩天，我走了六十多公里，一路在毫無蔽蔭的曠野中，頂著空前的熱浪前行。路上唯一的陰影往往是在人們漠然臉孔的凹凸處。我一跛一跛地從旅館走到公共澡堂。旅館給我一雙方形木屐（下駄〔geta〕），比我的腳丫小了一吋半，而且還使腳丫痛上加痛。我那狼狽模樣倒是讓澡堂的女服務生開心不已。

「你們看，這個外國人走路一跛一跛的。早就跟你說過，他們不會用木屐走路。」

真好，澡堂幾乎沒人。一大片灰色火山岩恍若圍牆般，屹立在寬大的瓷磚浴池中央，將池子分隔成男湯和女湯。石頭上緩緩湧出光滑的暗綠色天然熱泉。澡堂服務生周到地提供了一張網子，好用來舀掉浮在水面上的蚊蠅死屍。但是我渾身疲憊又嚴重曬傷，顧不了那些蚊蠅，只能癱坐在瓷磚池邊浸泡兩腳。將近一個小時裡，我蹣跚來回於浴池和冷水龍頭之間，不斷用塑膠小盆接滿冰水，澆在曬傷的臉和脖子上。

旅館的菜色少得可憐，女服務生又板張臭臉。房間四壁蕭然，必須不斷投入百圓日幣的銅板才能收看黑白電視機。翌晨我離開時，旅館外，四、五十位老先生拄著枴杖，巍巍顫顫地登上兩輛大巴士。隔壁旅館的喇叭放送著〈驪歌〉。旁邊一輛小貨車呼嘯駛過，車子的背後有一行醒目的黃色英文字：「幸福即將來臨」。

四海之內皆兄弟

十點到十二點之間，幌延（Horonobe）車站對面的小餐廳裡冷冷清清。但十二點一到，立刻擠滿客人，到了一點鐘，又恢復了空蕩光景。旅程的第三天上午，我咬緊牙根，走了十二公里的煤渣路。現在，我坐在小餐廳裡，喝著冰涼的札幌啤酒，心中委實舉棋不定。我在東京舒適的環境中仔細計畫出來的這份行程，和地圖上工整的鉛筆編號，都在鞭策著我繼續上路，完成壯舉。但我身上的水泡、曬傷、腳趾頭關節、腳背、腳底的肉球、腳踝、膝蓋、大腿和小腿後肌抽痛不已，加上札幌啤酒在肚內作祟，讓我實在很想留在幌延休息一天。我在三點一刻作成了決定。接下來的兩個小時內，我流連在幌延的小公園裡，悠閒橫躺於一棵標有清楚說明的樹下，看著小孩子手拿馬鈴薯片，餵著籠子裡的初生「斑比」（bambi，自狄士尼時代以來，日文「小鹿」的代稱）。

我住進的那家旅館樓下食堂的牆上，掛滿蒸汽火車噗噗冒著白煙，穿越峽谷的照片，以及一幅發黃的米勒[2]〈晚鐘〉複製畫。食堂裡擺著一些供人選購的貝殼項鍊墜飾。老闆女兒仔細地在每個墜飾內黏上一塊布面。旁邊還擺了一面塑膠鏡子，上面橫漆著「旅遊為您帶來微笑」幾個字。不過，我隨即發現，人口四千六百的幌延最主要的觀光景點是酒吧，總共有二十二家。那天晚上我邊跛邊逛，走進第三家酒吧，裡面有一台很棒的古董級生啤酒冷卻機，媽媽桑不停地在其中加入冰塊，還有一台高齡二十年的沃利澤（Wurlitzer）點唱機。大型彩色電視裡，一個紅鬍子美國摔角手正拿著一張場邊座椅，猛力砸在一個名叫「強人小林」（Strong Kobayahsi）的日本摔角手身上。

我點了一瓶生啤酒，才剛要喝，身旁就傳來「哈囉，請，請，哈囉」的聲音。一個禿頭男子笑容滿面地站在我身邊，替我斟了一杯陳年山多利威士忌。

---

2 Millet，一八一四至一八七五年，法國自然主義時期的田園畫家。

「你太客氣了，」我趕緊說，「我不喝威士忌，我只喝啤酒或清酒。」

「哈囉，請。你，哈囉。」

男子大刺刺地從皮夾裡拿出一張千圓鈔票，放在櫃檯上，要媽媽桑拿來啤酒和一碟花生。這種好事偶爾會發生，也沒有抗議的必要，於是我欣然接受招待。

男子笑容可掬地拿出名片，以為外國人看不懂漢字，向我解釋說，他姓小川（Ogawa），是此鎮的公共工程主管。他堅持要與我共飲，並帶著我離開櫃檯，走到角落的一張桌子旁，和他的同事們坐在一起。四個年輕人穿白襯衫、打領帶，另一個年紀較大的男人則穿著沾有污泥的長筒靴與工作服。歐吉桑站起來想給我一個擁抱，卻摔趴在桌上，打翻了兩杯威士忌和一只冰桶。他踉蹌坐下，卻坐空而跌了個四腳朝天，然後他從桌子底下慢慢地爬出來。這時，一旁的人扶他起來，拍拍他身上的灰塵，領他走向門口。他帶著酒意邊微笑邊鞠躬，又撞翻了吧台上的一盤魷魚乾。到了門口，他轉身向大家揮手告別，不小心碰掉了花花公子月曆。他終於被攙扶著離開，一路呵呵笑著走進夜色。

我和男子相互舉杯敬酒。電視裡，紅鬍子美國摔角選手扯住強人小林的頭髮在繞圈子。點唱機裡，保羅·安卡（Paul Anka）正高歌著〈黛安娜〉。除了這些噪音以外，吧台裡一片悄然。我後來才得知，原來那個歐吉桑是鎮公所書記。

「感謝你光臨幌延。感謝你參觀我們的斑比。」

「這是一個寧靜的小鎮。」

「這是一個平靜的小鎮哪，」小川先生慎重地提出修正。「我每年要去東京三次，回來都得耳鳴。幌延非常平靜，鎮裡有二十二家酒吧和一隻斑比，而且，全世界的人都要努力做朋友。請問府上在哪裡？」

「倫敦。」

「啊，原來如此。請問是倫敦的哪一帶呢？」

「雷登史東[3]。」

「了不起的小城！英國與日本有許多共通點：你們有女皇，我們有天皇；我們都有眾多的島嶼和悠久的歷史。美國人無法真正了解我們，但四海之內皆兄弟也。你認為雷登史東願意跟幌延結為姊妹鎮嗎？我們有一隻斑比喔，還有其他東西。」

「我可以問問看。」

「四海之內皆兄弟，這是很重要的喔。」

紅鬍子美國人用摔角場的圍繩纏住小林的脖子，並將日本裁判拋出場外。小川先生輕拍我的背。

「外國人在幌延很少見哩，」他說，「這是個乾淨的小鎮，平靜的小鎮。我們盡最大

---

3 Leytonstone，位於倫敦東部。

的努力。我們盡量提供居民最好的，有孩子們的斑比……」

「還有二十二家酒吧。」

「讓我們為促進全世界和平，」小川先生舉起酒杯，「乾一杯。」

我們暢飲了整整八大杯啤酒和兩瓶山多利威士忌。就這樣，我度過了在北海道的第四個夜晚。的確，為促進世界和平，我連花生的錢都沒付。我們離開的時候，為時尚早。小川先生告訴我，剛剛那些同事中，有些人已從昨晚一直喝到今晨五、六點（幌延的酒吧不受營業法規限制[4]）。明天鎮公所有項重要大事，一場本地對抗利尻隊的棒球賽，所以今晚大家最好提早休息，少喝點酒，免得明早精神不濟，出盡洋相。我們勾肩搭背地離開酒吧。紅鬍子美國人早被小林痛扁得血流滿面，抬出摔角場，滿場觀眾歡呼喝采。

雨中徒步

熱浪結束。天空變成豆腐色，雨滂沱而下。我在接下來的六天中一路冒雨前行，走在荒涼的海岸公路上，還好沿途有零星的巴士候車亭可以棲身。用波浪鐵皮板搭成的簡陋車亭搖搖欲墜，泥地上長出蕁麻，鏽跡斑斑的牆上釘著英日文對照的標語：「願和平普降地球」。從鐵皮上的小洞，可以看到灰暗的海水，緩緩沖上這塊遙遠的北方海灘。

趁著海面平靜，我脫去衣服下水，愈游愈遠，直到可以轉頭看見龐然壓頂的利尻山。山峰絲絲白雪逶迤，宛如溝壑裂縫。

第五天吃午飯的拉麵店裡，弱不禁風的老婆婆掌廚兼做服務生。她每次出來招呼客人，都要先脫掉在廚房穿的乾淨拖鞋，換上髒兮兮的塑膠涼鞋，才肯在店裡的水泥地上走動。她把端碗的托盤先放在櫃檯上，身體靠著門柱，直接用腳穿或脫鞋，因此她的速度也跟著變慢。在人滿為患的午餐時間裡，慢吞吞的服務往往讓顧客失去耐心。

「喂！我的麵呢？」

「怎麼搞的，老太婆？」

「快來收拾這張桌子呀。」

「妳不倒水給客人嗎？」

「開罐啤酒要半個鐘頭嗎？」

「你游了泳啊？」老婆婆不敢置信地倒抽一口氣。一點鐘的時候，店裡客人已經散去，她撲通地坐下來吃醃黃瓜配飯。今天的晨間氣象預報還在說，連在十四個緯度遠的南方，九州南端的海水溫度都嫌太冷，不適合游泳。

「英國的海水跟這裡差不多。」我解釋。

---

4 日本營業法規規定風化場所只能營業到午夜零時。

「好勇敢啊。」老婆婆嘖嘖稱奇。

明治冰淇淋的送貨員進來補貨時，我正在吃最後一口麵。「所有的英國男人，甚至連魚販，都打領帶。」他告訴我。

「你真的是英國人嗎？」老婆婆嘆口氣。「英國是不是比美國更遠？去一趟要多久？要花多少錢？」

冰淇淋送貨員在冰櫃裡補完了貨，倚在放置冰棒的櫃前忙裡偷閒，擺出一副對世界瞭若指掌的模樣，對幾個國家發表高見。

「在那邊有哪些國家哪？」老婆婆困惑地指指窗外的海面。

「俄羅斯，」送貨員如數家珍，「韓國、中國……」他想了一下又說，「保加利亞。」

在我離開前，他告訴我，北海道的漁夫如何代表了日本人民的性格。「外國的漁夫捕魚時，只撈他們能賣的魚，把其他的魚丟回海裡，」他說明，「但是日本漁夫會一直捕撈到船滿為止，根本不管這些魚最後可能必須以半價出售。我們日本人是工作狂，我們要嘛不做，要做就做得徹徹底底。」老婆婆與送貨員都點了點頭，表情嚴肅。

也許日本漁夫的趕盡殺絕，正是北海道著名的鯡魚幾乎絕跡，鯡魚船近年來必須改撈蝦蟹的原因之一。蝦蟹生意平凡普通，但捕鯡人的輝煌往昔，卻烙印在北海道最著名的民謠裡：

問海鷗，鯡魚來否。
海鷗回答：我是天空的飛鳥——
去問海浪吧。

旅程第六天仍霪雨不斷，我從綿密雨幕中辨識出前方的一大片高山，其中的最高峰仍然覆蓋著一層灰色暗沉積雪。我手上這張七年前出版的地圖裡，有一條路沿著海岸繞過群山，不過地圖上的英文索引警告，此路「車輛通行困難」。後來我才知道，這個警告說了等於沒說，因為這條路根本尚未建造。我決定避開這些高山，等抵達留萌（Rumoi）之後，再轉向內陸。但是到留萌還要走上三天，而雨勢毫無緩和的跡象。我拉緊連在厚夾克上的帽子向前邁進，雨水依舊無孔不入，靴子、衣服、柏油路面的隙縫都不放過。汩汩的水也滲入了巴士候車亭的鐵皮頂，最後變成污濁的黃鉛色液體，流入海中。

有時我會停在小店休息，打聽到下個村莊還有多遠。然而有些時候，特別是老闆年事已高時，她會說不曉得還有多少公里，只知道大概還有一里或一里半。「里」（ri）是舊時日本用來計算距離的單位，今日的路標和地圖早已棄用，再過十年就會從日語中消失。換算起來，一里相當於三點九二七公里。然而我後來才實地了解，里的意義並不在此，一里代表一個挑擔的人，在一小時內所能行走的山路距離。公里是為了機械用途而發明，里卻是一個完全為人所設計的計算單位，它也因此注定要走入歷史。今天，我們用數字和嗶聲來計時，距離也必須是十進位才能計算，否則就不是距離。

在空曠的遙遙長路上，經常一走幾個小時，遇不到半個可以攀談的人。偶爾會有一輛車顛簸經過，車輪翻起鬆散的小石礫，沿著路面凹痕滑行前去。我經過幾處懸壁，一群工人站在裝有落石防護網的高處幹活，他們瞪著下方的我，彼此交頭接耳不知說了些什麼。頭幾天，路上的孤店成為唯一的訊息來源。而避風棚、休息站和點心亭，民宿和旅館，則交織成北海道偏遠的北部海岸，人民如何度日的真實景況。

我解下背包走進一家小店。中年老闆娘正在看十八吋彩色電視螢幕上的午間猜謎節目。她用遙控器選台，電視螢幕的右下角還有一個黑白小螢幕，讓她能同時收看其他頻道。她的店裡只賣口香糖、冰淇淋、汽水、餅乾，和用玻璃紙包好的紅豆饅頭。

「沒有啤酒？」我抱怨道。

她不賣啤酒，但她相當同情我的處境，到她那台巨大的三門冰箱裡搜來搜去。

「什麼人生啊！」她感嘆地說，「現在已經十二點十分，你是今天唯一上門的客人。在這裡開店真是沒有道理哪，漁夫和農夫自己都有車子可以開到稚內或留萌去買東西。我們這些窮人的日子真是難過喔。」猜謎節目被數位手錶廣告打斷時，她又嘆了一口氣。

在我逗留的另一家小店後頭，一位老婆婆綻放出非常可愛的微笑，整張臉神采飛揚。我在買蘋果的時候瞥見她。她很瘦小，有個難看的駝背，就坐在一台別人送給她的大型電子編織機前面；這是一台電腦化的新型編織機，只要插入一張卡片，立刻就能織出一塊坐墊套子來。這個傴僂老婦一臉驕傲神情，坐著對我微笑，要我看看編織機。

第七天雨勢一度稍停，我沿著依舊冷清的海岸公路往前，看見一隻老鷹正在啄食烏鴉的內臟。來到一個村莊的大街，一個穿深色和服，頭上包著圍巾，牙齒早已掉光的老婆婆直直朝我走過來。她突然伸出雙臂，繞在我的脖子上，把我拉得彎下身子，我嚇了一大跳。她將臉頰貼到我的臉頰上，問我住在哪裡。

「東京。」我一說完，她瘦弱的身軀用盡全力地緊緊摟住我。

「我有三個孫子住在東京，」她說，「三個孫子喔。謝謝你。請保重。祝你好運喲。」然後她微笑著在我背上輕撫一下，又一下，嘆口氣。雨又開始滴答落下，我朝著覆雪的群山走去。

夜幕時分，我抵達小鎮苫前（Tomamae）的郊區。豪雨仍舊滂沱，劈啪打在空蕩路面的黑色碎石上，飛濺起朵朵白色小水花，發出清脆的聲響。我啪嗒啪嗒地快步涉水，沿路經過一排排為了祭典而放置的紅白條紋旗杆，成串的粉紅色紙燈籠在杆子間晃動搖擺。雨勢打得燈籠不斷搖晃打轉，大片雨水自籠中像瀑布般傾瀉而下。我走過一處神社，看見攤位已經搭起，一兩個攤販正坐在滴水的帆布篷下面，蹙著眉頭望向路面水坑裡七零八落的燈籠倒影。我加速趕路，濕濘濘的街道上，不見半個狂歡的人。

旅館內，三個小孩子正叫鬧著要出去買棉花糖。我把濕透的衣服掛在火爐煙囪上，隨即進入澡堂，在熱騰騰的水裡忽上忽下地泡了半小時，直到無法忍受為止。平滑的熱水輕撫著我的雙腿、肩膀和胃部。腳踝和腳趾頭上的水泡起先被熱水刺得老痛，現在也逐漸舒緩。我閉上眼睛，遠方的祭典鼓聲透過澡堂窗戶微微地傳了進來。大雨的嘩啦聲幾乎淹沒了低沉的砰咚敲打聲。鼓聲大約持續五分鐘後，驀然停止，只剩下雨聲唰唰地拍打在玻璃、庭院和壁磚上。

外國人在日本

我坐下來休息的巴士候車亭內，波浪鐵皮牆上有時會張貼一些海報。其中一個亭子裡有張維妙維肖的墓碑廣告，旁邊就貼了一張「自衛隊」招募新隊員的海報（戰後的日本憲法特別禁止日本保有陸海空三軍，這個於一九五四年創造的名詞巧妙迴避了此項棘手難題）。海報裡，兩個男人穿著背心，隔著軍隊食堂的餐桌比腕力，後頭則站著四位穿軍服的女人，面露崇拜的神情，牙齒上全鑲著炮銅色的補牙。[5]

濃密的迷霧遮蔽整片山丘，細雨綿綿，海面顯得毫無生氣。暗綠與暗橘色的海草遍撒在崎嶇多岩的海邊，逐漸腐爛。海草堆之間，躺著各種常見的人造垃圾：粉紅色的清潔劑塑膠瓶、破傘、白色塑膠袋、輪胎、啤酒罐、柳丁皮等，一輛生鏽的腳踏車半埋在沙土中。我在一家叫「苦幹」的汽車餐廳喝完咖啡時，雨終於停止，銀色的海面平靜無波。

第八晚所投宿的旅館相當講究，有個西式飯店的入口，鋪著地毯的大廳裡排滿了鋼珠球機。澡堂的水肯定是天然溫泉，泉水中浮著黑色雜塊，顯得混濁。旅客在一間小食堂中吃晚餐，先到的客人可以面對彩色電視機吃飯，後到的人就必須轉著頭看電視。

當晚的節目頗值得一看。主持人在東京一家青年旅館內訪問外國學生。這些學生大多才剛來日本，日文並不靈光。主持人拚命拿他們的日文程度和頭髮顏色來開玩笑，然後要他們玩起日本小孩的遊戲，讓坐在攝影棚的現場觀眾笑得前俯後仰。通常日本人在學會走路以後，就不玩那些遊戲了。不過有位希臘來的年輕學生日文相當流利，而且顯然長期研究過日本文化。主持人問起他的嗜好，他回答說他喜歡學唱演歌（日本風味的流行歌謠）。

「演歌！演歌！」主持人大聲喊道。現場觀眾呵呵笑著，充滿期待。

「那麼，你最喜歡哪些歌星的演歌？」

---

5 日本戰敗後，接受以美軍為首的國聯軍管，盟軍總司令部指示起草新的《日本國憲法》，於一九四六年公布，並解散財閥，實行農地改革，放棄軍備，規定日本不得出兵海外。一九五四年，日本自衛隊設立。

「我很喜歡森進一[6]。」年輕希臘學生答道。

「森進一！森進一！」呵呵笑聲變成了輕蔑的哼聲，觀眾們以手肘相互推來推去。

「那麼，請為我們唱一首森進一的歌吧。」希臘青年勇敢地拿過麥克風，站在攝影機前唱出：

花兒豈非如女子，
男人如蝶兒……

歌曲的後半部淹沒在觀眾的哄堂大笑，以及食堂內六個食客的吵雜聲中。他們放下筷子，對著螢幕大聲爆笑。

「你看！哈哈哈！有個外國人在唱演歌耶！」

晚飯後，旅館的小酒吧裡頭，點唱機放著〈解開我的心〉，還有一個客人在低哼〈丹尼男孩〉。我逕自跟一隻八哥鳥展開一段有趣的對話。這隻八哥鳥時而模仿日本女人看到八哥鳥時的歇斯底里笑聲，哈呵哈呵。對於我彬彬有禮提出的任何問題，牠一概以「啊，是嗎？」回答。但當牠覺得我缺乏紳士風度時，就會發出一聲刺耳的尖鳴，有次甚至在我的手指上啄出了一滴鮮血來。

「莎喲娜拉！」八哥鳥在我上樓去找止血貼繃時，行禮如儀地說。

酒吧牆上的酒單以菲斯[7]為首，還有叫藍色夏威夷（蘭姆和柑香酒加上檸檬和鳳梨汁的調酒）和田納西華爾滋的調酒。吧台上安放著一尊貝多芬的半身雕像，頭部坑坑凸凸，裂縫處處，我猜是八哥鳥生氣時的傑作。

「你教阿九（八哥的名字）說英文嘛，」吧台後面的女人提議。「牠要是認為你誠意夠，就會乖得不得了，而且它學得很快。」女人在平坦的胸前塞了兩只大碟子權充雙峰，跳起倫巴舞[8]以娛賓客。我不想費神去猜她究竟喝了哪一種菲斯，反正我累透了，而碟子實際上將她的胸部壓得更扁。我當下決定回房睡覺。

「沒關係，」平胸女人在我要付帳的時候說，「你明早退房時再付。這樣比較方便，不是嗎？」

我覺得有道理，結果的確如此——至少對旅館來說是很方便——他們因此讓我多付了兩瓶我不記得我喝過的啤酒，以及一盤也許是讓貝多芬給吃掉了的豆子。

「莎喲娜拉！」八哥鳥努力讓自己的聲音聽起來充滿了渴望，可惜不太像森進一：

6 Mori Shinichi，本名森內寬一，一九六六年現身歌壇，曾獲多次大獎，近年的作品有〈空列車〉和〈雨之空港〉等。

7 Fizz，指有氣泡的飲料。

8 一種古巴黑人民間交際舞。

花兒飄零時，蝶兒也死了，
啊，我是多麼喜愛如此的戀愛……

留萌市區

霧中的大海顯得蒼茫朦朧，平坦的海岸公路以一道鐵絲網圍籬將它隔開，看起來更像一片荒原。公路旁的崖壁高處，一群年長的工人拿著氣壓鑽孔機，間歇地在山面施工。一隻烏鴉的黑眼散發出狂喜的光芒，正撕扯著另一隻前晚遭汽車輾斃的烏鴉屍體，充分發揮同類相殘的本性。有個住在禮文（Rebun）島的歐吉桑曾經告訴我，北海道的烏鴉會攻擊人類，但牠們只挑女學生下手，而且只在下午四點到五點之間出擊。他懷疑是女生們的制服惹的禍。

下午三四點時，我坐在岩石磊砢的海灘上，順著海岸，望向過去九天以來，看到的第一座城市留萌。煙囪、沿大型碼頭排開的起重機、天線以及瓦斯槽，全都籠罩在煙霧裡。原本在海上顯得清新的霧，飄散瀰漫到工廠煙囪四周，與煙囪冒出來的灰白濃煙混成一片。在荒郊野地度過了九天之後，我又即將重返文明世界。

「『仄』是一枝筆！『仄』是一枝筆！」我走進留萌市時，小孩們朝著我大叫，大聲複誦出英文課本裡的第一個句子，不停痴痴傻笑。我回敬他們幾句，他們反而笑得更大聲。我似乎是從留萌的背後進入這個城市。我拖著沉重的步伐，走過美孚石油公司的油槽，還有正在排放船底污水的東富士號，蹣跚進入一片窄巷，裡頭宛如迷宮，每條巷衢好像都在進行修路工程。鑽孔機挖碎了柏油路面，幾個戴著白色頭巾的婦女揮著旗子，攔下經過的車輛。

「米國？米國（美國）？」

「英國。」

「咦？」

「英國。」

「太好了！太好了！麻煩您了。」

我終於找到留萌的鬧區。就跟日本大多數的城市一樣，留萌主要的商店街商品充斥，讓人眼花撩亂。一間商家賣著電器用品、名字叫 Mac 的手提收音機，和能放錄影帶的電視機（有 Zilbap、Cougar 和 Transam 等牌子）。琳瑯滿目的按鈕和數位儀表板看起來好像得有飛行駕照才能操作。隔壁則是賣佛教漆器神龕與祭祀香燭的老店。路的那頭是家名叫丹麥的西點麵包店，旁邊在烤生魷魚。玩具店裡堆滿棒球棒，店外則放著一排劍道用的竹劍。電影海報的張貼方式同樣突兀；在一根電線杆上，克林．伊斯威特冷眼斜視著路人；另一根電線杆上，兩隻雜色斑駁的恐龍在捉對廝殺；再下一根杆子上，半裸的天主教日本修女撫弄著黑色馬鞭，表情飢渴。

留萌看起來是個生意盎然的城市，不過隔天清晨離開時，它卻顯得出奇的安靜。旅程第十天，我邁步前行，走過空著的載煤車，以及成排的高中學生。女孩們穿著整齊的水手裝長裙制服，嘰哩呱啦地說著話。男生穿著亮面黑色運動外套和木屐，拖著書包，沿路邊的欄杆慢慢行走，等到我走遠時，才敢大聲喊出：「嘿！喲！」

離開留萌後，晨光越來越明亮，照耀在內陸的稻田上，將一塊塊方格狀的田地變成波光灩灩的綠色小湖。行過一百公里後，日本海遠遠被我拋在身後，日後要再走三百公里的腳程，才會再遇上遼闊無垠的太平洋。

一個小火車站外，鐵道員忙著修剪已經很整齊的草坪。他們戴上白手套，拾起剪下來的草屑，放進一台一塵不染的紅色單輪手推車。從公路轉進山路時，藍天萬里無雲，七月的熱力重現。這是一條泥土山路，彎曲迴轉，上上下下，不時與從留萌至沼田（Numata）一帶峽谷中的陡峭鐵路交錯而行。

「要不要買一隻？都是活的。」小村雜貨店老闆問我，給我看放在一個寬塑膠筒中的海參。我買了一包魷魚乾和一瓶札幌冰啤酒，瓶上的商標以英文說明：「一八七六年至今，歷史悠久」。

「知道嗎？你是我第一個看到的外國人喔。」一個騎著三輪車的小女孩張大眼睛瞪著我，眼神嚴肅。她騎車一路跟我走向村外，直到她發現其他更好玩的事物為止。一輛日本共產黨的擴音器廂型車，正在為地方選舉巡迴拉票，擴音器依日本競選儀式，拚命重複轟炸候選人的姓名：「我是兒玉建次[9]，懇請賜票。我是兒玉建次，拜託拜託。我是兒玉建次，拜託拜託……」

下午五時左右，四個騎自行車的小男孩陪我走進了小鎮沼田。他們讓我停下來，欣賞他們的跑車照片。

「英國有什麼跑車？」

我不禁想要為祖國吹噓一下，「你們知道嘛，勞斯萊斯啊……捷豹啊……」

「只有這些而已嗎？」

「嗯，還有……嗯……奧斯頓馬汀……」

「真可惜他不是義大利人，他們有林寶堅尼（Lamborghini）呢。」

這番指控震得我轟轟然一陣耳鳴，男孩們將我帶到一家旅館前，隨即棄我而去。

邊陸北海道

北海道島成為日本領土的歷史並不算久。直至十九世紀中葉，島上僅有的日人部落皆集中在西南邊緣的松前（Matsumae）、江差（Esashi）和函館（Hakodate）三地，前

---

9 Kodama Kenji，一九三三年生於廣島，現為眾議院議員和日本共產黨中央委員。

往本州僅須一天時間。少數的伐木工人深入北方，一些商人則與愛奴人（Ainu）進行交易。愛奴人是日本諸島的原住民，在九世紀末被驅趕至北海道[10]。伐木工人與商人一到秋天便返回南方，島上只剩下躲在草屋中度過嚴冬的愛奴人和從庫頁島（Sakhalin）跑來捕捉海豹的蘇俄人。直到一八六九年（明治二年），官方始任命設置「北海道開拓使」，六年後，日本與蘇俄簽訂《樺太千島交換條約》，確定北海道為日本永久領土。

十九世紀的最後三十年，北海道的開拓成為日本政府的重要政策；一則是為了利用島上的礦藏與木材資源，以求迅速發展西式工業；二則是為了紓解本州的人口壓力；三則是為了部署軍事力量以遏阻蘇俄入侵（日本今日仍部署其三分之一的自衛隊軍力於北海道，包括第七師機甲師團）。明治政府雇用美國地圖製作員為北海道繪製地圖，請美國農學家研究土地利用，聘任美國教育家在學塾和大學任教。官方引進美國蒸汽火車和蘇俄式建築，規畫新市鎮，成立新的行政單位，並且特許成立日本第一家札幌啤酒廠，以及一所特拉普派[11]的函館聖母修道院。

就某種程度而言，北海道始終是邊陲前哨，至今仍被認為「很不日本」；此地氣候嚴寒、海岸流冰、櫻樹（一種日本象徵）稀少、雨季不明顯、平原遼闊空蕩、盛產馬鈴薯，燕麥與玉米、沒有方言（因為屯墾者來自日本各地，為了方便溝通而使用標準日語）、牧場外掛著標榜「正宗荷蘭荷仕登乳牛」的招牌、滑雪假期的電視廣告以北海道是「日本的蘇格蘭」來招攬生意。就連昔日日本屯墾者的民謠，也充滿了遙遠與悲苦的況味：

海鷗的鳴叫將我喚醒
心中望見北海道的山巒
鳩鳥啼哭，劃破明月
大海的波濤亦嗚咽哽塞

我所走過的村落與小鎮，有些看起來真的恍若邊疆地帶；道路多年未曾完工，每逢冬季就被三碼高的大雪冰封。小鎮幌延的二十二家酒吧，正是冬季遺世孤立下的產物（我後來才知道，跟其他邊境小鎮比起來，二十二家酒吧並不算多）。在這些小鎮跟人聊天，常常讓我顯得像個呆瓜，因為我這個東京住了七年的內地人，聊起話來往往無知得很：

10 愛奴是愛奴人的自稱，日本人自古稱其為「蝦夷」。西元八〇一年，東北地區的蝦夷部落起而叛亂，桓武天皇任命坂上田村麻呂為征夷大將軍，率軍北上討伐。

11 Trappist，隸屬天主教西多會，強調苦修精神。

「這裡一到冬天，大雪就會蓋過門楣耶。」

「喔，那一定很美哪！」

現在，我正離開最北方的前哨地，轉進石狩川（Ishikari River）河谷，河谷隨即開展為平原。那種從一個孤村換到另一個孤村的孤絕氣氛，也逐漸被工業蓬勃發展的景觀所取代。二十公里外便可看到地方發電廠的煙囪，廢車場點綴在市鎮的兩旁，市鎮之間彼此緊密毗連，水泊與溪流正在開挖疏濬。不分晝夜，公路上總有貨車咆哮奔馳而過。公路已成為風景中不可或缺的一部分。

第十一天的天空布滿了雲，又有四個小男孩騎腳踏車追在我後面，大聲喊「老外！老外[12]！」他們趕了上來，把腳踏車橫擋在路前方，站著張大嘴巴，一臉不悅地瞅著我：「呃！看！說英語的傢伙！」我用日語請他們將腳踏車移開，他們才垂頭喪氣地落荒而逃：「啊啦！慘了！不是說英語的啊！」

強風吹得我背包的鋼管架呼呼作響，蓋過了競選廂型車的噪音，不過等到風一停，震耳欲聾的聲音又從數哩外的平原傳了過來：「我是北秀治（Kita Shuji，音譯），懇請賜票。我是北秀治，拜託拜託……」一隻白色小山羊拴在公路欄杆旁，我陪牠坐了十分鐘。牠啃食我餵的草，舔舔我的膝蓋，在我離開牠時，傷心地咩咩叫起來。

夜晚一陣夏日暴雨，翌晨，旅館窗外的街道仍舊大雨傾盆。下一站是離此不到五公里遠的瀧川市（Takikawa），我打算在那落腳休息一天。想到能休息，我立即精神百倍，奮勇向前，速速橫越以幾根大梁搭起的便橋。儘管我把厚夾克的拉鍊拉至鼻尖，仍然被豪雨淋得全身濕透。我停在一家咖啡店，甩下背包，身上的水在地板上形成一窪水灘。我坐了一個鐘頭，喝著每杯索價一英鎊的吉力曼札羅（Kilimanjaro）咖啡[13]，翻閱號稱「三點全露！完全暴露！」的色情漫畫《玩漫畫》，聆聽莫札特的橫笛四重奏，讓我稍稍忘卻了身上衣服濕透的寒意與臭味。

午後雨勢未歇，我逛進一家電影院，裡面座位只坐滿四分之一。我連看兩場影片，看得全身又冷又僵，不過卻難得在一片黑暗中，享受了一會兒的隱密。第一部電影演的是日本黑道；有個傢伙不滿上頭的決定，用十二吋長的菜刀剁下了自己的小指尖，放進一杯綠茶裡，端給他的老大。第二部片子講的是女子監獄，高潮的一幕是獄長將一位年輕女受刑人銬在他床上強暴，還用一只破酒瓶對著她的胸部亂砍亂劈。散場燈亮時，我發現觀眾裡竟然有不少兒童，有些還是家長帶來的。我想起日本觀光協會曾經這麼介紹，「日本電影試圖精確描繪和表達人們內心的真實渴望」時，不由得安心不少。

離開電影院時，霪雨已停，不過街道仍舊泛著水光，傍晚的陽光顯得灰濛濛。我找到的旅館是日本旅館協會特別推薦給外國人光顧的旅館，我通常極力避免投宿這類地

---

12 外人（gaijin）。日文中對外國人禮貌而正式的稱呼是「外人」，gaijin是種簡稱，略有排斥和貶義。

13 一種有強烈酸味和濃厚香醇風味的咖啡。

方。但是我擔心自己又冷又濕，如果不盡快洗個熱水澡，換上乾和服，這趟旅程恐怕就要在潼川因病告吹。他們給我一張床以及一頓所謂的西式晚餐：一隻冷雞腿用錫箔紙包著，放在一盤粉紅色的冷通心粉上，收費是民宿的兩倍。我從房外走廊上的販賣機買了幾罐啤酒（因為依循「西式傳統」，這裡不提供服務），價格也是雜貨店的兩倍，差不多一品脫就要一英鎊。

破酒瓶、漫畫書以及切斷的小指，整夜不斷迴旋在我的夢中，竟顯得如此美味可口。醒轉時，我發現雙腿不再僵硬，兩個腳丫也不會一走就痛，甚至可以在付帳退房時向人鞠躬微笑。顯然，我的身體已經適應這種操勞。

不同的旅館風味

朵朵烏雲依舊籠罩住西邊的山巒，然而遙遠東方的山頂卻是銀光蕩漾。天氣愈來愈好。第十三天，在筆直的公路上，我跟在一輛無蓋的卡車後面慢行。卡車伸出機械手臂，沿著公路修剪雜草。卡車後面駐立著一位機械警察，穿戴上領帶和頭盔，手中的旗子上下搖得煞是逼真，乍看之下，還以為是真人。再走下去，路旁一幅大型廣告看板上，畫著人們心目中的度假勝地：清新的蔚藍湖面、紅色亭台的樓閣、兒童遊樂場、觀光中心，以及各式各樣的餐廳、游泳池和商店。從看板後面的樹叢望出去，可以瞧見一塊正在進行初期疏濬的沼澤地，從殘留的痕跡看得出來原先是個小湖。湖前有一排小木階順勢而下，旁邊是空蕩蕩的木製長椅。我猜想，情侶們往昔會在周日時候來此，坐在長椅上眺望湖光山色。旅客發現這片絕景，湖泊卻因此而被糟蹋。

一輛自札幌方向駛來的重型貨車驀地一個逆轉，駛進對面車道，在我面前緊急剎住。「天啊！」我想，「怎麼回事？」司機探出頭來，給了我一粒醃梅子。再走了一會，經過一輛停在汽車餐廳旁的卡車，卡車駕駛正在吃著燉內臟，那是他的午餐。車內乳牛群站著，眼睛炯炯有神，遠遠盯住另一群路過的肉牛。後者全朝著札幌方向匆匆奔去，離屠宰場越來越遠。

將大好光陰花在公路上踽踽而行，談不上人生樂事，卻有教育價值。觀察沿路垃圾的演變，便是一例。我記得有次在希臘旅行，很驚訝地發現，馬其頓（Macedonia，希臘行政區）一帶的公路上，最常見的垃圾竟然是壓扁的烏龜。換了英國公路，大概就是壓扁的鳥兒。而在沼田到札幌的二七五號公路上，遍地是被人丟棄的錄音帶。只見鬆開來的帶子散落在路邊，有時長達半公里，看起來宛如測量儀器時不慎掉落的零件。的確是富有教育意義，卻令人不解的經驗。

我停在一家雜貨店買啤酒，被請入店內後方，坐在木凳上，用玻璃杯倒啤酒喝。雜貨店的後面兼營小型儲蓄會，有位老爹正好前來存入年金。他走路的時候，身體彎得幾乎快與枴杖平行。老爹穿著寬鬆的灰褲與潔白的襯衫，聽人說話時，將手掌凹成杯子形狀，貼在耳朵旁，模樣活像個卡通人物。他告訴我，他從前是個水手，四海為家，六十年前去過倫敦、格拉斯哥（Glasgow，蘇格蘭中南部）和利物浦，還造訪過巴羅尹費尼斯（Barrow-in-Furness）的維克斯造船廠（Vickers Company）。他一字一字地說出長長的地名，咬音之準確，好像在唸什麼經文。雜貨店老闆聽了深為嘆服，當老爹又說了一遍巴羅尹費尼斯時，老闆娘塞給了他一包免費餅乾。

薄暮時分，日光依舊明亮，走起來很愜意，然而每天三十公里的行程，已讓我這少經鍛鍊的身體開始吃不消。平時我大量步行，散心兼健身，但是從來不曾一口氣走上三千三百公里的路程。我想到接下來四個月的考驗，小腿登時有如利箭穿透般陣陣刺痛。

月形（Tsukigata）觀光中心是當晚唯一仍有空房的下榻處。穿著雪白筆挺襯衫的經理看著我蹣跚走入，焦急得像熱鍋螞蟻，因為自動門入口處竟然沒放拖鞋。在我費力脫掉靴子時，他趕緊找人去拿拖鞋。

「訓練有素的員工真是難找呢，」急忙去拿拖鞋的歐巴桑女服務生還沒跑遠，經理就喃喃抱怨起來。「請您務必原諒。」

我問那位歐巴桑女服務生，有沒有洗衣機供人清洗衣物。她笑了笑，快步領我到房間，在我換上她拿來的浴衣（yukata，夏季和服）時跟我聊天，然後拿走我的襯衫、牛仔褲、內褲和臭襪子，一一清洗、烘乾、熨好，並且在第二天的早餐之前，送回我的房間。這樣子怎會是缺乏訓練？

我有點納悶，月形是個貌不驚人的小鎮，為何也有觀光中心。然而當我泡在寬敞的浴池中，抬頭望向觀景窗外時，瞥見最後一道霞光逐漸隱沒在蓊鬱的幽谷裡，這地方似乎自有其悠閒引人之處。山坳景色更是迷人。

年輕女服務生送來晚餐，侍候我吃飯時，不時將頭埋在膝蓋裡，咯咯巧笑。等到鋪睡墊的時候，她已經不支倒地，在榻榻米上滾來滾去，叫聲粗嘎，顯然下午偷喝了不少清酒。這回，輪到歐巴桑女服務生邊抱怨員工訓練不足，邊將床墊自年輕女孩身下拉開。不過我一點也不在意，她們倆都很討喜。我愛跟歐巴桑聊天，也欣賞年輕女侍緋紅的雙頰。經理沿著迴廊走了過來，抽鼻涕聲不斷，邊走邊揮趕著雪白襯衫上的小黑蚊，沒等他抵達房門口，我就將門砰地關上。

世界上仍然有一些國家，學童必須每天徒步七、八公里上學，而這些國家必然極度落後。在已發展國家中，人民對於路上的步行者高度疑懼，並且訓練他們養的狗有樣學樣。莎士比亞[14]筆下的理查三世（Richard III）曾經抱怨，狗群在他瘸足經過時對著他狂吠，是因為他駝背的緣故。不論我有沒有跛足而行，日本的狗兒一見到我常猛吠不止。有個狗主推測，這是因為我的背包讓狗兒誤認成竊賊的贓物之故。但我寧可相信是我的

14 Shakespeare，一五六四至一六一六年，英國重要文藝復興時代戲劇作家。

背包觸發了狗兒們對金雀花王朝[15]最後一任國王的遙遠記憶。無論如何，日本的狗主習慣用短繩拴住寵物，這點讓我至為感激。儘管不時有外國人在英文報紙上投書，抗議這種對待寵物的做法；我會說，且讓他們從北海道到九州走一趟試試看。

第十四天異常悶熱，這種天氣不見得會遇上惡犬，但卻會讓人變得懶惰。我離開公路，沿著一條曬得滾燙的小徑走過田野，來到一處遮蔭蔽日的小溫泉泡了一小時的湯，一邊閱讀更衣室裡的礦物質分析表，一邊啜飲鐵杯裡硫磺味道的湯水。鐵杯凹痕累累，還以鐵鍊連到池邊。

這一天過得輕鬆。我在緩步走完二十三公里之後，閒閒晃入小鎮當別（Tobetsu）。旅館門口擺著拖鞋任人挑選，前來招呼的老闆娘跪著深深鞠躬，奉上一杯綠茶。我坐在樓上的窗沿，啜著綠茶，傾聽潺潺的河水聲。老闆娘在花園摘了些花，拿上來給我。兩朵白色的大百合與一朵血紅色的山茶花，看起來像是信手摘來，隨意插成。但我早已從窗口看見她在花園裡，目測著莖柄，仔細修整花束的模樣。旅館多得數不清，但很少旅館會像這一家，從桌上的手製紙扇到「床之間（壁龕）」內兩粒野柿上面掛著的卷軸，每樣東西皆經巧思張羅。

旅館老闆的圓臉線條柔和，聲音沉穩，晚飯後我們一起坐在起居室裡，喝著老闆娘專程出去買的啤酒。房間裡聽得到河水的聲音，嘩啦啦的濺水聲為夜晚增添了幾許清涼。

「我祖父是以前四國島東部阿波（Awa）一帶的武士，他開了一家武術館，教農民的小孩習武。那時的阿波非常富有，土地肥沃，隨便在山裡撒些種子都長得出農作物來喲。我的家族在那裡住了數百年……[16]」

老闆娘端來一盤櫻桃。

「後來江戶幕府政權結束，大政奉還，天皇復位，是哪一年呢？明治元年，也就是西元一八六八年。後來所有的阿波藩主都遭到廢置。一個個失去了土地。我祖父最後變成浪人……」

老闆的微笑裡帶著一絲尷尬。

「浪人就是無主的武士（samurai）。他沒有藩主可效忠，沒有了職務或責任，也沒有理由繼續留在那塊他出生的土地。所以他收拾行囊，往北來到了北海道。這一趟差不多有兩千公里，對吧？在那個時代必定是非常艱辛的旅程吧。我祖父算是最早的屯墾移民之一，他在當別這裡蓋房子、成家、死去……」[17]。

當晚，我點上此行的第一捲蚊香。成群的蚊子自河邊飛來，罅隙處處的日式老屋根

15 Plantagenet，亨利二世（一一五四年）到理查三世（一四八五年）統治期間。
16 阿波是現今德島縣的舊稱。至今，德島夏季御盆節時跳的阿波踊仍十分著名。
17 明治元年，局勢動盪不安，佐幕派與保皇派各藩發生激烈內戰，後保皇派勝利，明治政府定都東京，旋即展開各項改革，於一八七一年廢藩置縣。許多世族和武士或因戰敗，或因廢藩而頓時失勢，其中有些人便到北海道尋求新天地，成為第一批日本屯墾移民。

本無從抵擋。日本人常說，日式房屋只適合夏天居住，一到冬季便擋不住嚴寒。而在這片困苦嚴苛的遙遠北地，吹進房內的七月涼風似乎即是明證。我不禁想起了老一代拓荒者的艱苦生活，以及掩埋過木頭細窗楣的白雪。

蚊香的煙霧飄散在小小的房間裡，空氣中瀰漫著夏季的味道。淙淙作聲的小河對岸，小孩子燃放煙火直到深夜。不過我一躺上枕頭，五分鐘後便沉沉睡去，帶著對當別的美好回憶，進入溫柔夢鄉。

行抵札幌

橫跨石狩川的橋上，風勢強勁，我花了將近二十分鐘才奮力走完。我望向前方的朦朧群山，依稀辨識出遠方札幌市的高樓。札幌是北海道的行政中心，也是一九七二年冬季奧運會的主辦城市。沿途，廢車場愈來愈多，只見色彩亮麗的無輪金屬綿延數英畝，雖死氣沉沉，卻仍顯得聲勢嚇人。我走了十五天，三百七十公里的路程才從宗谷岬抵達札幌；坐車的話，九個小時就到了。

進城的路上，兩次有人以英語向我打招呼。在一家汽車餐廳，一名年輕的卡車司機從車裡跳了出來說：「你腳ㄚ，對，好走路喔，大太陽天，但是下雨天，天啊！」

再往前走，有個生意人停下車來，要讓我搭便車，他對我的婉拒感到很不解，「那麼，你要使用哪一種交通工具呢？」

我脫口用日文回答：「步行（歩きです〔arukidesu〕）。」

「步行？」

「步行。」

他沉默了好一會兒。

「你是說你一路都徒步？」

我點點頭。他搖搖頭開車離去。

那晚，我在飯店將背包解開，盤算自己有整整二十四小時的時間可以休息，於是穿越鐵軌，前往日本最大的啤酒花園，去慶祝自己完成了這趟旅程的第一段路途。這家啤酒園事實上是一座建於一八八七年，如今已廢置的札幌舊酒廠。它是一棟巨大黝黑的紅磚建築，很像維多利亞時代爬滿長春藤的火車棚。黑魆魆的酒廠煙囪上掛著「札幌啤酒」招牌。酒瓶標籤上印著三大啤酒聖地：「慕尼黑（Munchen）—札幌—密爾瓦基（Milwaukee）」。學生與白領上班族坐在構腳桌旁，挨挨擠擠，用大啤酒杯重重地敲擊木製桌面，一邊狂吼一邊唱歌，每次點的啤酒份量好像都有一加侖之多，而且偶爾會進錯寫著德文「紳士」（Herren）與「女士」（Damen）的洗手間。

室外草坪上的桌子比起室內安靜了些。我慢慢溜達過去，穿過一排計程車。計程車司機們無精打采地靠著引擎蓋，不停地抽菸。

「日本！日本！」其中一個司機眉頭深鎖，手指用力指著我說。

「什麼？」

「日本！日本！日本！日本！」

「美國！」與我同桌的一群粉領族嬌笑不停。等服務生過來擦拭我前方的桌面時，她們便拾起皮包，咯咯地笑著離去。

我點了酒單上最大杯的生啤酒和一盤高麗菜炒羊肉，日本人將其名為「成吉思汗」（jingisu kan），充滿異國情調。日本人曾大敗這位蠻族英雄的孫子[18]。啤酒照例有三分之一是泡沫，然而那盤一人份的成吉思汗份量之多，我花了一個小時才吃完，也算彌補了用泡沫充數的啤酒，或那些離我而去的俏女郎們。

八點左右，凜冽朔風吹來，草坪人潮漸退。客人不是紛紛叫車離去，便是鑽回擁擠的大廳。我目送一位年輕的外國人（大概是美國人吧）領著兩個日本女孩走向門口。他牽著一個女孩的手，她眼光迷迷濛濛，另一個則跟在身後打情罵俏。

他顯然可以促進世界和平，我想。可愛的氣氛，可愛的女郎。我盯著他們逐漸走遠後，哼了一聲，繼續埋頭吃著羊肉。

18　元世祖忽必烈曾於一二七四和一二八一年，取道朝鮮，兩度來襲日本，意將日本納入蒙古帝國的版圖，但兩次皆鎩羽而歸。另，成吉思汗烤肉為北海道特色餐之一，羊肉和各類蔬菜烤好後沾醬吃下。

第二章 野蠻島

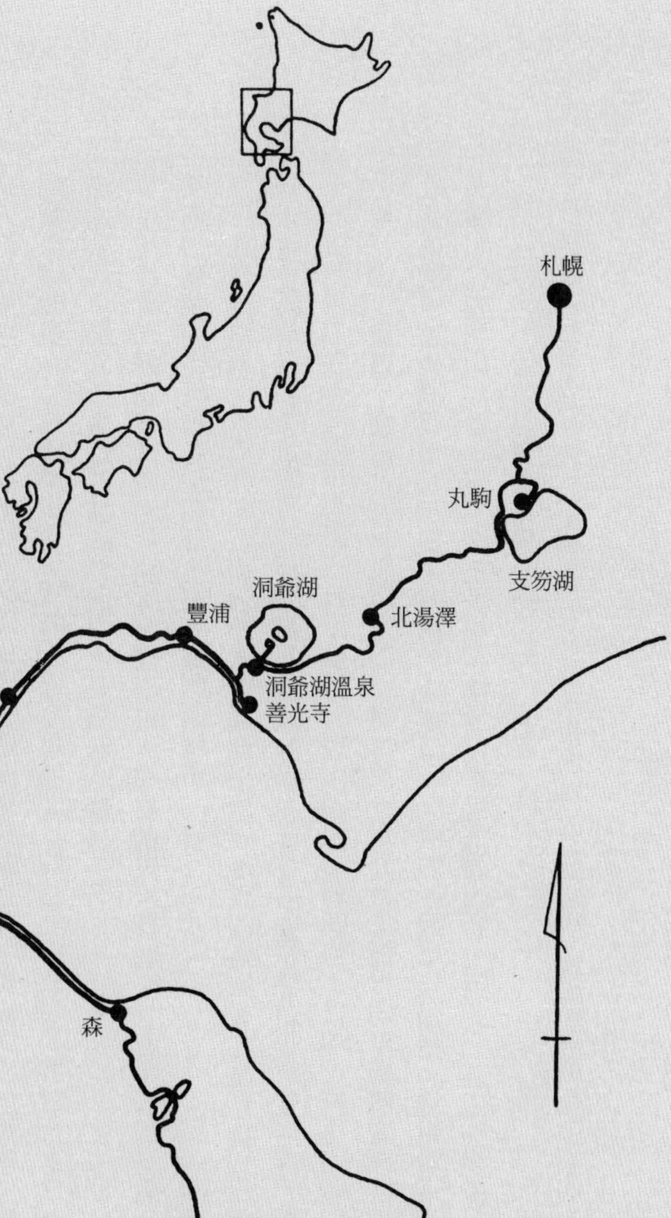

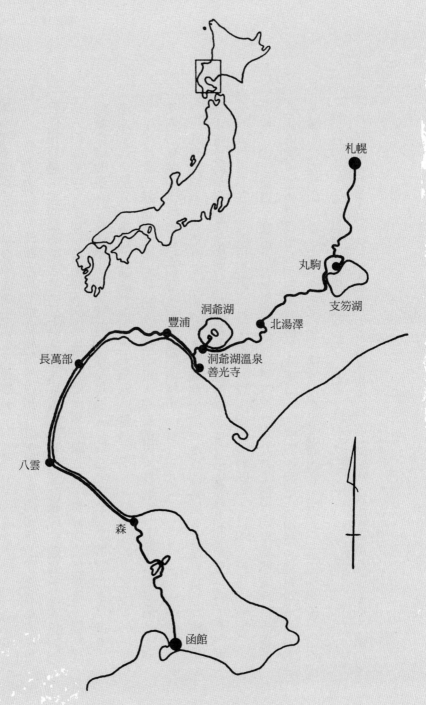

札幌電視塔裡面負責操作的電梯小姐訓練精良。只要搭乘人數一滿，她們便轉過身，背對乘客，畢恭畢敬地面向儀表板說起話來。

「非常感謝您的拜訪。萬分歡迎您來參觀札幌電視塔。我們即將前往展望台。現在我們正經過二樓的辦公室和三樓的商店區。展望台設有紀念品專櫃，觀光情報室位於一樓入口的附近。歡迎您使用我們的設施。」她前傾點頭敬禮，倒背如流地說著，差點碰到緊急呼叫鈕，「札幌電視塔頂端的天線距離地面一四七點二公尺。展望台離地面九十點八公尺。塔外的數位時鐘離地面六十九點九八公尺。」

電梯陡然停住，門嗖地打開，電梯小姐再次對儀表板鞠躬，感謝乘客的搭乘。人潮湧向玻璃窗前，笑看在他們腳下大片展開的城市。

札幌市建於一八六九年，街道的規畫類似紐約。筆直的道路成井字形排列，街區則是依據羅盤方位順序編號。這種棋盤式設計在建城當時被認為相當「現代」和「西方」。其實，札幌的城市規畫在日本早有先例。西元七九四年，日本人模仿中國三千年古城長安，建造了京都[1]。足見所謂的「現代性」是外行人提出的蹩腳概念。原先貫穿札幌的溪流被修整得筆直如尺，寬廣的大道以相同的間距栽滿行道樹。從電視塔的上方俯瞰，札幌明顯顛覆了日本建築美學，排斥左右對稱的觀念。因此，這個整齊畫一的模式和乾淨的街道，益發凸顯出北海道的「異國」特質。

從塔上看不到一處觀光景點；它是一條狹長的商店街，整整跨越市中心的八個街區。高樓大廈擋住了這條街道的光景。街上加蓋了頂篷，當地人將這片商場稱為狸小路[2]。我在那來來回回閒逛了一個小時。

據日本民間傳說，狸這個動物能幻化成人形。狐也有相同的本事，但狐的心腸惡毒，而狸只是喜歡惡作劇罷了。牠最為人所熟知的事蹟包括嗜飲清酒、陰囊鼓大、喜歡在夜晚敲肚皮做擊鼓表演，還會騙人錢財。一八七〇年代初期，松本大吉（Matsumoto Daikichi，音譯）買下札幌一小塊地，興建劇場。自十七世紀以來，日本的劇場便是惡名昭彰的不法聲色場所。一六二九年，德川幕府唯恐妨害風化，下令禁止女性從事公開表演，男性因此長期在歌舞伎（Kabuki）中扮演女性角色：因而造成另一種更為不法的聲色娛樂興起[3]。不過，官方的敕令並未影響前來觀賞「浮世」（浮華世界）的人潮。松本先生的劇場四周隨即如雨後春筍般冒出許多茶屋、酒館和私娼寮。彼時的札幌是個新興市鎮，許多居民都是前來北海道淘金的拓荒者。這些苦幹又嗜酒的獵人和礦工往往沉迷於劇場一帶的聲色犬馬。在這裡，夜間表演者塗滿白粉的頸部襯映在燈籠光影中，

1 七九四年建都，稱之為平安京。
2 Tanuki Koji，北海道最古老之商店街。
3 歌舞伎是日本傳統舞台藝術，大致分為歷史劇和描寫庶民生活的風俗劇。歌舞伎原名「歌舞妓」，女演員模仿妓女打扮，一六二九年後改以美少年代替被禁的女角，風氣更為敗壞，在一六五二年再度遭禁，不准美少年參與演出。另，男性所飾女角稱做女形。

蠱惑著人心。他們宛如狸一般，具有拐走別人身上錢財的本事。這個地區當初被稱做「白頸小路」，其來有自。不過由於札幌市父老的反對，此帶花街柳巷後來改稱做狸小路，從此在遊客心目中，它成為像狸一般，是一處夜間熱鬧喧擾，讓人如痴如醉、受騙失財的所在。

如今，狸小路已經看不到往昔男性冶遊的痕跡，整條街上盡是時髦的服裝店，以及早早便打烊的披薩餐廳。

七月十五日下午，旅程第十七天，我徒步離開札幌。寬廣的大通路從札幌電視塔向外延伸（電視塔內有口香糖販賣機和上面標有「清爽吸菸」的菸灰缸紀念品），工人正在沿路架設夏季亡魂祭的粉紅色紙燈籠。日照強烈的炎炎午後，遠方峰巒清晰聳立，紫色光芒映襯天際，山的後面就是南方幾個大湖。我快步走過成片的粉紅色混凝土社區建築，裡面有上千戶人家，日本人正經八百地將它稱為豪華公寓（mansion）；走過自衛隊陸軍的寬闊營區，裡面有日本政客一板一眼地稱為「特殊保衛車」的坦克車；走過站在十字路口練習高爾夫球揮竿動作的上班族；走過一個夾克背上寫著「讓我們夏天與龐克！」的女孩；走過那家名稱奇詭的「酒吧瑪丹娜」[4]。此時，我已經走出市郊，下午五點的路上，前頭看不到任何旅館或民宿。

我找到一家汽車旅館，老闆向我解釋，由於他是日本汽車旅館經營者協會的一員，所以他的收費完全按照規定，我不必怕被敲一筆。從晚上十一點到翌日上午十點間，費用是四千八百日圓（大約十四英鎊）。十一點之前，每小時必須另外多付五百日圓。現在才五點，算起來總共必須花費七千五百日圓（大約二十二英鎊），而且不供應餐點。他還說，我開車只要五、六公里就能抵達他推薦的餐廳。說著說著，他大概在這時才從我的靴子、背包，以及我是兀自站著、而不是坐在方向盤後面發現，眼前這個窮酸傢伙沒有車子。他朝著車道望了一會兒，歪著頭想了半天，最後建議我出去閒晃六個小時，再回來過夜。

「謝謝你，」我說，「你的客人多不多？」

「喔，很多。」他保證。

我後來終於找到的餐廳已經打烊，不過隔壁的雜貨店還亮著燈。

「能不能請你告訴我，最近的旅館在哪裡？」我拿著啤酒杯諂媚地微笑，心中很清楚，最近的旅館在三十公里外的支笏湖（Lake Shikotsu）畔。

結果我以幫忙夜間的外送服務換來一宿。一次使勁拉著兩箱啤酒走上防火梯，進入一間小酒吧，裡面有一股洗手間堵塞許久的尿臭味。我全身肌肉痠痛，只想躺下來睡覺，但晚飯後，卻又興匆匆地走回酒吧。雜貨店老闆用手在吧台下推了推我，然後向大家宣布，我是他多年前在英國愛丁堡參加雜貨零售業會議時遇到的女人生下來的兒子，

4 Bar Madonna，另有禁止瑪丹娜之意。

失散多年後才回家團聚。

「他真的是你兒子呀？」一臉驚愕的媽媽桑低聲問道。

「你說呢？他會說日語，對不對？」

「喔，是啊，他顯然不是外國人哪。」

「既然如此……」

「既然如此，他就真的是囉。」

那晚我獨自睡在雜貨店的會客室。翌晨，當我走到屋外欣賞花園裡的小池時，好心的老闆特別為我打開了人工瀑布。真是一派野地情趣。隔壁院子裡一隻龐大的聖伯納狗對我時而親暱，時而兇狠。廚房裡，老闆娘正忙著更換已經沾滿兩層蒼蠅的捕蠅紙。

夏夜驟雨

第十八天，天氣晴朗，長長的路途直通山野林間。我不時在山溪旁邊停下來浸泡雙腳，喝口溪水。溪水冰冷，泡腳不能超過一兩分鐘，否則立感麻木。大片的雲朵逐個飄過來，籠罩住惠庭岳（Mt. Eniwa）。一個騎自行車的小伙子停下來，用傻瓜相機拍下我倆的合照。

「你一天走多少公里呢？」

「大概三十公里。」

「你至少應該走四十公里才對。」

「我又不是在參加比賽。」

「你腿那麼長，至少要走四十公里才說得過去哪。」

我將臉浸入漁川（Izari River）消暑，然後在碎石堤岸上躺了一會兒，凝視灰色的雲輕快地掠過蒼穹。

三點，我第一次看到遠處山腳下的支笏湖，湖面平靜如鏡，泛著炭灰光澤。就在我沿著池邐的柏油路下山到湖旁時，雲層逐漸裂開，白色陽光透過裂縫，斜照得湖面一片斑斕。等我踏上湖畔的野餐區，邊走邊踹開地上的啤酒罐與午餐盒時，陽光終於破雲而出，再度普照，湖面也轉成了璀璨的藍色。

時值禮拜六，丸駒（Marukoma）溫泉的旅舍湧進了兩大群前來開同學會的年輕女客，以及一批惹人厭的商人，大約有五十位。這些商人在下午四點就已經酩酊大醉，拍著手合唱起知名的北海道民歌[5]：

Yaren soran soran soran soran soran hai hai !

5 Soran節，北海道代表傳統民謠，漁夫們打漁時唱的歌，下面一段是其中的吟唱。

旅舍人員忙進忙出，為了不增添麻煩，我同意配合旅舍，在他們選定的時間吃晚餐，結果他們竟在四點十五分供餐，害得我只吃得下一半。還好剩下的也沒浪費掉，二十六隻蒼蠅當著我的面，將殘羹剩飯飽餐入肚。

晚飯後，我拿了一條毛巾，走過旅舍長廊，來到湖邊一處石砌平台。在一面凸出的懸崖上，冒泡的熱水從高處的凹處汩汩湧出，溫度適中，可躺下來浸泡作歌。我利用三溫暖的方式，先在渾濁熱池中的一塊石頭上坐約五分鐘，然後涉水走到冰涼湖裡，再坐五分鐘。

「你要不要也那麼做哪？」一個赤條條的商人揶揄他的同伴。

「你當我是誰……」他那個同樣光溜溜的同伴嘟囔著，「外國人嗎？」

他倆嘀嘀咕咕地抱怨了一會兒：池子太燙、太滑、太髒、太小而且太擠（其實除了他們，只剩我一個），所以不久之後，整個池子都歸我享用。

我背後的太陽徐徐下山，遠方湖岸的山丘披上了柔和的灰色餘暉。旅舍外面的碼頭上，整個下午忙著抓明蝦的遊客們紛紛收拾網具，漫步走向旅舍內的浴池。我在溫泉裡坐了許久，光線逐漸暗去，直到看不見從樽前山（Mt. Tarumae）的火山口冒出的煙霧，然後，樽前山也被夜幕所掩蓋。

旅舍已無空房，我不得不湊合一下，睡在一棟木頭小庫房裡。臥鋪很硬，又沒有任何服務：淋浴、電視、女服務生、床墊，樣樣皆無。還好庫房很安靜，我又自備了睡袋。但是我萬萬沒料到，翌晨，上了年紀的老闆娘遞給我一張帳單，竟算進全套住宿與用餐費，金額超過二十英鎊。我臭著一張臉，大步走出大門時，她想必自知理虧，急忙塞給我一套風景明信片。

我原先計畫要沿支笏湖邊而行的那條小徑，結果證實是子虛烏有。在我問路的三個人當中，兩個人都確定沒有這條路。第三個人是丸駒旅舍的老闆娘，她依稀記得童年時代有過這條路，但三十年來根本不通。由於支笏湖四周崖壁崢嶸，我又非身懷絕技，沿湖攀登的可行性不高，唯一的出路似乎是向北繞過惠庭岳。於是我很不情願地走上昨天的回頭路。

這是個驕陽遍照的禮拜天早晨，波光粼粼的湖面浮著片片輕舟。山路越走越高，一陣年輕人的喊叫聲由湖中傳了過來：「斯達都！斯達都！斯達都（Sutaato，出發）！」聲音透過喇叭強力放送，數哩之外都聽得見。「左邊！左邊！左邊！打直！打直！打直！」繞過惠庭岳之後，才聽不到叫聲。

但我連喘口氣的時間都沒有。厚厚烏雲迅速籠罩天際，等我走到山路的最高點，抵達停車場附近的小展望台時，太陽已完全失去蹤跡，空氣裡有山雨欲來風滿樓的氛圍。暴風雨蓄勢待發，一、兩輛經過的汽車似乎也察覺暴雨將至。車主瘋狂加速，車子馳騁過路面的坑洞，揚起了大堆石頭與砂礫，這真是我所走過最糟糕的公路。

第一聲雷響來得迅不及掩耳。雷聲傳到了濯濯山壁與四百碼下方的平坦湖面，轟隆隆在山巒和密林間迴盪良久，彷彿想要殺出重圍。跟著升起一陣嵐霧。整個湖已與慘澹的天空混成一片。我視野所及的世界不斷縮小，此刻只看得見前方路上的坑洞。雨稀哩嘩啦落下時，我加緊趕路，一邊數著地上被壓扁的蛇。斗大的雨珠滴下，劈哩啪啦地如冰雹般打在身上，不過雨量很少，真正可怕的是閃電。

我數到第六條蛇，其中四條是幼蛇。剎那間，嵐霧浮上高空，暴雨來得快去得也快。從松林間望去，支笏湖又恢復了平靜。黃昏也將近。

我一路行經觀光旅遊業所留下的人造垃圾：山壑間的垃圾和廢棄的汽車，車窗毀壞，引擎蓋掀開，輪子失蹤。再度踏上平地時，附近再也沒有溫泉、旅館、戶外庫房或是尋找失散兒子的雜貨店老闆。我透過一片樹林，望見絕壁間的湖畔相當平坦，於是離開原路，在鋪滿柔軟松針的林間走了半公里，出來後看見一片沙地，原來是個營區。兩個釣客坐在湖畔抽菸。年老的管理員從木屋裡走出來，瞪著我一瘸一拐地走近。我向他點點頭。

「可不可以讓我在湖畔過夜？」

「隨便你囉。」

「我沒有帳棚。」

「沒有帳棚嗎？」他正要點菸。

「要不要付錢？」

老管理員瞇著眼打量我的背包。

「我有睡袋。」

他聳聳肩，沒有說話，走回他的木屋。

我找了一塊遠離釣客的地方，將墊布鋪在潮濕的沙地上，用靴子和石頭壓住，再打開睡袋的防水外罩，小心地套在薄薄的羽毛睡袋上面，然後爬入袋中，躺了一會兒。這時光線已逐漸暗去，蚊蟲開始群聚。陣陣湖水聲傳來，甚是祥和。湖面漁船的點點燈火，宛如遙遠繁星。天空一片黝黯。我將睡袋的拉鍊拉到頭上，試圖入睡。

半夜開始下雨。起初，雨勢稀疏，像微風吹拂，但我還是聽到它落在防水外罩上，不由得咒罵起雨來（這可是我在十九天以來，第一次脫口而出的英文。日文非常適合用來歌誦春花秋月，可惜的是，可供表達不滿的字眼並不多）。三十分鐘後，我又說了些英文，因為我發現，防水外罩竟然不防水。

雨勢仍不大，我決定撐到底，這是個愚蠢的決定。兩點時，我已全身濕透，小雨也變成了沛然大雨。我坐起身，口中英文國罵不斷，開始收拾泡水的行囊。前後走了三趟，才將家當全搬到管理員木屋屋簷下的水泥台階上。儘管我拿著一把小手電筒，卻還是在第二趟來回時迷了路，跑進潮濕多刺的灌木林裡摸索了十分鐘。最後，我不得不把墊布留在沙地，將睡袋扔在狹窄的台階上，濕答答地爬進袋中，想要重新入睡，但是根本無法闔眼。大雨在鐵皮屋頂上咚咚地敲個不停，潮濕睡袋下的水泥地更是令人難受。

小木屋中亮起燈光。窗戶上凝結了水珠。透過窗子看得見老頭使用的火爐，他的影子從牆上一晃而過，然後我看見他望向窗外，盯著躺在台階上的我。我聽見他走向門口，門打開了一點，映照出老頭的臉部側影。他站在那裡看了好一會兒，我很想對他說點話；好在我沒白費力氣，因為他隨即悄然闔上了門，還轉上門鎖。

五點破曉，雨也停了。我顫抖地起身，從湖畔揀回了墊布，用一支泡軟的樹枝撣掉布上的沙子，開始紮捆行囊。老管理員從木屋的窗子裡凝望著我。他看起來像是守了一整夜，一臉疲倦，兩眼卻出奇地銳利。在我捲起睡袋放入背包，摺好墊布和綁好靴子的同時，他就一直瞪著我看，動也不動。

「莎喲娜拉。」我站起來就走。

我猜，即使我已走進樹林，他還是一直這麼瞪個不停吧。

警告我小心熊出沒的男子已經在湖畔住了三十年。他曾經被蘇聯人囚禁在庫頁島（原為放逐之地）。蘇聯人本來告訴他，他再也回不了家鄉，卻在兩年後放他自由。等他回到札幌時，人事已非，加上討生活不易，便在支笏湖畔落腳至今。他是個精瘦結實、臉色黧黑的隱士，人很和氣。

男子跟大多數北海道居民一樣，深知熱水的重要性。他在盛夏的七月裡還燒著一口油爐，只見他小心地將地下水注入一支小茶壺，再把茶壺放上爐子煮。

他說熊是最容易捉摸的動物，比人類容易捉摸得多。他對人類不感興趣，認為人類差勁透頂。

「湖畔一帶的山丘裡有好幾十隻熊，差不多每天都會跑到那邊的路上。」他指著我剛才走過的路。

「啊，真的？」我裝出毫不在乎的口氣。

「你應該邊走邊吹哨子或唱歌，」他說，「或者拿個鈴鐺隨時搖一下，或者用力敲一根棒子。牠們只有在很餓的時候，才會走近人類，而且牠們只找吃的東西。」

我安心地點點頭，慶幸自己身上沒有食物。

「要是你看到三十公尺外有一隻熊，根本不必擔心，牠會跑開，因為牠比你還要害怕呢。」

「很好。」我啜了一口茶。

「要是你看到二十公尺外有一隻熊，牠大概也不會惹你。牠會吼幾下向你示威，可是只要你站著不動，牠就會覺得無聊而轉回樹林裡去。」

「嗯。」我深深地望了樹林一眼。

「當然啦，要是你看到五或十公尺外有一隻熊……」

「那麼，我應該開始擔心了。」我發出英國式的輕笑。

「也不是，」他說，「你其實不用擔心，因為熊是最容易捉摸的動物哪。牠要是離你才五公尺遠，絕對會撲上來宰了你，所以也沒有必要擔心囉。」

蝦夷地

從遠處看，白老岳（Shiraoidake）必定有如一幅宋朝山水畫，只是近看時，效果就差了些。兩位摩托車騎士沿著泥土路騎過來，在中午的山霧裡，開著頭燈照明。其中一人在轉彎時不慎摔倒，卻無力抬起重巴巴的摩托車，我走過他身邊，看見他眼淚都流出來了。上坡路既高又荒涼，滿是險崖與黑色危巖，路的一邊是直落的懸崖，另一邊是巉峭壁。一輛巴士迎面顛仆而來，喇叭聲不斷，轉彎處突然一個傾斜，逼得我整個人貼到潮濕的巖壁上。眼前的能見度不到五十碼，綿綿細雨自近午開始飄下。我遇上一對全套阿爾卑斯式（Alpine）登山裝備的日本中年夫婦，穿戴著束膝式燈籠褲和有羽毛裝飾的南歐提洛爾帽，拿著節瘤手杖。他們躲在一件鮮黃色披風下面，驚嚇得不停顫抖，剛剛的巴士差一點就撞上他倆。

下午三點，我走進開闊的綠色原野，看見從到札幌以來就不曾再見過的農田。

「看那個！看那個！」一路跟著我走到拉麵店的三個小男孩興奮地喘不過氣。他們將鼻子貼在窗子上，「在吃什麼？在說什麼？」

「走開，」一個婦人說，「不可以對客人無禮。」

「沒有關係，」一個胖男人說，一面打了一個飽嗝，「他們還小。」

薄暮微風帶來些許的硫磺味，蓋過了蘋果園的淡淡清香。在溫泉勝地北湯澤（Kita

Yuzawa），大片白色霧氣自河面嘶嘶升起。霪雨已停，一兩個穿著旅館浴衣的人正把裝入小簍中的蛋放進河床上的滾燙池水裡。我向公營的國民宿舍訂房，但是房間都已被一個老人儲金聯誼會訂走。櫃檯人員代我打電話給當地的旅館。

「哈囉，嗯，很抱歉打擾您哪，因為，那個呀，嗯，能不能……我是說哪……這件事有助於國際關係……」

旅館房間裡有個裝滿可口可樂和啤酒的小冰箱。這是一種愈來愈普遍的做法，讓客人自行取用飲料，翌晨再由打掃的女服務生計算空瓶數目，相當省時省力，不過也把人際接觸的樂趣減到了最低點。

澡堂很舒服。男湯與女湯之間以一大片相當逼真的塑膠花草隔開，我游過去摸了一下才能確定它們不是真的。從澡堂可以看到，河上的熱氣延綿超過一公里。對面的堤岸有些長椅，還有木橋，樹上也掛有彩色裝飾燈。一個泡湯的客人施展絕技，從清洗身體、洗臉到洗頭，嘴上的香菸一直不曾離口。我差點想鼓掌叫好。

「為什麼外國人的臉都這麼美呢？」鋪臥墊的中年女服務生認真地問。我不知該如何回答。「男人，女人，看起來輪廓都這麼美哪。」

第二天早上，她把空瓶數過兩次，又打開冰箱仔細確認。

天氣好轉。灰色的雲層變得白綿綿，白老岳矗立在我身後。午後三點左右，我看到了明亮清澈的洞爺湖（Lake Toya），和星羅棋布於湖心的蓊綠小島。我邁開步伐，走過一排出售木雕熊的特產店，熊的嘴巴裡還叼著鮭魚。

愛奴人以往把熊當成神祇。他們捕來幼熊，養在村裡的木籠裡，善加對待，甚至讓孩童伸手撫摸，直到幼熊馴化。然後他們在一根木樁上飾滿冬青樹葉，再將熊引至村裡的廣場，用長繩綁住熊，讓熊來回跳躍。一些盛裝的男子模仿打獵的動作，先朝著熊射些裝飾用的小木棒，然後將熊綁在冬青木樁上，用箭射殺，再按照儀式勒綁屍體、斬首、剝皮、挖出內臟，飲下能帶來神秘力量的熊血。最後將熊神的頭顱陳列在四分五裂的獸皮上[6]。

一八七九年之前，這個北方大島並不叫做北海道，而是蝦夷地（Ezochi，原文為Yezo）。夷者，野蠻人也。嚴寒荒涼、不易耕作、只適合野蠻人居住的蝦夷地被日本人冷落了一千兩百年。幕府將軍一銜的全名便是「征夷大將軍」，源自於第八、九世紀間，征討愛奴的滅族行動。日本人成功地將他們逐出本州的家鄉，趕到最北方的蠻荒島。愛奴人和日本人是完全不同的民族，有自己的語言和宗教信仰。愛奴男人身上毛髮之多，據說全世界居冠。男人蓄著垂至前胸的濃密鬍鬚，女人黥面。用尖叉刺魚，又殘殺神祇的愛奴人在日本人眼中，必定有如怪物。

除了野蠻的愛奴人外，蝦夷地上還有野蠻的火山，至今仍蠢蠢欲動。一九一〇年，有珠山（Mt. Usu）大爆發，在附近隆起了一座新山，一九四四年再次爆發時，又在新山旁邊造出第二座新山。在日本移民的眼中，這個島必然像隻半瘋狂的野獸。他們想盡辦法要馴服這隻野獸，如今野獸雖變得惹人喜愛，然而誰也不敢確定，它以後會不會再度抓狂[7]。

洞爺湖位於有珠山山腳，湖畔就是洞爺湖溫泉旅遊區，有一大片十層樓高的西式飯店、西式咖啡店與西式酒吧。飯店都叫做別墅或皇宮，酒吧則多取茉莉之類的花名。這裡還有一座叫夏季樂園的遊樂場，一家叫裸體俱樂部的酒吧，以及一家叫唐吉訶德的牛郎俱樂部。

我在旅程第二十二天的清晨搭上遊覽船遊湖，湖面籠罩著晨靄，岸上飯店很快便脫離了視線，船軋軋響著前進，眼前只看得到湖面、天空以及湖心島嶼的灰色峰巒。

「各位，早安，」女嚮導用麥克風說。船上只有三名遊客——兩位老婆婆和我。「麻煩各位往左邊看，各位會看到羊蹄山（Mt. Yotei）。」

我們轉向左邊，霧氣太濃，連湖岸都看不見。

「蝦夷的富士山，多麼美麗的山峰哪！接下來，各位會在右邊看見有珠山，還有明治新山及昭和新山（即兩次爆發所形成的新山）。」

6 此處描寫的是愛奴人的熊神崇拜儀式。

7 有珠山第三次爆發是在一九七七年，第四次是二〇〇〇年。

我們轉向右邊，眼前是一片灰霧，不見山峰、建物或任何陸地。

我想起伊豆（Izu）與三浦（Miura）半島的湛藍海水
在遙遠的洞爺溫泉鄉。

霧氣在我們抵達觀音島（Kannon-jima）時，開始消散。遊覽船停在六艘天鵝形狀的踏槳小船旁，我將背包留在碼頭，緩步踱向觀音寺。這是一間原木建造的小型建築物，位於林木扶疏的山丘上。寺旁的樹上懸掛著兩隻喇叭，不斷大聲播放著洞爺湖飯店和酒吧的廣告，中間還插播〈嘿呀嘿，我要寶貝回來〉和〈喔，媽咪，媽咪的憂鬱〉兩首曲調，播完後再進廣告。一言以蔽之，這是個典型的日本寺廟。兩位老婆婆尾隨我爬上斜坡，我拚命忍住對她倆飽以老拳的衝動，然後我們毫髮無傷地回到碼頭。

返航的時候，終於看見了湖邊的新山：昭和新山的火山口還在呼哧呼哧冒煙，明治新山則像個墳土塚。

圈禁之火的吼聲——
山岳的喘息
向天升起……

觀音的傳奇充滿了令人不解的謎，最奇怪的就是性別問題。觀音原本是阿彌陀佛的男徒之一，因為法相慈祥溫柔，在日本人的心目中，搖身一變成為女性。而觀音的化身之多，也讓人摸不著頭緒。例如坐在火圈當中，對抗邪魔的馬頭觀音、數起來總有十二張臉的十一面觀音，以及實際只有四十隻手的千手觀音（據說每隻手可以拯救二十五個靈魂）。一般人最熟悉的觀音相貌是坐在蓮花座上的安詳女神，充滿寬憫，散發著菩薩的慈悲光芒[8]。

然而，在這個蠻荒之島上，觀音也有野蠻的一面。

就在我離開洞爺湖的十八天後，有珠山發生了本世紀以來的第三次爆發。大量的灰燼與碎石吹向東方和南方，幾乎遠及三百公里外。火山熔岩沿著山坡流至海岸。煙霧噴上九公里高的天空。田裡覆蓋了厚厚一層的火山灰，蔬菜、小麥與稻作全毀。洞爺湖溫泉觀光區的五千位居民全部被軍方用卡車疏散，暫時在學校與寺廟裡棲身。湖中魚類暴斃，林中樹木蒙難，公路與鐵路被封閉，共計有十四個市鎮受到波及。飯店、咖啡店和酒吧全部關閉，遊覽船也不再駛往湖中的島嶼。

觀音寺外面的喇叭終於被這個野蠻的天災慈悲地關閉。

8 觀音與佛陀之說法有三，一為父子，二為師徒，三為轉世。而女性觀音盛行於中國、韓國和日本等東亞地區。

兩對店東夫婦

在北海道最古老的佛寺善光寺庭院裡，一排排朝日啤酒的廣告紅燈籠被微風吹得颯颯作響。這間寺廟是北海道唯一一座沒有木製擋雨板（amado，雨戶）的古剎建築，走道上只用紙拉門來隔絕嚴冬的寒風。

「那天晚上有暴風雨，他來的時候，寺裡只有我一個人。他的年紀跟你差不多哪。雨下得很大，他就站在玄關，用手指頭敲門。」

我吃驚地望著她。長了一張酸蘋果臉的瘦小老婦人顫顫巍巍地立起身子，踮著腳尖站在綠色毛氈地毯上。來自幽黯庭園的光線將她的眼睛映照出一抹翠綠。她整個人筆直地挺立。

「他說要留下來，我說歡迎。大雨打在他的臉上，他擦也不擦哪。什麼行李也沒帶，穿著草鞋，就在這個島上走了五年哪，連個小包都沒有。他就睡在走廊上，也不肯用枕頭。」

她彎下腰，坐回墊子上。我們小口喝著茶。

「在戰前，這些臨濟（Rinzai）宗的僧侶頗能吃苦耐勞。本寺屬於淨土真宗（Joko Shinshu），但他是臨濟宗[9]。他們的臉孔非常祥和。他跟我說他一天走二十日本里。」

將近八十公里。

「他爬到寺廟後面的山上，不吃不喝，坐禪了一個禮拜。我不知道印度人怎麼樣，但我們日本人都是以三天為限。他在那裡坐了一禮拜，我們都以為他會死掉呢。」

她的目光一揚，望向庭園，看看在午後風中飄舞的紅色燈籠。

「他在戶外睡了五年。」

時鐘滴答走著。

「不分夏冬呢。」

然後老婦人便不發一語。我望著她在七月天的午後，吃力地走開，慢慢遠離我端坐的寺廟房間。她回來時，給了我三顆柑橘。

我離開善光寺，沿著太平洋海岸的公路前行，路上飄著草莓的香味。沿路至少有十幾家賣草莓的攤販，其中兩家拿草莓給我試吃。傍晚彩色斜暉在內浦灣（Uchiura Bay）海面閃爍不定，這是一個小海灣，面積與盧森堡差不多大。

在豐浦（Toyoura），雜貨店老闆娘叫她的孫子帶我去一家旅館。旅館的人很和氣，但是老闆講的話，我卻一個字也聽不懂。晚飯時，旅館老闆娘坐在我旁邊陪我喝清酒，一邊敘述她的煩惱。黃湯下肚後，她的煩惱也越來越多。

「我先生是韓國人喔。」

9 兩者皆為佛教支派。臨濟宗為禪宗的一支，淨土真宗則源自於淨土宗。

「啊，難怪。」

「你聽不懂他的話嗎？」

「不太懂。」

「我也常常聽不懂呢。」

我為她斟了一杯。

「知道嗎，我有韓國國籍。」她說。

「你會說韓國話嗎？」

「一點也不會。」

「去過韓國嗎？」

「沒有。」

她從坐墊上轉身望向窗外，鐵皮屋簷外就是太平洋。

「我也是外國人哪。」她說。

「凡事往好處想。」我回答。

她仍然望著窗外的海面。我重新為她斟滿清酒。

「這條魚很好吃，」我試圖轉移話題，「叫做什麼名字？」

「一個外國人哪，」她喃喃地說，兩眼瞪著窗外（這對夫婦，先生是韓國人，太太是「在日韓人」[10]）。

我外出散步。夜幕低垂的海濱，一個缺了門牙的年輕女人抱著嬰兒走了過來，問我會不會說日文。她知道我會說日文後，便帶我回她與老公所開的咖啡店，給我可口可樂和三杯吉力曼札羅咖啡。咖啡店取名Hot，以北歐原木裝潢，掛滿灣市搖滾合唱團[11]的海報。九點打烊後，我們帶著幾罐啤酒走回老闆夫婦的公寓。剛走出門口，就碰到一個穿白襯衫的男人正拉下褲子的拉鍊。

「能不能麻煩你去別的地方。」老闆對那人說。

男子衝著老闆鬼吼一聲，又對我恨恨說了個「老外」，然後轉過街角踉蹌而去。老闆娘連忙擦拭台階。

店老闆夫婦是一對好人。他們說要是早一點碰到我，我就可以住在他們家，又答應要在隔天傍晚開車到長萬部（Oshamambe）找我，因為老闆的母親剛巧就住在那裡。我半夜回到旅館，發現老闆娘貼心地放了些漫畫在枕頭旁邊：一堆《男人漫畫》和《狂喜漫畫》。在後者，一絲不掛的女人胸部被大剪刀剪碎、被公牛戳破、被燒熱的鐵烙印。

10 二次大戰後，數十萬被日本政府強制遷至日本的韓國人滯日未歸，成為第一代移民。日本國籍採血統主義，這批韓國人的二代和三代因此無法取得日本國籍，多半拿韓國或朝鮮護照，以外國人的身分在日永久居留。

11 Bay City Rollers，一九六八年成軍的英國搖滾樂團。

而在前者，裸女則是被綁起來強暴。翻閱後，我久久無法成眠，心中一點狂喜感也沒，只是凝視著屋簷的一抹月光。

草莓的味道在早晨更加濃烈。太平洋的海水沖上白色海灘，爛漫耀眼。我很想跳下去游泳，但高高的公路離海面有數百呎遠，看似無路可下。我打開手電筒，走過長達一哩的漆黑隧道。然後我跨過白色的護欄，在峭壁頂端灼熱的草地上匐匍行走。日照強烈，我伸手搜尋太陽眼鏡，卻發現眼鏡被我坐扁了，禁不住又罵了幾句英文。最後，我終於找到了下山的路，得以在滾滾海浪中游了一個鐘頭。

日落之後，我來到長萬部一家小餐廳，裡面沒有別的客人，烤鯖魚給我吃的胖老闆娘跟我聊起來。她對我推心置腹，把秘密都告訴我。

「有次我在太陽下山前，從室蘭（Muroran）開車回來，看到遠方的山就像一個赤裸的女人，有著長長濃密的黑髮和渾圓的巨乳。」

她滑稽地比了比。

「她仰躺著望向天空，天上的雲就像個年輕男人，隨時準備撲上來呢。你覺得呢？」

我的嘴裡塞滿了鯖魚。

「後來我在從函館回來的路上，又看到了一次。乳房有西瓜那麼大哪。」

我東張西望，看餐廳有沒有漫畫。她穿著圍裙，靠在我前面的櫃檯上。我原本想說些俏皮話，但當我往下盯著櫃檯時，卻看到她細瘦蒼白的指關節。

「我從來沒有告訴過別人，」她說，「我覺得是惡魔（akuma）作祟。」
「你只不過是有陰陽眼，」我說，「這是種天賦。」
「最棒的就是那對西瓜。」她又說了一遍。
等到豐浦的年輕夫婦抵達時，我們的話題已經從乳房幻想曲，轉到了民謠上面。他們說，從街上就聽得到我唱〈Soran節〉的歌聲。

男人就是男人，無論身高多少——
就算只有四呎十吋也一樣……

咖啡店夫婦帶著先生的十六歲妹妹，只見她菸不離手，猛飲攙了水的威士忌，另外還有一位我在咖啡店見過、滿臉痘子的女孩。年輕太太不斷對她點頭使眼色，可是女孩似乎不太習慣晚間出遊。她穿了全新的洋裝，化了一臉濃妝，顯然「別有目的」。
我今天花一整天才走到長萬部。它離年輕夫婦在豐浦的住處三十七公里遠。他們開車過來只花不到三十五分鐘。我開始呵欠連連，後來還醜態盡出，當眾趴在櫃檯上。我的朋友們替我蓋上了衣服，認為我該睡了。我們在旅館門口告別，之後不到十分鐘，我就沉沉入睡。一直到隔早起床，我細嚼著早餐的海苔時才恍然大悟，女孩那番打扮是為了什麼。

外國人的「特權」

旅程第二十四天早晨，路上交通繁忙，一個戴著大眼鏡的胖男孩眼看就要被卡車壓扁。一者是，他正逆向騎腳踏車，而且根本不用兩手扶車（日本的自行車騎士似乎不受道路法規的約束，不但可以任意選擇車道，還可以騎上人行道，闖紅燈和隨時穿越斑馬線。自行車意外是日本第二常見的意外傷害，僅次於摔落樓梯）。二者是，男孩一直目不轉睛地望著我，和我吼著對話。我向他大吼，要他注意路況，但他不為所動，他一心只想惡補英文。

「『My book is a boy's is my brother』的日文是什麼？」

「我不知道。」

「啊？」

「這句話不合文法。」

「學校教的呢。」

「這不是英文。」

「我們老師把它寫在黑板上。」

「他那天一定是生病了。」

「好吧，那你們怎麼說自行車呢？」

「Bicycle。」

「山？」

「Mountain。」

「睪丸？」

「Balls（另意為膽量）。」（教他Testicles應該比較有助於發音練習，但我當時實在無此心境。）

胖男孩將自行車一個大回轉，迫使一輛載魚卡車發出淒厲的剎車聲，然後奮力地騎車快速離去，口中狂喊著：「Balls!」

載魚的卡車上流出了橙黃色的血，潑灑在熾熱的柏油路面上。一輛軍用卡車的輪胎碾過血跡。我走近一個村子，海上有一座褪色的朱紅色小橋，橫亙在一堆灰色石礁與海灘之間。石礁上立著一間橘色屋頂的小破屋。這是一座神社。類似的小型神社經常可在丘陵頂或海邊岩石上看到。神社的神祇前供奉的常是飯糰和一罐罐雨水泡過的可口可樂。

「你的名字怎麼寫呢？」兩個大驚小怪的學童問。

我拿出外國人登錄證給他們看我的名字。

「那是什麼？」

「指紋。」

「誰的？」

「我的。」

「為什麼要你的指紋呢？」

「法律規定的。」

「他們從來沒有要我們的指紋呀。」

「這是外國人才擁有的特殊權利。[12]」

村裡一家雜貨店的老闆給了我一些甜玉米，接著告訴我當地冬天的景況。

「在北部的旭川（Asahikawa），冬天冷到可口可樂的瓶子一碰就爆裂開來呢。這裡沒有那麼冷，不過下雪量卻比內地還多哪。每年一到八月二十日左右，就得開始點煤油暖爐。北海道的人去東京時常常感冒，就是因為我們這裡天一冷就點暖爐，而東京那些傻瓜卻硬要發抖到十一月。」

七月中旬的大太陽下，海邊冒著騰騰熱氣的岩石上，一個綁著深藍色頭巾、穿著高筒橡皮靴的歐巴桑正在曬一條條褐色海帶。我走了過去，下海游到鄰近小村附近，躺在盛暑的海灘上，忘卻冬季的嚴寒。

「你要一直走到美國去嗎？」

「不能一直走，我得游上一段。」

「要是你游累了怎麼辦呢？」

「張開翅膀飛吧。」

在八雲（Yakumo）那家吃晚飯的餐廳裡，八雲農會棒球隊正在慰勞下午打輸的那場球賽。這是一場熱鬧吵嚷的晚會。穿著翠綠配橙色球衣的球員們熱情十足，熟稔地拍打每個人的背。晚上氣候悶熱，餐廳不斷送上大杯冒著泡的生啤酒。

「好久沒『砍』到你！」教練吼叫，一拳打在我的肩膀，他的啤酒也潑到我的瑞士小刀上。「過來喝一杯吧！」

我過去喝了一杯。

「你在八雲做什麼？」

「喝一杯。」

「那麼，再喝一杯吧！」

不久後，我們前往一壘手說的真正道地的日本酒吧。酒吧名叫Music-In。媽媽桑穿著低胸絲緞長禮服。現場正中央擺了一台大鋼琴，卻沒有鋼琴師。我瞎彈了十分鐘，獲得了如雷掌聲，我被灌了更多的啤酒，兩邊肩膀被捶得瘀青。

在我彈鋼琴時一直對我微笑的代打球員把手伸到桌子下面，撫摸我的膝蓋。

「你是哪一年出生的？」

---

12 一九五二年始，日本法律規定，外國人必須在隨身攜帶的外國人登錄證上按左中指指印，因為此舉行同罪犯畫押，屢遭外籍人士和在日韓人的抗議，此法近年終遭廢止。

「四十六年。」

「昭和四十六年？」

「昭和二十一年（一九四六年）。」

「跟我一樣！他跟我一樣耶！哪個月？哪個月？」

「十二月。」

「啊哈！」

我的左大腿被重重捶了一下。

「我是六月生的，所以我是前輩，大家聽到沒，我是前輩喲[13]！」

比我年長，讓他高興死了，也讓我不得不坐遠一點，以免我的左腿到明早不良於行。他隨後又在街上湊了過來。

「你什麼時候要離開八雲？」

「明天早上。」

「一大早嗎？」

「八點多吧。」

他用雙手攬住我的脖子。

「明天早上要不要來找我？我在日產汽車展售處賣車。」

「好，」我說，「我一定會去。我會去買一輛日產汽車。」

「我有很棒的Cherries車款。」他拍拍我的臉頰，與我吻別。

翌晨涼爽而多雲，我在展售處開門之前就離開了八雲。

外國人沒有朋友

我不曉得那早為何心情如此惡劣。我的日記上寫著，我成天被人盯著看，讓我厭惡透了。但是我在日本已經住了七年，年紀也有三十歲，等於這輩子有四分之一的時間，天天都被別人投以異樣的眼神。所以必定另有其因。

「我們這裡看不到什麼外國人，」一個騎腳踏車的歐巴桑解釋，「很多小孩子從來沒看過外國人喲。」

接連經過幾個村莊，發現商店櫥窗廣告中充斥著外國人。相機店裡，尤伯・連納為富士軟片代言，甘蒂絲・柏根推銷美樂達相機。雜貨店中，寇克・道格拉斯、保羅・紐曼、潘・波恩（Pat Boone）和泰利・沙瓦拉（Telly Savalas）暢飲不同牌子的即溶咖啡。服裝店櫥窗上，亞蘭・德倫、彼得・福克（Peter Falk）、詹姆斯・柯本和居里亞

13「先輩」（sempai）除了指年紀較長的人外，也指先進職場的老鳥、學校裡的學長學姊，以及專業上的前輩等等。

諾・格馬（Guilliano Gemma）都在展示日本人製作的三件式西裝。藥房裡，查理士・布朗遜對著臉頰拍上Mandom日本刮鬍水。蘇菲亞・羅蘭跨坐在一輛本田機車上，奧莉維亞・胡賽（Olivia Hussey）塗上佳麗寶口紅，吉米康諾斯戴著精工錶贏得網球賽的冠軍杯。在日本清酒店裡，奧森・威爾斯、小山米・戴維斯、賀曼・卡恩、保羅・安卡和懷恩伯格（Alexis Weissenberg，鋼琴家）爭相以「好棒的威士忌」之類的話來讚美山多利和Nikka[14]。

「我們這裡看不到什麼外國人嘛，」騎腳踏車的老婦人離開時還不忘說，「所以大家都瞪著你，小孩子看到你就興奮地大叫。」

我在一家汽車餐廳點了拉麵和啤酒。兩個女服務生咯咯傻笑，隨即跑進廚房。我等了五分鐘，她們還未現身，我索性衝到送菜的窗口，對著嚇呆的廚師吼出我要點的東西。

兩分鐘後，一個怯生生的女服務生拿來了一杯草莓奶昔和兩雙筷子。

「我點的是啤酒。」我怒吼一聲。

女服務生咬緊嘴唇。

「為什麼給我兩雙筷子？」

「一雙要給你的朋友。」她囁嚅著說。

「我沒有朋友，」我咆哮，「我是個老外。」

離開的時候，女服務生對我的印象想必壞到了極點。如果我是她們，我也會嚇得躲在廚房裡。獨自走在海岸公路上，想到一整天的陰霾天氣、兩個笨女人，加上當了七年洋鬼子，讓我的心情惡劣之至。就是在這種惡劣心境下，我碰到山米。

他告訴我，他因為長得像山多利威士忌廣告中的小山米．戴維斯，所以被大家取了山米的暱稱。他皮膚黝黑，留著一小撮鬍子，年少時曾被打斷的鼻梁像鸚鵡的嘴般彎起，講話因此帶著尖尖的鼻音，加上他原本就有點口齒不清，讓人不太聽得懂他的話，然而這點也正是他的特色和魅力。山米是我在這次旅程中遇見的最可愛人物之一，也是除我之外唯一的長途步行者。他是札幌大學農業系三年級的學生，正從札幌走回一千公里外的茨城縣（Ibaraki）家鄉，預計要花上一個月的時間。他想將這趟旅行寫成一本書，並在書中交代所有曾經停下來問他要不要搭便車的車子號碼。我頗感相形見絀。這時，太陽終於露了臉。

我們邊走邊唱著〈Let It Be〉。山米不時停下來，在路旁架起三腳架，放上相機，拍攝我倆坐著、站著、滿身大汗、扛著背包、咧嘴而笑、相互攬著的各種姿勢。經過火車站的時候，山米一定會跑進去買兩張月台票作紀念，一張給他自己，另一張給我。

日落前，我們坐在堤防草地上，望向銀色太平洋遠方的室蘭和東南方的駒之岳（Mt. Komagatake），屹立的山巔形狀宛若魔鬼獠牙。山米挖著地上的碎石，告訴我，他

---

14 日本老牌蘇格蘭威士忌，一九三四年於北海道余市設廠。

真正的夢想是擁有一棟有煙囪的房子。

「你畢業後要做什麼?」

「我不知道哪，」他說，「到野外去工作吧。」

他隨即沉默了一會。我頭一次留意到，他說話時，滑稽的聲音裡帶著一種腔調。他將碎石擲向海洋。

「我不想做上班族。」他說。

我在森（Mori）這個小鎮與山米告別，準備找地方過夜。頭三家旅館都跟說我客滿，因為心情很好，所以我雖然半信半疑，也不加追究。第四家旅館有一間空房。我花了五分鐘時間，邊傻笑，邊與老闆娘爭論該由誰來洗我的內褲和襪子，最後她一把搶過我的衣服，跑進廚房。我哈哈大笑，走回房間，躺下來觀賞高壓電塔上的日落景色。

過去七年來，像今天這樣的日子其實屢見不鮮。有時在一日之間，心情從惡劣的谷底轉成興高采烈。有些日子卻是起床時很開心，上床時卻恨不得立即跳上飛機遠離日本。今天的遭遇並不算太特別，然而它永遠銘記在我的心中。我知道山米不會去做唯唯諾諾、鞠躬哈腰的上班族。

我還記得函館的
理髮店學徒——

他修剪我耳邊的頭髮時，感覺如此舒服。

這是短歌（日本特有的短詩形式，由五・七・五上句和七・七下句合成，共三十一個音）詩人石川啄木[15]的詩句。這也許並非他的代表作，但當我坐在函館的理髮店裡時，這些詩句便浮上我的腦海。啄木出生於本州北部岩手縣。他最好的詩作裡，都帶有北方世界寒暖氣候遞嬗的況味。

北方海邊的沙丘薔薇
帶著潮騷的氣息——
不知它們今年是否將再次盛開……？

一九〇七年，啄木在函館住了四個月。相對於他充滿苦難的一生，這是一段較為平靜的日子。他在函館小學當代課老師，並編輯小型刊物，而且終於有能力租到一棟讓全家住的房子。他甚至與一位女老師譜出短暫戀曲，女老師後來嫁給酪農。那年八月，一

15 Ishikawa Takuboku，一八八六年至一九一二年，日本明治時期著名短歌詩人，重要詩集有《一握之沙》、《雪中行》等。

場函館大火燒毀城西區，學校與刊物辦公室也付之一炬。啄木只得離開函館，往北尋找工作餬口。回顧起在函館逗留的那段時光，他仍是一派悲嘆的口吻：

啊！函館的青柳町！
多麼令人悲傷！
吾友的戀歌……
野生的矢車菊……

他的稚子（長男）在一九一〇年十月死去。一九一二年的春天，他的母親在連續喀血七週後辭世。罹患肋膜炎的年輕妻子眼看著撐不過冬天。啄木明白，自己的生命也所剩無多；他一年前曾住院一個月，醫院診斷出他得了無藥可救的肺結核。他最後的詩作裡，道盡不久人世的孤寂。

在我呼吸時
身體中傳出的一縷聲音
哀怨猶勝冬風。

啄木在那一年的四月過世，年僅二十六歲。死前他為了買藥，將自己最後一批詩作以二十日圓賣出。

函館山東方的大森（Omori）海堤原是一片沙岸，那裡矗立著啄木的紀念雕像。他隆著肩膀，以手支頤，坐在石頭上，望向海岸遠方的山巒。紀念碑上刻著他的沙丘薔薇之詩。類似的已故作家紀念像在日本相當常見，也常有風景明信片可買。

我搭乘電纜車登上函館山。夏陽明亮，可以清楚看見整個城市向遠山山腳延伸而去，大片紅色與藍色的矮屋頂再過去便是一片淡綠原野，幾條電車線沿著半島兩邊的海濱前行。

行過北海道

札幌從建市以來，便是一座大城。但函館卻是由海濱小村發跡，逐漸擴充，西至函館灣（the Bay of Hakodate），東抵津輕海峽（the Straits of Tsugaru）頂端。南邊則有函館山立於半島中央，如一座孤島或堡壘，為海港帶來絕佳屏障。也因此，函館在一八五九年，日本鎖國時代的尾聲中，成為最早開放的國際通商港口之一[16]。從電纜車終點俯

16　一八五六和五八年，德川幕府懾於美國的船堅砲利，簽下不平等條約，開放長崎、函館和橫濱等港口。

瞰山下，可以看見東本願寺的大片灰瓦屋頂，夾在天主教元町教堂與白牆綠瓦的蘇俄東正教教堂之間。

市立函館博物館裡，展示櫃陳列著愛奴人的外袍，外袍的袖子直直伸開，狀若十字架，看了令人不太舒服。到碼頭一帶散步較為宜人，最好沿路直走。婦人們在路旁草蓆上放滿哈蜜瓜和生魚，享受著北方夏季的清新，似乎不怎麼在乎生意的好壞。函館魚市裡，一群男女正在為即將到臨的御盆節（日本八月重要節慶，請參見第三章）排舞。膠水的氣味與塑膠袋裡腐爛青菜的特殊甜味，瀰漫在車站西邊的窄衖裡。

七月二十七日，我離開函館，搭乘渡輪前往大間（Oma，本州下北半島頂端）。我用了四個禮拜的時間，走過北海道全長約六百六十公里的路程。第一個禮拜，我的雙腳疼痛不堪，必須每晚將水泡刺破。第二個禮拜，我的左小腿腫脹又變黃，四、五天以後腫脹消失，但是腿上始終一片鮮黃。偶爾我仍會因右腳趾的劇痛而徹夜難眠。接下來的路程中，每早起床後的頭十分鐘裡，我總是無法行走，只得在民宿的走道中，一跛一跛地移動，直到兩腳恢復彈性，才能繫上靴帶。

不過我也發現，我的皮帶可以多扣兩個洞，曬傷的皮膚變成了健康的古銅色，多年來我都不曾感覺自己如此健康有力。

渡輪慢慢駛離碼頭，喇叭大聲放送著〈驪歌〉。我坐在船尾一邊喝啤酒，一邊為我的靴子抹油；想像就在前方這個城市，越過函館山的那一方，詩人啄木正坐在海堤上望著渡輪越駛越遠，最後消失在本州的藍色微光中。

　白色波浪沖過來翻騰著

　在函館大森的海濱……

　思想起……

我漫步走向船首，望著藍色微光漸次轉綠。

第三章　北方之死

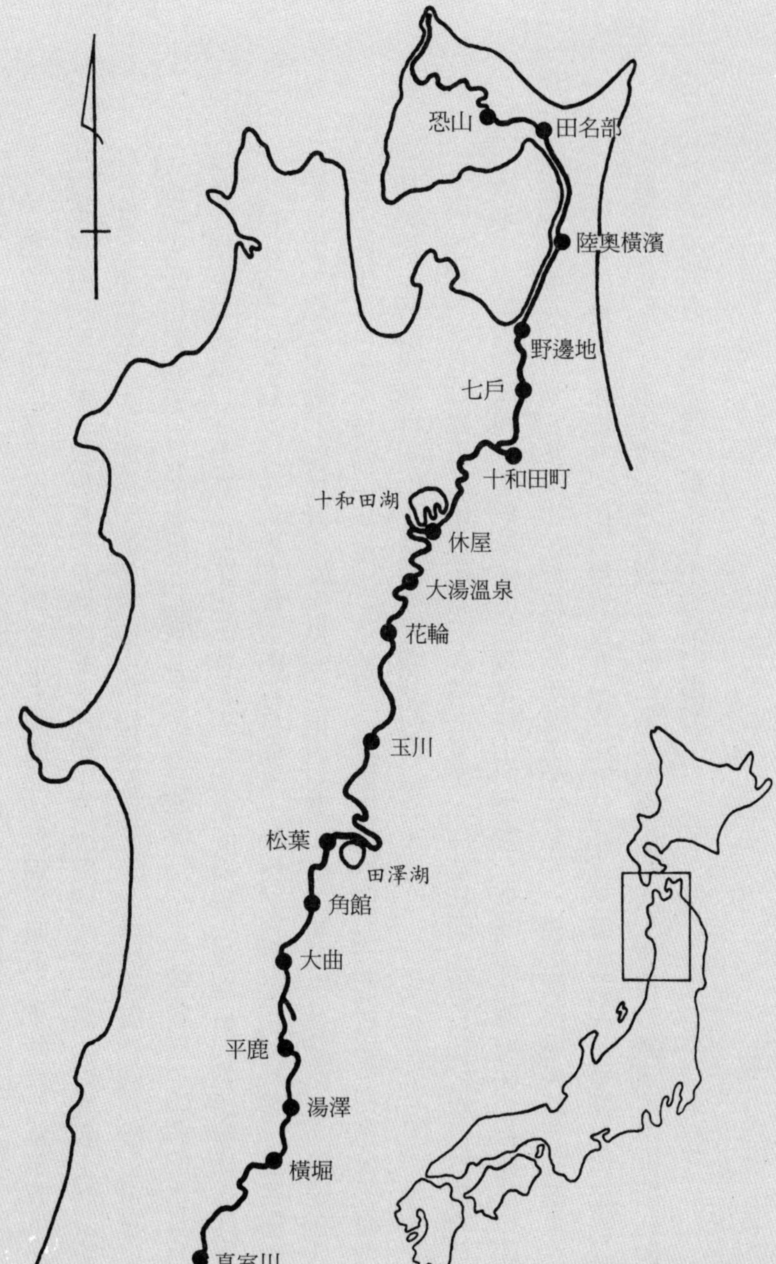
恐山
田名部
陸奥横濱
野邊地
七戸
十和田町
十和田湖
休屋
大湯溫泉
花輪
玉川
松葉
田澤湖
角館
大曲
平鹿
湯澤
横堀
真室川

本州最北端的半島形狀狀如一把斧頭，斧刃的中央矗立一座山叫做恐山（Osorezan）。恐山，恐怖的山也。我攀登過恐山兩次，所以深曉這個名稱的由來。

始於海岸的山路是一條泥巴路，沿著險峻的山林蜿蜒而上，來到一塊雜草叢生、布滿白色塵灰的平地。只見紅黑交雜的蛇接連爬上泥巴路送死。一條小蛇在我走過時嘶嘶作響，不肯讓步，隨即被一輛載貨卡車的輪胎壓扁。卡車轟隆隆繼續向前駛去，在車後捲起大片白色塵霧。我的頭髮和襯衫都被灰塵染成死白。口乾舌燥，山澗的水又有苦味，根本無法漱口。再往上坡走去，伐木工人砍剩的樹根，像森白的骨頭般株株兀立。來自遠古火山的腐臭味，繚繞在死寂的森林間。一般樹林裡總是相當吵雜，風吹樹梢簌簌作響，樹枝拂動的颯颯聲，蜥蜴覓食的細微聲響，鳥兒高鳴後戛然而止。但是在通往恐山的山徑沿途，林裡一片沉寂，沒有一絲微風或任何動物的跡象，樹木枝幹凝然不動。我一路踽踽獨行上山，感到一陣強烈的孤寂感。

想像一下地球剛邁入創世紀第三天時的景象：渾沌初開，沒有任何綠色植物的荒涼大地，光線若隱若現，地貌駭人。這就是恐山的容貌。塵灰遍布的地面一片死白，硫磺從熔岩罅隙中冒泡汩汩流出，形成處處暗黃色的斑點。一條山澗流過灰綠色的黏土層，土質看來骯髒又生澀。恐山菩提寺就在一座朱砂色小太鼓橋的對面。這條三途之橋就是傳說中新亡魂必須橫渡的奈何橋。據說凡是作惡多端的人，死後皆無法渡橋，因為他們的眼前只有一縷煙霧，根本看不到橋的蹤影。

荒蕪的地面上，遍布幾百座用小鵝卵石砌成的石塚，鵝卵石一顆顆細心堆疊，每顆都代表了一個祈願。這裡是賽之河原（Sai no Kawara），佛教陰間的地獄邊境。石塚據說是早夭娃兒的嬰靈所砌，這些娃兒因為生前來不及向父母報恩，只有在死後不停地堆疊石頭以償還親債。石塚之間，散立著以火山岩雕成的地藏石像，雙眼凝望向訪客、無魚的死湖，以及恐山菩提寺污漬的木造建築。它們身上的紅色圍兜已經褪成偏黃的淡粉紅色，頭上的便帽讓它們看起來像是小販，臉上遭風雨長期吹刮，凝望的瞳孔已呈空洞狀態。傳說只有住在山中的盲眼女巫（即itako，靈媒）能夠與這些亡魂溝通。

這天來寺的訪客寥寥無幾。恐山大祭[1]剛在五天前結束，地面四處可見香客丟擲的一圓日幣。三、四個老婆婆小心地走在石塚之間，然後在一座收藏死者牙齒的小型納骨堂前方點上蠟燭。一個穿西裝的中年男子大步地來回穿梭，對著無眼珠的石像拍照，然後大聲說：「啊，原來如此。對，我看到了。」

寺廟附近有個水色深紅的小池塘，名叫血之池，被一群小石像包圍。這些石像穿著鮮紅色的圍兜，保護難產婦女的亡魂。石像旁邊散置著枯花，還有幾塊餅乾。黃色的熱氣從地殼表面騰騰冒出，彷彿大地也正在經歷分娩不治的痛苦。

「對，我看到了。啊，原來如此。」中年男子朝血之池拍了一張。

1 七月二十至二十四日，誦經祈禱以超渡亡魂及布施餓鬼的法會。

我掉頭從寺廟大門出去，經過黃石燈籠道，穿越小太鼓橋，走上通往鬱鬱蒼蒼的山丘的上坡路。

恐山是我所去過最令人毛骨悚然的地方。當然，在這裡蓋寺廟、製作燈籠、豎立無眼珠的石像，都是為了生者和亡魂。我們知道建造的日期和僧侶，以及它們的象徵意義。但是這種理解遠不及它們那股震懾驚嚇的力量來得讓人難忘。就像那條暗黃的山澗、血之池、沿路默然兀立的樹林，這些景物所以令人望之生畏，都是因為背後隱藏了一個古老神祇：一個蜷伏深處，不輕易示人的可怕神明[2]。

通往田名部（Tanabu）的路上吹著煦風，生氣蓬勃，地面披著黑軟的肥沃壤土。

「啊，原來如此。對，我看到了。」

我納悶，他究竟看到了什麼。

重回青森

在往田名部的路上，一個老爹向我走來，與我握手。

「你看我的牙齒。」他給我看他的補牙，又用手指頭搖晃幾顆鬆動的牙齒。在我傻乎乎看著他的嘴時，他樂呵呵地笑了起來。

「你吃過蝮蛇嗎？」

「呃……沒有。」

「我吃過。我在山上的林子裡活捉牠們，剝了皮就吃，還會動哩。味道不怎麼樣，不過對身體很補喲。」

他咯咯笑著，舉手撕掉了我鼻子上的一小塊脫皮。

我在田名部的一家雜貨店裡打聽附近的旅館，一位歐吉桑原本在店裡喝酒，自告奮勇要幫我畫地圖。他借了原子筆和一張便紙，畫出詳細的街道圖，再用一個箭頭指出我們現在的位置，用一個方格子代表旅館。然後他開始寫上旅館兩個漢字，第一個字還沒寫完就突然打住，偏著頭瞇眼看著字。

「嗯……」

「沒關係，我找得到。」

歐吉桑塗掉那個沒寫完的字，重新開始寫。

「啊啦！慘了……」他在塗掉第二個字時，用力過猛，將紙戳出了一個洞來，又繼續寫。

「真奇怪哪……」

他將整張便紙揉成一團，說是紙太小，畫不下地圖，之後便突然跑出雜貨店。五分

---

2 恐山信仰傳說，人死後魂魄飛入山中，經過恐山地獄到達天國。

鐘之後，他帶了一大張硬紙板回來，上面用工整的藍色鉛筆畫著同樣的街道、箭頭與方格，還寫了旅館兩個字。

「好了，」他說，「這樣你就找得到了。」

結果，旅館只在三分鐘的腳程外，位於一條筆直的死巷底。歡迎我進門的女老闆手腳並用，在地上匍匐爬行。她告訴我她兩腿不聽使喚，於是我拿出隨身攜帶的肌肉疼痛藥膏給她擦。這種藥膏名叫塗抹（Rub），剛好與日本人唸英文「愛」（love）一字同音，因此她那位年輕姪女又叫又跳地爆笑不停，最後她們開心地替我洗了三雙襪子。

狀若一把斧頭的下北半島（Shimokita Peninsula），細長的斧柄部分是一片肥沃富饒的農地。牛群在稻田之間吃草。田間低矮山丘瀰漫著山靄，將排排翠綠色稻子染成淡綠。旅程第三十二天的早晨，大海蔚藍亮眼。遠方海峽點點的白色漁船，恍若炙熱陽光下冒出的水泡一般。我踏著沉重的步伐，沿著平坦的海岸公路一路走去，在路旁一座小神社坐了一會兒，並從小棚子的木頭窗格，凝視裡頭黝黑發霉的神祇。

重回青森（Aomori）縣的感覺很好。青森是我初來日本時，最早去過的幾個縣之一，在我心中占有特殊的地位。我喜愛豪快哀怨的津輕三味線（shamisen，三弦琴）音樂，還有弘前（Hirosaki）附近成畝的蘋果園。園裡的每粒蘋果都用袋子仔細包好，用來防鳥、防霜兼防秋風。我也喜愛北方較晚盛開的櫻花，夏季夜晚的侫武多祭[3]，以及青森的方言。我偶爾也會試著講一些，不過總是講得結結巴巴，不怎麼道地。有點像日本人走進約克夏的酒館，學約克夏口音說「老天！」一樣，反正不倫不類就是。在陽光燦爛的這一天，我欣然陶醉於青森當地的風情，用啤酒犒賞自己一路走來的壯舉。

「我哪兒也不想搬，」小村雜貨店老闆說，「就算給錢我也不搬哪。我曾經搬過，但是實在不喜歡。我住過九州，住過東京……饒了我吧，又熱又吵。這裡沒有雨季，雨頂多下一個禮拜，颱風也很少颳到這邊來，而且這裡風大，所以積雪也不會很深。」

他給了我兩根薩拉米（salami）臘腸[4]，我繼續上路。一個賣冰淇淋的老頭在我向他揮手時，連忙起身，對我鞠了四次躬。我來到陸奧橫濱（Mutsu Yokohama），找到了一家不因我是外國人而大驚小怪的旅館。他們借給我一件浴衣和一雙木屐，讓我晚上穿著逛街。

逛街時，難得發現了一家酒吧。這是一家只有五碼長三碼寬的迷你酒吧，上了年紀的媽媽桑待我如子，還有兩個友善的酒客一再要我跳舞。

「去嘛，跟她跳呀。」

「可是我穿木屐耶。」

---

3 Nebuta，弘前和青森於八月上旬舉行的燈籠祭典，用以驅逐睡魔。

4 源自賽普勒斯的一種香腸。

「你真是道地的日本人哪！」他們讚嘆地大喊。

因為無法跳舞，他們一直慫恿我去抱媽媽桑，不過我更想獻唱一首日本民謠：

會津的磐梯山是一座寶山……

山上的竹葉鑲滿了黃金……

這家酒吧面積只比衣櫃大一點。我才剛開口唱歌，就有一支麥克風遞到我的鼻前，卡拉ＯＫ伴唱機響起了另一條歌曲的伴奏。卡拉ＯＫ早已成為日本酒吧的標準設備，包括錄音機、擴音機、麥克風和流行歌曲伴唱帶。就算酒吧只有一丁點大，一般人還是會拿起麥克風唱歌，就像沒有凳子坐的人自然會站著喝酒一樣。不過我倒曾看過一個酒客在麥克風故障時，拿起筷子對著就唱將起來。

我將麥克風放在櫃台上，立刻又有人拿起來遞到我面前，我接過來再放到菸灰缸上面。最後沒有人再勉強我，而且大家玩得盡興而歸，甚至有點玩過頭。儘管明天是禮拜天，兩個酒客之中，一人必須開貨車到秋田（Akita），另一人要塗十幾個下水道口邊緣的水泥，而我還要走三十公里的路才能在傍晚之前趕到野邊地（Hoheji）。哎……

大原庄助先生……

他如何散盡家財？
他每日晏起，酒不離身，
又喜歡在早晨泡湯。
他就是如此地散盡了家財。
唉，這也難怪！唉，這也難怪！

大熱天加上一頓日式早餐，讓我的宿醉更加難受。陸奧橫濱的早餐有一碗豆腐湯、一顆醃梅子、一小碟醬菜、一塊鹹鹹的水煮魚、一大碗黏黏的白飯，以及一粒用來拌飯的生雞蛋。儘管我在日本住了七年，還是沒辦法一起床就吞下這些食物。所以我嚐了一小口魚，喝了點湯，將雞蛋藏起來帶走，然後吞下一顆阿斯匹靈。

這天是從宗谷岬起程以來，最熱的一天。熱空氣在前方路上蒸騰顫抖。我半閉著雙眼，用兩手遮陽，只能依稀看見西南方高聳的八甲田山（Mt. Hakkoda）。淡紫色山峰伸向湛藍天空，滾燙的藍天重重壓頂，似乎要將山尖剷平。

我想找地方游泳，但是陸奧橫濱的海灘上到處是塑膠袋與空罐。我走了十幾公里，我才在中午發現一條穿越鐵軌，通往乾淨白色沙灘的小徑。沙灘熱得可以烘焙咖啡豆。我在溫熱的海中仰游了一個小時，望著八甲田山方向的海岸，心裡很想吃培根三明治。

一對從三澤（Misawa，靠近下北半島）美國空軍基地前來的中年軍官夫婦，在沙灘上撿拾玻璃浮標。

「我們已經很客氣了，可是有些漁夫根本不理我們，只有幾個還可以。我猜只要會講日文，他們就會比較客氣吧。你會日文嗎？」

「會。」我很不好意思地承認。

「我很喜歡這種青花瓷，」軍官的太太打開包好的一只小圓碟給我看。這種碟子在隨便一家陶器店裡花幾百日圓就買得到。「我們還跟公路那邊一個農夫的老婆攀交情，上禮拜送了一些美國餅乾給她。我問她有沒有這種瓷器，但她就是聽不懂。今天我帶了這個給她看，我就這麼拿著，然後一直指她的廚房，她還是搞不懂。要是我知道日文的碟子怎麼說就好了。碟子怎麼說？」

「皿（sara）。」

「Saru？」

「Sara。Saru（猿）是猴子的意思。」

「老天！那還是別說日文比較好。」

「我們在沙灘上找這種浮標，」軍官說，「然後運回美國，利潤好得很。這種東西有市場。」

「運回去的成本不是很高嗎？」

「一毛也不必花，」軍官朝我眨眨眼，「要是向附近的漁夫買，他們開口就要三千日圓。十二塊美金耶！只要星期天到沙灘這裡來，都可以撿到兩三個。我們這四年來，差不多就運了上百個回去。」

「一個賣多少錢？」

「大概美金三、四十塊。」

我們一起去游泳。

「你怎麼會來這裡？」

我告訴了他們。

「真的啊！」

我們打開一瓶五十角美元的韓國杜松子酒。我的宿醉隨著野餐消失。

他們站在沙灘上，拚命向我揮手道別。我循著小徑爬回公路。午後熱浪裡，路上顯得空曠潮濕。一條蝮蛇被壓扁在路中央，一隻老鷹飛過來想將蛇扯開，但是蛇身牢牢黏在地面，眼看就要被熱浪烤焦。

我在一家小酒店買啤酒。一個老婆婆使勁站起身，到冰箱取出一瓶啤酒。我又向她要杯子，她順路拿了杯子過來。途中，她突然膝蓋一軟，跌到水泥地上，一手拿著啤酒瓶，另一手握著玻璃杯。我扶她站起來，替她拿啤酒瓶。可是玻璃杯卻掉到地上，摔成碎片。我連忙將啤酒放到櫃檯上，俯身撿拾碎片。老婆婆突然在碎片堆中間跪了起來。

「真對不起。」她說。

一個老頭從店後面走出來，帶著畚箕和小掃把。

「真抱歉。」他說。

他給了我另一個杯子，然後開始清掃碎片，沒碰跪著的老婆婆，也沒和她說話。

「真是對不起。」他對我說。

老婆婆站起來，雙手滲著血，一拐一拐地走向後頭。

我走了一個上午，離開嘈雜的四號公路，終於抵達小鎮七戶（Shichinohe）。小鎮一片灰塵濛濛，當地沒有人能告訴我接下來該走哪條路。我想要跳過十和田市，直接前往十和田湖町（Towadakomachi）。

「沒有辦法。」加油站的服務員直截了當地說。

另一個加油站的四名職員則相互討論了三十分鐘，每個人都在紙上畫了路線圖。從這四張完全不同的圖裡，我找到了想走的那條路。我穿越大片被陰霾渲染成深綠色的稻田。八甲田山西方有些雲層，山丘圍繞在它四周，籠罩在蒼灰晦暗色調中。

「要去九州嗎？」一個戴橘色頭盔的工人大聲說，「我要是能去九州就好了。那裡有幾千家日本最便宜的土耳其澡堂呢。」

他吐了口痰，咧嘴一笑，瞟著路旁的我。

「用不著跟你說土耳其澡堂裡有什麼吧。」

「這個嘛……」

「這裡一家都沒有，」他嘆口氣，「有的話我就請你去。你到了九州可不要錯過。我打賭你會一待就是兩個禮拜。」

一個穿著傳統棉質工作褲[5]的老祖母正跟幾個小孩在野外打棒球。她示範捕手蹲下的姿勢給孩子們看。

「你要去哪裡？」

「十和田湖。」

「保重哪。」

學柔道的友人告訴過我，以前，每個日本小男孩的夢想就是要成為柔道冠軍。在一九六四年的東京奧林匹克運動會中，柔道首次被列入比賽項目，但一位荷蘭人格辛克（Geesink）大敗日本全國冠軍選手，奪走了金牌。從此以後，小學男生的志願便改為棒球選手。

日暮時分，一個打赤膊的男人站在跨溪的橋上，兀自佇立，拚老命瞪著溪水。

「抱歉，請問……」

他一動也不動。

5 mompe，東北女人於農忙時穿的寬鬆長褲。

我只得繼續向前走，來到一家甜點鋪。看店的女人替我打電話給一家旅館，旅館的人說要開車來接我。當時已經傍晚七點，夜幕低垂。我在這天走了二十八公里，而旅館在一小時的腳程外。

「我要用走的。」我說。

對方還是開了車過來。

「不必了，我用走的。」我堅持。

抵達旅館時，他們早跑到街上來迎接我。

「真是不簡單哪。」開車男子一臉嚴肅地說。

「什麼？」

「我都出去接你了，你還用走的。你走了很遠嗎？」

「從野邊地到這裡而已。」

「好厲害哪，」他說，「我來幫你拿背包。」

他接過背包，走上狹窄的樓梯。

「這東西有多重？」

「大概十四公斤吧。」

「你就這樣從野邊地走到這裡？厲害！厲害！」

樓上房間裡，四個工人正在烤雞肝。他們帶我去澡堂。我在去樓下的澡堂之前，總共吃了三盤烤雞肝，灌了五杯清酒。

「你對青森有什麼印象？」其中一人問道。他很年輕，留著短短的平頭，右頰有道深深的疤痕。

「我很喜歡青森。」

「你喜歡那些星星嗎？」

「星星？」

「只有在北方才看得到啊。福島（Fukushima）以北才看得到這樣的星星。你覺得青森的人怎樣？」

「我也喜歡。」

「青森的人最好了，秋田和岩手（Iwate）縣的人還不錯哪，但是再往南邊，就有很多混球，」他揉著臉上的疤，對我點點頭。「福島人很混蛋哪，不過也不能怪他們，他們看不到星星嘛。」

我在樓下跟老闆一家人吃晚飯。老闆的小兒子不斷跑進跑出，高叫著屋裡有妖怪（御化け〔obake〕）。御化け指餓鬼、怪物和怪人。他鬧了整整五分鐘，每次他一朝我望過來，我便怒目相向。

「真正的妖怪呢！」

他的父母不理睬他。

「真正的妖怪！好可怕哪！好恐怖喔！」

我砰地放下筷子，在坐墊上轉了個身，準備痛罵這個小麻煩，結果和大兒子正面對上。他八歲左右，科學怪人的綠色橡膠大型面具遮住整張臉和脖子。

「哇！」他大吼一聲，小兒子跟著驚叫起來。老闆夫婦揮手打小孩的大腿。我低頭繼續嚼一塊醃蘿蔔。

雨下了一整夜，直到第二天早晨，我往十和田湖出發時，雨勢仍未止歇。半小時內，我的襯衫就濕透了，連連打起噴嚏。通往附近村子的路上豎立著「小心孩童」的英文警示牌，我深有同感。

名勝奧入瀨溪流

將近十點，天空開始放晴，我坐在奧入瀨溪流（Oirase River）的堤岸，襯衫晾在一扇水門上。溪水淙淙流過一座水泥堤壩，在堤壩上方形成一潭深綠的池水。附近處處可見鱒魚池、冰淇淋攤位和看來昂貴的汽車餐廳。溪水流過前方的十字路口，又變回細細的急流，潺潺匯入遠方三叉形狀的十和田湖。奧入瀨溪流的頭一段最是有名，是各種旅遊海報招攬的要點，也是日本傳統詩歌頌讚的主題。每逢秋楓時節，路上必定車滿為患；爸爸們後悔沒有待在家裡，孩子們吵著要可口可樂，媽媽們從車窗裡探出頭，忙著用傻瓜相機拍金紅相疊的楓葉。詩人們則描述了千古不變的美景：

湍流溘溘，深潭嗚咽，
奧入瀨的溪水吟唱著。
旅人啊，稍息於樹蔭之下聆聽吧。

現在離秋天還有好幾個月。但停車場裡仍充斥著到處拍照的人群，留下像山堆般的空餐盒。岸邊的小徑寧謐迷人。在吵鬧的汽車喇叭聲中，仍依稀可聽到瀑布的嘩啦聲響和流過青苔岩石的涓涓溪水聲。

在湖邊，我原先想請一位女服務生替我打電話給民宿，結果她左腳右腳地連忙跳開，好像急著上廁所。我只好再拜託一位脾氣暴躁的巴士司機。「聽好，」他高聲說，「這裡有個老外……」

民宿表達了因為客滿而幫不上忙的歉意。

傍晚的十和田湖顯得灰茫靜謐，黯淡的日光慢慢隱去。我沿著湖岸南方走去，想起曾在風景明信片上讀過的另一首詩：

追求人生，就在大和之地。

追求娛樂，就在十和田湖。
那沿著奧入瀨溪流的三里半步道。

我猜有些詩一定是重金禮聘下的馬屁文章。

十和田湖

終於找到一家民宿過夜，只是必須整晚忍受兩隻發情的雜種狗怪異的叫囂。翌晨，旅程的第三十六天，一隻雜種狗陪著我走了一小段路。牠快步跑在前面，然後坐在陡坡的拐彎處等我趕上，憐愛般地望望我，再繼續往前跑，還不時回頭看看我，但一直不肯讓我摸摸牠。就這樣，我們抵達了湖畔的度假小鎮休屋（Yasumiya）。狗兒瞅了小鎮一眼就鑽入樹林裡去。我蹣跚下坡，走向小鎮。

十和田湖是個火山口湖，由一座死火山山頂在兩百萬年前塌陷時形成。湖邊圍繞著陡峭的山林，南方被兩座凸起的小半島隔成蹼足的形狀。中山半島狹長平坦，御倉半島則險峻多山。晶亮湛藍的湖水，燦爛的十月楓葉，加上鄰近黑石（Kuroishi）、八甲田與八幡平（Hachimantai）等溫泉勝地，使十和田湖成為本州北部最受歡迎的旅遊景點。一九三六年起，它成為國立公園的一部分。休屋位於西南方中山半島的底部。這個小鎮景色平平，又因半島的阻隔而看不見湖光山色的景觀。不過這裡卻有日本遊客喜歡的各式玩意：紀念品商店、觀光遊覽船、高速汽艇、一瓶啤酒五百日圓的餐廳、供遊覽團拍照的成排長椅（但背景全是別的觀光團）、十和田神社、擁擠的湖濱，以及一種大家都擠在這、來對了的安全感。

湖濱盡頭的一大塊正方形底座上，有個豎立於一九五三年，名為「乙女之像」[6]的兩尊銅像。兩尊年輕裸女頭髮服貼，胸部高聳，立姿凝止。這是湖畔最有名的景點之一。所有的紀念品商店都有陳售銅像的塑膠複製品。遊客們一一排隊等著要在銅像前面拍照。連明信片上也有詩歌頌：

她們是否從天而降？
她們是否宛如泡沫？
哀傷淒涼湖畔的乙女，
面對面，她們在訴說些什麼？

詩人就在此打住，無以為繼。

6　乙女即日文少女之意。

湖面吹起一陣微風，風勢逐漸轉強。我漫步走過湖濱，經過兩個黑人家庭。他們圍著一台大型收音機而坐，一邊收聽來自三澤美軍基地的廣播，一邊啃著烤米餅[7]，神情苦悶。增強的風勢將收音機的音樂傳到湖濱，遠至銅像。

「靈魂音樂，我想回家。」我想像一位乙女說。

「喔咦！喂，你！你！你！」一位穿夏威夷花襯衫的日本男子大吼，「你！你！你！喂，露營，露營！」

我套上背包，慢慢走出休屋。下午三點半，我從青森縣進入秋田縣。

古代日本將湖泊視為龍的巢穴，湖水的波動與變化代表了龍的喜怒起伏。遠處，有艘遊覽船正從休屋駛向湖中，擴音器大聲傳出了不甚浪漫的現代化描述：「……湖的周長四十四公里，湖心深度三百三十四公尺……」

此時，我首度衷心仰慕起一位詩人來：

與蒼穹的深邃一般，
湖水之深不可測。
天與地，吾人一無所知。

陸奧東北

本州的北部一帶俗稱東北，往昔又稱陸奧，亦即「道路終點」之意。不論是從京都宮廷或江戶幕府的角度來看，這個名稱既是直接的形容，也有輕蔑的意涵。往昔的年代，通往本州北部的道路狹窄荒涼，盜匪猖獗，居民生活如同乞丐。來到陸奧的人，不是因為走投無路，就是為了逃避仇家，要不便是好奇心作祟。只有瘋子才可能拋得下南方文明世界的諸般享樂，舉家遷至這裡，艱困地討生活[8]。

東北六縣至今仍然是日本最落後的地區之一。以平均收入來算，日本四十七個都道府縣中，青森是第二貧窮的縣，山形（Yamagata）是第九，秋田排名第十六位[9]。主要原因在於當地的冬季漫長嚴寒，日本海沿岸的積雪過深，而北方太平洋所帶來的霧翳又瀰漫於城鎮之間，造成病害，影響農作。大部分的日本人儘管抱怨城市人口密度太高，卻都已習慣大城市的舒適便利，不願搬到氣候酷寒、生活艱苦的北海道或東北居住。因此

7 kiritampo，秋田鄉土料理，一種串在竹子上的米棒，燒烤後，和雞肉、菇類等各種食材煮成火鍋。

8 陸奧包括現今的福島、宮城、岩手、青森等縣和秋田縣東北部。另，自鎌倉幕府時代開始，日本政權東落，京都天皇朝廷徒有虛位，真正的政權操在幕府手中，歷時達七百餘年之久。

9 日本四十七個都道府縣包括東京都、北海道、大阪府和京都府，以及四十三個縣。

近年來，儘管東北地區廣大、土壤肥沃，稻草編織與燃煤等傳統產業仍嚴重衰退，加上電視強力放送都市生活的繁華，人口不斷流失，現已銳減至僅占全國總人口的百分之八。

但是，走進日本任何一家有卡拉OK的酒吧，都會聽到有人在高歌〈北方客棧〉或〈冬季的津輕海峽〉，而唱歌的人可能從未去過東京以北的地區。對許多臥遊天下的日本人來說，北方具備一種深沉的吸引力，它是故鄉的象徵，傳統影響力仍在。東北是一個固守窠臼，墨守成規，不隨進步的腳步而改變的所在。自然環境雖然嚴酷，卻也富饒。四季遞嬗帶來了時間的流逝感：

白樺，藍天，南風吹拂，
北方的玉蘭花綻開——
啊，北國之春！
都市裡四季變化無人聞問，
唯有這個來自母親的包裹；
啊，是否應該回到故鄉？
我應該，我應該回去嗎？

這個問題，只要給唱歌的人一張在正月前往秋田的單程車票，馬上就有答案。

從發荷峠（Hakka Pass）下來，沿路一片荒蕪。農村的年輕人口不斷移居到南方城市，使農地到了八月初仍處於休耕狀態。在整片茂盛的綠色稻子旁，躺著一塊無人整地耕作的農地，泥土上還堆放著去秋收割剩下的枯褐稻稈。屋舍稀少，相隔數哩，景觀淒涼。它們多半是我在北海道海岸見過的鋁皮簡陋小屋。庫房多以鐵皮搭蓋，屋頂則是藍色塑膠板。偶爾遇見屋簷迸裂的木造農舍時，我會稍做停留，欣賞稻草屋頂上長出的淡綠色苔蘚。屋舍那些黝黑的寬大柱子和灰泥木架的牆壁，在在使我想起英國的故鄉。當看到十和田汽車旅舍那些橘黃相間的金字塔型小木屋時，我知道即將重返文明。下午四點半，我走進溫泉小鎮大湯（Oyu），一塊白色布條橫懸在路上方。布條上宣傳著此地「蘋果、滑雪與環狀列石」三大觀光要點。

我很少住日本的青年旅館。第一是我在青年旅館碰到的人，多半來自東京，對我的學習幾乎毫無助益。第二是青年旅館的價格雖然便宜，但如果加上兩頓飯，再租一張床單，實際上與一般民宿相差無幾。第三與第四個原因是：我所住過的青年旅館，食物差又禁酒。至於第五到第八個原因，全都一一應驗在我投宿大湯青年旅館的那一夜裡。

我不想在旅館用餐，所以沿著村路上上下下，終於找到一家居酒屋[10]，還成功說服媽媽桑出門去向魚販買幾條鱒魚。我答應在她外出的這段時間裡，代她看店。媽媽桑高

10「赤提燈」（akachochin），指屋外掛有紅燈籠的小酒店。

興地出發後，一個老爹踱了進來要喝清酒。我為他斟酒時，他也沒大驚小怪，甚至還向我打聽，哪裡可以找到好的捕鰻網。鱒魚很美味，老爹又和氣，我最後很不情願地離開居酒屋，回去參加青年旅館的晚間集會。旅館管理員今午已對我沒有事先打電話預約床位一事責備過我，我要是再錯過集會，恐怕將害老外的形象從此跌至谷底。

我們圍坐在會議室的金屬座椅上聆聽管理員的交代：明天早上應該去哪裡、該在什麼時候出發、該搭什麼巴士、抵達後應該做些什麼以及該買什麼紀念品。他將所有的人分成三個小組。被他點到的小組，全員得起立、坐下、拍拍手、圍成一圈跳來跳去。接下來，四十多個年紀從十九到二十四歲不等的大學生開始喧鬧，玩起隨音樂搶椅子的遊戲來。我以突感劇烈口渴為由匆匆告退，溜回居酒屋，一口氣喝下三大杯啤酒，還請老爹喝了杯清酒。

那晚，我們十二人睡一間。租來的床單出奇的短小，廁所裡也沒有衛生紙，只有禁止亂扔瓶罐的警告標示。早晨六點半，開始廣播聽來有如工廠號角的尖銳鳥啼聲。六點三十五分，音樂換成了海灘男孩合唱團的流行歌曲。六點四十分，旅館管理員破口大罵我們還不起床。六點五十五分，會議室裡的電視已經開到最大聲。兩個學生各自收聽不同電台的收音機。從昨晚開始的豪雨正在玻璃窗外稀哩嘩啦。如果這些還不夠吵，一個自行車社的社員發現了一組撞柱遊戲，正以一種拚命三郎的態度，非將木柱一一擊倒不可。自行車社的成員都穿著前面印有「TIT CYCLIST」的T恤。我把其中看起來最用功的傢伙拉到一旁，小聲地對他解釋TIT（奶頭）的字義。「不對，不對哪，」他堅持，「TIT代表東京科技學院（Tokyo Institute of Technology）。」我站在一台叫「核果（Nuts，瘋子）一級棒」的自動販賣機旁邊，喝下了一杯黑咖啡。儘管外頭落著傾盆大雨，我還是步出了大湯的青年旅館，來到一家藥房門口，吃了幾個柑橘當早餐。

走到大湯環狀列石遺址的時候，雨勢滂沱。狹窄的縣道公路兩旁，各有一個環狀列石。我向鹿角市出土文化財博物館的管理員借了一把雨傘，在大雨中閒逛了半個小時。我一邊透過鐵絲網圍籬的空隙觀看排成日晷形狀的石頭，一邊踩在最近挖掘的溝渠中，濺起片片水花。

這些石頭最高的不過三呎，多數都平躺在地上。最早發現於一九三二年，不過卻等到二次大戰結束六年後，才有比較完整的挖掘研究。石頭呈兩個圓形排列，一個直徑約四十四碼，另一個五十碼。石頭來自於一條乾涸河床的岩石，大多被鑿成橢圓形。一般認為，這些環石形成於新石器時代末期，大約有四千年之久。有關列石由來的各種理論也屢經修正，有的說這是古人墓地的一部分，有的說這是祭祀場所，也有的說石頭具有某種天文意義。專家似乎都沒想到，古人這般鋪設列石，也許純粹只是為了娛樂罷了；就像現代人會玩搶椅子遊戲，或者在湖邊豎起裸女的銅像一般。鐵絲網圍籬上的告示牌為無法解開謎團，抱歉連連：「即使學者們也不敢確定……」

「天與地，吾人一無所知。」我暗自輕笑，在雨中踏著水花，沿著筆直的路走向花輪（Hanawa）。

花輪祭典擊太鼓

公路逶迤在平坦的陸地之間，遠方的八幡平山脈高高拔起。每當大雨稍歇，環繞在山間的層層白雲就會倏上倏下。起先，雲層將峰巒遮住，讓山頂看起來有如桌面般平坦。然後雲層又陡然下沉，遮住山腰，這時，凸出在雲層上的山峰，就彷彿一幅炭描的風景畫。雨勢停歇時，白銀色的陽光清亮閃耀。但是當大雨再度涔涔而下時，山峰、雲層、遠處的農莊，全部變成煙雨濛濛一片。我在一幢房子後面的倉庫躲了一個小時的雨，然後飛快地往前奔跑，找到一家雜貨店，渾身濕透地坐下來吃蘋果。打雷聲將老闆的小孩嚇得驚慌失措。

我抵達花輪時，大雨稍歇，此時才過午不久。吃午飯的餐廳牆上貼滿了祭典的宣傳海報。老闆踱來踱去，喃喃咒罵這場大雨。他擔心可能會因此取消祭典。

「就是今天？」

「今天和明天。」

「在這裡？」

「在車站那邊哪，」老闆從櫃檯後瞥了我一眼。「難道你不是為了祭典而來的？」

「我根本不曉得。」

老闆嘲笑起我來。「如果沒有祭典，誰會來這種鬼地方？你好歹留下來看看吧。」

不用他勸，我今午也會留下來。惡劣的天氣本來就不利步行，不妨稍稍偷懶，留下來看祭典也好（即使可能會被取消）。我住進車站附近的旅館，將滴水的衣服晾在油爐上方，然後在榻榻米上悠哉地躺了幾個小時，呷著綠茶，聽著雷聲闐闐響過山谷。

大雨在傍晚時乍止，我走出旅館，發現車站前面的整條路已經變成熱鬧的市集。幾十家掛著粉紅色布簾的攤位沿路排開，全都高懸著紅白相間的紙燈籠，販賣著煙火、金魚、鹿角甲蟲、甲魚、棉花糖、機器人面具、章魚和生薑等物。其間還有玩具槍射擊場和投環套遊戲攤。加油站的棚子下面，坐著六、七個帶著擴音喇叭的警察，他們喝著綠茶，力持嚴肅的神態。再遠一點，鎮上最大的一條通衢上，架設了好幾座木製滾輪的大型台車，台車上都擺著一具龐大的太鼓。成群穿著鮮豔夏季浴衣的小孩爬上台車，紛紛用彎曲的木棍敲著太鼓。這時，小孩的父親們——消防隊員、銀行行員、郵差或農人——從商店與民房裡蜂擁而出，有些身穿浴衣，有些在白短褲外罩上繫帶的藍色半纏[11]。這群父親從孩子們手中搶下木棍，孩子們扭來扭去，現場一陣混亂，在太鼓聲、尖叫聲與嘻笑聲交織到最高點之時，大雨再度瀟瀟落下。

11 happi，和式短外套。

這次的豪雨並沒有打雷，卻延續了白天的充沛雨勢。母親們倉皇衝上街來拉走小孩，孩子們的哭叫聲混雜在父親們的咒罵聲中。男人們爭相攀上台車，奮力拉起帆布要蓋住太鼓。帆布已經泡了一天的雨水，沉重無比，而每具太鼓都有足足兩個人高。

我衝進看得到的第一塊乾地：一頂帆布帳棚，原來是這次祭典的主辦單位總部。主辦的一群人坐在一排構腳桌後面，對著豪雨大皺眉頭，頻頻向老婆抱怨，猛灌啤酒。霎時，他們被我嚇得目瞪口呆，但馬上回過神來，邀我同坐，請我喝啤酒和接受質問。

「你喜不喜歡祭典？」

「要是不下雨的話，我會很喜歡。」

接下來好一會兒，他們都當我不存在。

「我是說，不管怎樣我都很喜歡，特別是小鎮的祭典。」

一個主辦人將我的啤酒杯倒滿。

「我喜歡不以觀光客為主，就算觀光客不來也照樣舉行的祭典。我看過京都和金澤（Kanazawa）等大城市舉辦的祭典，基本上都是為了觀光的收益。可是像這裡的小鎮祭典，才是以勞動者和家族為主的活動，」我愈說愈慷慨激昂，「這才是真正的祭典，不是旅行社安排的特別節目。」

這篇演講令大家為之動容，為我奉上薩拉米臘腸和啤酒。

「那麼，你喜不喜歡秋田的美女？」

秋田縣以出產美女聞名，我早有耳聞，不過總以為渲染的成分居多，但今天冒雨走在花輪的街道時，我不斷因為驚艷而張大了嘴巴，只能用眼角餘光掃視太鼓。

「我的女兒是個美女喲，」一個上年紀的主辦人呵呵笑道，「她今年才二十四歲。」

「真好哪……」

「可惜她結婚了哪，不然你可以娶她的。」

我猜他的老婆就是那個坐在角落，拚命忍住笑聲的婦人，而他的女兒四下不見人影。我還沒來得及向他打聽姪女和遠房親戚，大雨就忽然停止。這群主辦人立即打發我到站前廣場，他們說，真正的慶典馬上就要開始了。

站前廣場上，十八座木製台車排成半圓形，面向逐漸靠攏的群眾。其中九座台車上放著巨大的太鼓，另外九座上面則矗立著長方形的紙燈籠，比太鼓高出一半。燈籠中點著蠟燭，將紙罩上的金紅色手繪圖案映照得搖曳生輝。有些圖案是日本歌舞伎的主角，黑髮濃厚、臉孔白藍相間、眼神鮮紅閃爍。其他是戴著尖角頭盔的封建武士，面孔猙獰。有的武士陷入纏鬥，白色長刀與閃亮黑戟交織。有的武士騎在口吐白沫的馬上，神態高傲，盔甲後插滿了利箭。

九座太鼓齊聲鳴擊。這次擊鼓的是父親輩。每座鼓都需要兩個大男人來擊打，咚咚鼓聲逐漸發出統一的節奏，慢慢加強，隨著群眾漸次升高的情緒和吵鬧聲，越來越激烈。擊鼓手們的臉上滿是汗水，在燭光中閃閃發光。他們使盡全力打鼓，猛敲鼓面，每個男人打上三、四分鐘便累得必須換人接手。換下來的人則癱在長椅上，大灌冰涼的清酒，用毛巾抹臉。

太鼓是一種不能僅憑技巧取勝的樂器。它是一種難以控制的樂器，起初與音樂的進行根本格格不入，非得等到擊鼓人和鼓神渾然成為一體後，節奏才自然而然地從他的手中流出，直到雙手力氣耗盡為止。聰明的擊鼓人對付這種頑抗的太鼓，就是先喝個爛醉如泥，讓鼓神從一開始便乖乖就範。

我猜鼓神也有透視人心的本事。當我走過燈籠、長椅和啤酒木箱，穿梭在人群中時，有個身穿白色塑膠雨衣的年輕人走過來，遞給我一個裝了清酒的紙杯，問我想不想擊鼓。我說我想，但得先喝更多清酒。清酒依命送了過來。一邊的群眾開始鼓譟，三個鼓手都想將鼓棒傳給我。喝下第三杯清酒後，我站到一座太鼓旁就位，等待右邊的鼓手換人。時間一到，我走上前，先輕敲太鼓致意，隨即重重擊打起來。

群眾傻眼，興奮地交頭接耳。「你看！你看！有個老外！有個老外在打太鼓！」有人點燃了閃光槍，大人們推著孩子向前擠，拉長脖子，又拍手又跺腳，翻倒一地的木箱。我感覺清酒在胃裡翻攪著，轉頭朝左邊的鼓手傻笑。發出「耶」聲的中年男子也回我一笑。那晚鼓神很眷顧我倆。

我不知道自己打了多久，只知左邊的鼓手換了兩次，我手中的鼓棒也滑落了兩次。下來的時候，我汗流浹背，坐在長椅上，脖子圍著毛巾，一邊痛飲清酒，一邊像個白癡般大笑。

旅館裡的人從窗戶看到了我的表演。回去時，我在玄關拿起拖鞋敲著地板，他們跟著節奏手舞足蹈。然後我被帶到會客廳，一個穿西裝戴眼鏡的大學教授遞上他的名片，開始上起課來。

「這是個七夕祭，源自八世紀的中國，用來紀念牛郎與織女星一年一度的相會。一直到十九世紀……」

有人為我倒了一杯清酒。

「一直到十九世紀，這個祭典都是在七月七日舉行，但是後來日本採用了西洋新曆，於是便併入八月祭典一起舉行。青森的佞武多祭……」

「對不起，教授，」我傻傻地笑，其他人都屏息以待，「……請問你曾不曾在三杯太鼓之後打過清酒？」

教授的表情一片茫然。

「我的意思是說，」我試著用北方的方言，觀眾發出開心的嘶嘶聲，「你曾不曾在喝下三杯清酒之後擊打太鼓？」

教授坦承沒有。

「教授是祭典的專家。」旅館老闆娘高興的過了頭，脫口而出。

街衢上，父親們正忙著為孩子燃放煙火。我替賣煙火的攤販感到高興，他們原本生意清淡。在澡堂，當我將頭浸入水中的時候，仍聽見池水隨著鼓聲的節奏而震動著。等到泡完湯站在浴墊上時，我的手還是禁不住在窗台上敲敲打打。這一晚，我遲遲無法入睡，不過我並不介意，因為我在這一晚學到了很多祭典的知識。

既喜且悲的御盆祭

日本最重要的夏季祭典是亡魂祭，稱為御盆（O-Bon），是許多日本人心目中的年度大事。祭典期間，日本人得以離開上班的大都市，返鄉與家人團聚，進行掃墓活動。在各地村鎮裡，人們以食物和飲料供奉在去世家人或祖先的墳墓前，祈求亡靈返家相聚。人們跳舞以安撫亡魂，也娛樂自己。因此，亡魂祭的氣氛是快樂的。

御盆即將來臨囉
我們就要動身。
假如御盆來得早
我們就早早返家。

但御盆同時也是哀傷的，因為充滿了對死者的懷念，這種氛圍甚至縈繞在孩童的催眠曲中……

如果我死了
有誰為我哭泣呢？
山松上的蟬兒會哭泣喲。

非也，不是蟬兒；
我的姊妹會哭泣。
啊！姊妹，不要哭，
因為那使我益發悲傷哪。

「今天晚上原本有場御盆舞（盆踊），」旅程第三十九天的晚上，玉川（Tamagawa）溫泉旅館的餐廳服務生對我說，「我們已經掛好了燈籠，溪邊有一塊空地很適合跳舞，客人們都在期待，結果現在他們走了，舞也取消了哪。」

官方的旅遊指南將玉川形容為「原始」的度假區，大部分遊客都住在廉價的木造宿舍。這些遊客多半是老年人或病患，經常一來就住幾個禮拜泡湯養生，因為據說含硫磺與鐳元素的酸性溫泉具有治療各種神經痛、腸胃炎與胃病的功效。投宿於木造宿舍的旅客自行打點三餐，清洗衣物，每天到熱氣騰騰的澡堂裡泡個四、五次，每次都維持一小時。透過餐廳的窗戶，我看著一群女人收拾和折疊床單與輕薄草席。用餐的人隨意套著浴衣和木屐，服務生倒是打蝶形領結，穿黑色無尾禮服。

我問服務生為何取消御盆舞，交談間，我發現他心思簡單。我跟他聊了我的旅行，他從口袋裡拿出幾小張紙條，平鋪在桌上，寫下我說的每件事情。「從這裡到那裡有幾公里呢？」「你將在幾月幾號抵達金澤呢？」餐廳經理似乎不介意他放下手邊的工作，坐下來和我聊天。經理自己也跑過來，開著玩笑說繁（Shigeru，音譯）的英文說得很棒。繁笑了笑，將紙放回口袋。

「難道你在說日文嗎？我想應該是喔，對不對，繁？這位客人會說日文哪。從他那麼會用筷子，就看得出來呢。」

「他們為什麼取消御盆舞？」

繁環顧四周，確定經理已經走遠。

「今早有位客人死在房間裡喲。他和他太太在這兒住了三天。她發現他直挺挺地死在床墊上哪。好在他沒死在澡堂裡。他們年紀很大了，有時會出這種意外。」

繁趕緊去吃晚餐，我懶洋洋地嚼著鮪魚生魚片，提不起勁。餐廳外，從溪水潺潺的河床中，接了幾根金屬管子和一條被硫磺燻得亮黃的木槽，將熱溫泉水運送到澡堂。溪流的水溫高達九十八度，因此一片蒸汽騰騰，日夜都被翻滾的白色煙霧籠罩。硫磺的味道很重。走在大型木製澡堂裡，眼前濃霧瀰漫，一路摸索著要去池子時，硫磺味重得難以呼吸。後來我才學會，要像在三溫暖裡一樣，慢慢輕輕地吸氣吐氣。

玉川溫泉最令人難忘的特色是男女混浴。男女混浴是「西化」前的習俗，難怪日本觀光局會嗤之以鼻地稱此地「原始」[12]。我倒不做此想。躺在池裡，看胸部鬆弛下垂的老太婆替她們的老公刷背，眼角餘光瞄著一、二個肌肉發達的年輕男人，像少女般嬌羞，痴痴傻笑。這幾位稀有的年輕男子困窘地用小手巾遮住胯下，遮遮掩掩，在池子間快步走來走去，相當滑稽。秋田美女好像能抵擋住歲月的摧殘；老祖母們的臉龐往往像十六歲的少女般容光煥發。可惱的是，年輕一點的美女通常會迴避這類場所。但現在回想起來，這樣也好，因為這使我對原始的遐思停留在幻想的階段。

我坐在溫度最高的池子裡，和一位年輕男子攀談起來。他來自新潟（Niigata），滿腦子只想跟我解釋，PH值在沸騰點的效果。我跟他說英國人不管這些，才得以轉移話題。

「你聽說今早有一位老頭過世了嗎？這種事有時候會發生。他們原本有場御盆舞的，結果取消了。」

「為什麼？」年輕男子問，相當吃驚。

12 日本政府直到十九世紀末才禁止男女混浴，部分是為了平息外國人的議論。

「因為那老頭死了。」

「他們以為御盆舞是幹嘛用的？御盆節的重點就是取悅亡魂。他們應該照常舉行才對哪。不是死在家裡，一定很難受。要是我就會跳，我們都應該跳。這樣老頭子也會很開心哪。」

但溫泉勝地那晚似乎特別沉寂。沒有人熬夜歡渡節日。老人們一個個離開澡堂，回到木屋，拾起草席，悄悄地鎖上門。九點時，澡堂裡只剩我一個人，窗外一片冷清，只有山松間的蟬鳴聲作響。

我在睡前將房門鎖好。老頭去得安靜，也沒有人跳舞。

屋漏偏逢連夜雨

玉川溫泉可能真有神奇療效。翌日，也就是旅程的第四十天，我所走的速度和路程都比前四十天要快要遠。我的足下生風，每早我都打量著地圖，預估那天能走多遠。從八幡平平原到田澤湖（Lake Tazawa）幾乎都是下坡路，我離開玉川還不到二十分鐘，就開始快步向前。沿著穿越蓊鬱林間的湓湓溪流而行，用毛巾擦拭汗水，毛巾發出硫磺的惡臭，數週後才散去。岩石汩汩流出的水，飲來冰透腦門。陸地漸次開展，溪流匯入一池青綠色的湖水，閃耀平靜。我在水壩上方的路上稍歇，坐著俯望淡綠色的稻田，再過去是圍繞太平山（Mt. Taihei）的黝暗丘陵。在我所有的旅行中，我發現秋田的山丘谷壑最是美麗，雖然北方冬季嚴寒，我仍非常羡慕每天能欣賞這片旖旎風光的人們。

偶爾，車主會將車子停下來，想載我一程。要拒絕此番好意，往往得花費許多工夫。在我經過水壩之後，停下車的那對情侶最是頑固。

「上車！」

「嗯，事實上我是一路走過來的……」

「我們在恐山有碰到你呀。」

「是嗎……」

「你那時讓我們載了一程。」

「我沒有。」

「有呀。我們載了你一程呀。現在為什麼不行了？」

「我有六個禮拜沒踏進車子一步了。」

「你忘記了啦。上車！」

「你一定是認錯人了。」

「喔……他是個大騙子！」

女人將車窗拉上，開車的男人加速離去，揚起濃濃的白霧和塵灰，車輪在碎石鋪成的鬆軟地面，留下兩道凹痕。

山谷間，在我休息的第一個村莊裡，房舍的三夾板牆壁上釘著職業摔角海報：米爾・馬斯卡拉斯（Mil Mascaras）將在夏季冠軍錦標賽中，穿著黑銀相間的緊身衣，痛扁巨人馬場（Baba）。還有用英文宣傳田澤湖祭典的海報，說著「讓我們做你的旅行」。小雜貨店的陽台上，一位老婆婆替我煮了一小壺綠茶，用一個紅色的熱水瓶倒水。熱水瓶上印了白色的字體，潦草優雅，寫著「您要喝咖啡或茶」的法文。

薄暮時分，我踏著沉重的步伐，走到一條狹隘的田埂底端，住進那裡的民宿。我驚愕地發現，那天在不知不覺中，我快步行軍了三十九公里。我在日記裡大大吹噓了這件壯舉，晚餐後喝了很多瓶清酒，睡覺時像個運動選手般雀躍不已。結果隔早起床，胃部陣陣痙攣，又猛瀉肚子。

我直到十點鐘才敢離開民宿，雪上加霜的是，雨下了起來。往湖的路只有一小段，雨珠紛紛落下，在灰色的湖畔形成點點水坑。遊客坐在褪色的橘色遮陽傘下，瞇著眼觀看天色。湖面一片蒼灰。四對情侶在湖中划船，漫無目標，隨波飄盪，仍舊玩得盡興。一艘快艇緊貼著小船，呼嘯駛過，快速轉個小彎，使得水面顛簸不已，差點就要打翻小船。我坐在一個木頭搭成的小樓亭裡，身旁有一只垃圾桶，裡面滿是煙火殘骸。我很想躺下來，小憩一下。狂風挾著暴雨越過湖面漸漸而來，陡然做個一百八十度迴轉，將一支遮陽傘整個拔起，吹到湖面，啪嗒啪嗒作響。兩名遊客好不容易拾回飄搖不定的遮陽傘，其他人則趕快收拾東西，開始往上坡跑到停車場去。冽風吹翻垃圾桶，煙火散布滿地都是。我戰戰兢兢地起身，很怕又會想瀉肚子，屏住氣，背上背包，悶悶不樂地沿著湖的北岸慢步前進。

田澤湖幾乎是個完整的圓形，圓周長二十公里，是日本最深的湖，湖心深度達四百二十五公尺。離開湖畔，走到御座石神社（Gozanoishi Shrine），那裡的沙石岸變成一道圓石石牆，垂直降入湖中，這時你才會發現湖水有多深。但此湖除了深度之外，其他不甚了了。在這個反常的八月天，環繞它的山巒景觀，實在比不上十和田湖的山明水秀。老舊的餐廳裡所販賣的紀念品，手藝水準遠遠不及秋田縣自我吹噓的程度。最常見的紀念品是塑膠柏青哥玩具和辰子姬複製像。辰子姬立於湖畔，薄如蟬翼的衣裳緊緊附在身上，曲線畢露，沒給遊客留下多少想像空間。神社裡的一套小喇叭不斷放送著越天樂[13]；它可能是大部分日本人唯一知曉的神社音樂。一群觀光客在手水屋裡洗手漱口，吵鬧喧譁，然後排好隊拍紀念照。

我循著一條泥巴路離開田澤湖，上坡進入一小片高高的蓊蔚森林，再沿峽谷而下，眼前是櫛比鱗次的混凝土建築物。午後霪雨再下，蛇兒們紛紛爬到路上。我差點踩到一條將近一碼長的蛇。牠泥土色的身軀迅速向前滑了兩下，停在高高的雜草前，轉身死盯著我，眼中沒有一絲懼色。廢車場裡有一堆生鏽的汽車底盤，附近就是一座村莊和往南

13 Etenraku，日本宮廷音樂雅樂名曲，傳自唐朝。

通到大曲（Omagari）的鐵軌。等我走到柏油公路時，雨勢再度轉劇，使得剛剛才在餐廳廁所裡瀉過肚子的我，頗感吃不消。我急忙衝進一家餐廳坐下，表情怏怏地看著灰暗的天空，緩緩啜飲冰啤酒，但心裡更想吃燉牛肉。

「你打算去哪？」

「往南。」

「往南的哪裡？」

「西明寺（Saimyoji），我想。那裡有民宿嗎？」

「沒有。」

「旅館呢？」

「也沒有。」

「Shit（去你的）！」

「什麼？」

「抱歉，我剛在用英文思考。你確定西明寺沒有地方可住嗎？」

「非常確定哪。我是這個村的警官。」

我抬頭定睛看他。他三十多歲，身體結實，穿著褪色濕透的長褲、橡膠靴和棕色的風帽式厚夾克。他朝我點點頭。

「我現在當然沒穿制服。我只在特別場合穿上制服。但我沒有騙你。再喝一杯吧。」

他又叫了一瓶啤酒，離開火爐邊，在我桌旁坐下。

「你去西明寺做什麼呢？」

「躲雨。」我說。

「你在這不就是躲雨了。」

「我是指過夜。」

此時不過是下午兩點多，但他一定從我的口氣聽出，我對這樣的問東問西稍感厭煩。

「不過，」他沉默了一會兒，想想後說，「松葉（Matsuba）倒是有一家旅館。」

「我在路上只看到這家餐廳。」我皺皺眉頭。

「不對哪，」他一本正經地說，「你當然沒看到。這是新路，有點繞道。舊路往東走，穿過村莊。」

但地圖上沒有這條路，連一條小徑都沒有。

「它不在地圖上，」他又嚴肅地說，「但的確有這條路。要不要試試看呢？」

我說好，他立刻打電話給旅館，替我訂了一個房間，再叫了兩瓶啤酒。但他隨即被叫去出任務，留下三瓶沒開的啤酒和一大碟豆子。

「那是警官哩，」一位坐在角落偷聽我們談話的老先生說著，興奮地喘不過氣來。

「他車庫裡有一輛巡邏車耶。他是柔道四段、劍道二段、空手道一段、相撲一級喲。他愛喝威士忌，有時一天一瓶，有時半瓶。禮拜天和假日時，他用來福槍獵熊。他老婆懷孕了。你介意我問你一個問題嗎？」

老先生湊過來，氣喘吁吁地坐下來，上半身伸過桌面說：「你相信尼斯水怪[14]嗎？」

日本一家小報最近宣稱，日本漁船在紐西蘭外海抓到一隻尼斯水怪，大家非常關注這個話題，議論紛紛。我說我不確定，但眼見為憑。老先生滿心好奇，瞇著一隻眼低聲地說：「我相信槌之子蛇喔[15]。」

「什麼蛇？」

「槌之子蛇。」他睜開瞇著的眼，仔細端詳我有沒有不以為然地笑他。我當然沒有。

「我看過這種蛇喲，」他點點頭後，側轉著頭瞄瞄旁邊。「我在太平山上看過，牠就住在那裡。我去採草菇的時候看到的。牠的形狀有點像木製人形[16]，但分不清頭部和身軀。牠爬得不怎麼快，但我還是沒抓到牠。真希望有抓到牠哪。獎金是四十萬日幣哩。牠大概跟啤酒瓶一般大小。」他沉思地說。

我為他斟了啤酒。

「聽起來你錯失了良機。」

「啊，」他說，「牠咬了一個從八津（Yatsu）來的老太婆。她的手都變綠了哪。」

稍後，在旅館裡，那位警官確定獎金的確高達四十萬，但他懷疑那位老先生是否真的看過槌之子蛇。只有兩個女人向警方報過案，而且她們都怕得躲得遠遠的，不敢近看。

窗外，滂沱雨勢中，一個老婆婆穿戴圓錐形草帽和稻草披肩，正小心翼翼地在菜圃裡除草。旅館房間裡，警官坐在我旁邊喝著啤酒，直到暮靄低沉才不捨地離去。大雨仍然劈哩啪啦地下著，我懶洋洋地躺在男湯裡，熱水輕輕按摩我的胃部，早晨的沮喪陰霾似乎一掃而光。日式泡湯幾乎能撫慰所有軀體或心靈的病痛，只消將功能與享樂區分開來即可。泡湯不是為了洗澡。你在泡湯前洗好澡，暫時忘卻塵世間的責任，好好在池子裡消磨時光，和你的鄰居閒聊扯淡，或打瞌睡，自個兒哼哼歌，聆聽夜裡的淅瀝雨聲。

等胃部痙攣消失，肚子也不再作怪之後，我離開澡堂，一心期待著晚上的狂歡晚會。松葉鳳凰棒球隊剛贏得錦標賽，今晚準備在旅館樓上大肆慶祝一番。場內到處是香

14 據說出沒於英國蘇格蘭北部尼斯湖的水怪。
15 一種遍布日本各地，頭大身短，擁有劇毒的毒蛇。
16 小芥子（kokeshi），小芥子是一種木製玩偶，以兩塊木頭製成，球形頭部加上圓柱形身軀，是東北特有鄉土手工藝品。

檳和啤酒。整晚插科打諢，笑鬧不停，其中最精彩的一場喜劇節目由我提供：我為大家獻唱一曲，敲擊太鼓，並試圖向他們解釋板球（cricket）的遊戲規則（我白費了一番唇舌，因為他們早就認定板球、槌球〔croquet〕和馬球是同一種遊戲）。我灌了不少清酒和生啤酒，最後由兩名旅館女服務生攙扶著回房睡覺。她們說我歌聲很棒，可是聲音大得吵死人了，所以，我明早最好不要和樓下的住客打照面。她們倒也不是在埋怨，只是對我的表現「有點驚訝」。

那晚我犯了一個天大的廁所禮節錯誤。進入日本的洗手間，不管是西式馬桶或日式蹲式馬桶，都要換掉在走廊穿的拖鞋。上面標示著「洗手間」的拖鞋端放在門口，供人進去時更換。我的天大錯誤是：深夜裡，我踉踉蹌蹌地走進洗手間，上小號卻瞄不準地上的坑洞，一不小心將一隻拖鞋踢到無底洞裡。我猜想，這種事應該很常見，但對已在日本住了七年的老鳥來說，實在令人失盡顏面。我不想只穿著一腳的洗手間拖鞋，跳來跳去。當下，我急中生智，將另一隻也踢到馬桶裡。我明早只需裝一臉無辜相，等女服務生被罵竟然忘記放洗手間拖鞋時，即可脫離險境。我認為這策略天衣無縫。但翌晨，陽光熾熱，我酒也醒了大半，我突然想通，服務生一看，一定就知道那是老外的傑作。因此我退房時，不但避開了樓下的住客，也不當面向服務生告別。

角館武家屋敷

近傍晚，在旅程的第四十二天，我參觀了角館（Kakunodate）的武家屋敷。保存良好的武家屋敷街是一條長衢，位於車站和檜木內川之間，沿路有許多間武家屋敷，有些仍有人居住，有些則空空蕩蕩。武家屋敷兀立於庭園的陰暗處，癬癬疤疤的木製擋雨板撐起，樹葉從打開的紙拉門間隨風飄入，零星散落在褪色的榻榻米上。室內四壁蕭條，空無一物。木頭橫梁和房柱磨損嚴重，粗陋黝黑，但木紋仍清晰可辨。淡黃色灰泥牆龜裂處處，有些牆面碎裂瓦解，露出底下的抹泥和板條結構，這在日本屋舍仍十分常見。紙拉門被炭煙燻得發黃，屋頂殘瓦濁黑凹陷。四下一片寂靜。站在此地鬱悶不樂的沉思，往往被痲雀的啼叫所打斷。

古典日式房舍在逐漸朽壞之後，隨著歲月的流遞和凋零，舒適宜人的本質慢慢顯露，更見肅穆莊嚴，與大自然深深融合為一。新的榻榻米呈綠茶色，逐年添上一層柔和的金麥色澤，使房間看起來愈來愈溫暖安詳。時光荏苒，金麥色又褪成枯草色調，原本鮮豔亮滑的銅綠漸次失去光澤。於是棕和白色的房間顯得黯淡無光，變成一片死寂。

靜默的庭園裡，石燈籠的頂端凹凸不平，只見一片綠意。石井口落著黝黑的水珠，滴滴答答，在夏日熱氣中凝結。厚厚的青苔墨綠，不見花朵綻放。櫻樹枝葉繁盛，矮樹叢和岩石遠處屹立著一座玲瓏空蕩的賞花亭。這些色澤都是衰亡的色調，不是成熟鼎盛時的鮮亮繽紛。死亡的畫筆刷過，留下寧靜。

越過馬路，在一間開放式的工房裡，兩位年輕工匠坐著槌打櫻樹樹皮：一位正在製作收放文具的四方形硯箱，一位正在裝飾木屐。他們身後有一小塊木材場，水罐壓在成排圓木上，將它們浸濕後，就可以剝下樹皮。兩位工匠邊工作邊唱著〈隨風吹揚〉[17]。

隔早，我在路上碰到一位日蓮宗的尼姑。她身穿白袍，衣衫襤褸，大步走向角館車站，手上提著圓圓平坦、扇形的團扇太鼓，只有一面鼓皮，沾滿污跡。她邁步向前，敲著鼓尋求布施，卻沒有人看她一眼。

問路要有技巧

望向西南方，鳥海山（Mt. Chokai）山麓為濃密的嵐霧遮掩，但白雪蒼蒼的山峰突圍而出。出羽（Dewa）是秋田縣和山形縣的舊名。鳥海山是出羽的富士山；就像羊蹄山是蝦夷地的最高峰，磐梯山是會津（Aizu）的最高峰，而岩木山（Mt. Iwaki）是津輕半島的最高峰一般。最高峰都被稱為富士山，所以日本境內總計至少有十二座富士山，都讓人聯想到那一座盛名遠播的山峰。富士山是自然壯麗的典範，這點大家早有共識，其他山都被拿來和它比較。而這些較為沒沒無聞的山則具備了富士山的風貌，個個俊秀優美。我坐在一家汽車餐廳，喝著啤酒，欣賞一隻我所見過最大的飛蛾；深紫和橘紅相間的飛蛾大如蝙蝠，蛾翼收起，死在窗檻上。

在大曲的棒球打擊場，一台機器權充投手投出慢速球，打擊手用力揮棒，球飛落到對面的綠網中。車站南邊的一條街上，幾只骯髒的七夕燈籠隨風飛舞。新力商店和賣樺細工（櫻木盒子）特產店門口被風吹得一片砂土。

旅程的第四十四天清早，我離開灰塵濛濛的公路，轉進一條平坦的鄉村小路，穿過農田和村莊，村內處處是石板瓦屋。從十點到下午四點，路上不見任何車輛。屋舍兀立，前有高牆，牆頂是一排瓦片，歷史比角館武家屋敷更悠久。人們的談笑聲從這些屋舍中傳出。鋼鐵火警瞭望塔高聳在村莊街道上，顯得陰沉。村莊外，靜躺著五十五公里長的翠綠稻海，填滿寬闊的橫手（Yokote）山谷。

村莊外圍的小商店裡，賣著巨大的蘿蔔和塑膠太空船。我從遠處望去，發現牆上掛著大型紅色可口可樂或藍色芬達汽水看板的商店不賣酒。酒店外面會貼著秋田當地清酒的廣告；廣告裡以潦草的書法寫著滿開之花、高清水、天壽酒和秋田之香。東北六縣彼此為了誰出產的清酒最棒而吵得不可開交。西岸的秋田和太平洋岸的岩手競爭最為激烈。岩手人斷然地說，他們的米較好，清酒自然獨步天下。秋田人反駁道，他們的水質天下無雙，釀出的清酒當然更勝一籌。我總避免在爭論中支持任何一方，因為我發現，

17 往昔，武家將山櫻樹樹皮磨細，貼在器物上，光澤迷人，稱之為「樺細工」。

只要保持曖昧的沉默，一杯又一杯免費的清酒就會自動端到我面前，但我總是狡猾地不下論斷。所羅門王就是缺乏這種簡單的智慧，也可能是他不覺得口渴[18]。

在角間川（Kakumagawa）路上的岔口，我問兩個坐在樹下的老祖母，哪條路通往平鹿（Hiraka）。被我先問到的老婆婆，不好意思地轉向她的同伴，用頭巾圍住嘴，呵呵直笑。另一個老婆婆微微一笑，滿嘴無牙，不太確定地用拇指指向左邊的路。

「妳確定嗎？」我不放心。

頭一個老婆婆仍在咯咯傻笑，另一個點了點頭。我往左邊的路出發。三十分鐘後，我又繞回樹下。老婆婆們早消失無蹤。

「平鹿？」一個年輕人在腳踏車的擋泥板上載了六箱蘋果。「沒問題。右邊的路。」

問路是一種需要技巧的本事，我常因疏忽而吃盡苦頭。我發現，如果我是問老婆婆們，下一個村莊在哪，而不是拿個十二公里遠的鎮名來搞昏她們的話，我往往可以少走半小時的路。但問題是，大半時候，我看不懂小村莊的漢字名稱，拿地圖給雜貨店老闆、卡車司機和餐廳主人看時，他們也常常看不懂。

路邊的小神社裡，蠟燭燒到一半，燭淚順著蠟燭流下，好似被塗上膿汁。野崎（Nozaki）這個村莊完全隱匿在濃密樹叢之後，彷彿抵禦圍城攻擊。一個女人告訴我，此地的冬季豪雪高達第二層樓的窗戶，村民們在屋舍和商店之間挖掘隧道，像鼴鼠般鑽來鑽去。在下一個村莊裡，一位穿著李維牛仔短褲的漂亮女孩輕快地跑到我跟前，上氣不接下氣，請我在筆記本上簽名。我猜，她大概有十八歲。她的筆記本紙頁下方有泰迪熊的圖案，她遞給我橘色亮光筆。

「我……我從窗戶看到你，」她喘著氣說，左右腳不安地交互挪動，「……我……不能不把握……這個機會。」我將筆還給她，臉上的微笑大概可以融化兩層樓的雪。她一溜煙就不見了。

晚霞滿天，田野遠處傳來獵槍的槍響，在山谷間迴盪。三隻黑烏鴉高掛在曬衣繩上，隨風搖搖晃晃。然後，我看到一個稻草人。他站在稻田的一角，旁邊就是一條小田徑。長稻草披風披肩，圓錐形草帽破破爛爛，腰帶插根木棍，代表他是個武士。腰帶是纏繞的繩索，像裝飾在神社入口的粗繩。另一條粗繩從他的頭牽到樹上，掛著彎曲的白紙帶，象徵神道教驅魔的符咒。臉上塞著白布，用黑墨水仔細地畫出五官。田野間的烏鴉並未引起他的注意，他的眼神直瞪向寂寥的十字路口。我乍見他時，著實吃了一驚，轉過身，不由自主地顫抖，感覺他的眼神盯在背上。

就快抵達平鹿時，一個大約十歲的小女孩，正拉下短褲，要在前院裡小解。旁邊兩個同學看得心花怒放。

18 Solomon，以色列所羅門王以智慧著稱，曾要兩婦人用刀將小孩分成兩半，以解決親子爭端，結果他裁定不忍下刀的婦人為其生母。

「喔！妳真的要嗎？真的要嗎？」

我經過前院。小女孩看到我，慌忙拉起短褲，發出一聲慘叫，旋即消失在柴房裡。

貨櫃卡車不斷隆隆駛過通往福島的主要幹道，揚起的塵埃隔阻狹窄山谷的清新空氣，在雄物川（Omono River）灰撲撲的隘口打轉。我走了一整天，吸進不少塵土，不由得渴望起再過一個禮拜，才會抵達的涼爽高地和海面。陸奧風情仍在卡車和塵團間忽隱忽現。湯澤（Yuzawa）的老舊酒藏（清酒倉庫），建築正面氣派精緻地有如古代旅館。窗戶的條板平滑而木紋清晰，屋瓦印著佐竹（Satake）家的扇形家紋。佐竹是秋田這一帶山谷的大名[19]。這個古老的商業都市主要街道之狹窄，更甚於我所走過的一些鄉野田徑。街上商家櫛比鱗次，啤酒店賣著豆腐，五金行陳售捕鰻籠。街衖間瀰漫著塵灰和油煙，東方鳥海山看起來跟在角館時一樣遙遠，雖然它僅在不到一天的腳程之外。我預計明晚就會越過鳥海山。

小鎮度過御盆節

旅程的第四十六天清晨，大雨開始滂沱而下。早餐後，我在横堀（Yokobori）的旅館逗留了一會兒，喝了不少綠茶，端詳天色。等我終於出發時，大雨已轉為猛烈的暴風雨，啪啪打在公路上，卡車咻咻疾駛而過，濺起朵朵水花。雨勢稍弱，再傾盆而下，然限。後又轉弱。趁著雨勢稍歇，可以望見近處山坡的白灰色薄霧。遠處山丘則被濃靄掩蔽。霧還沒散去，暴風雨便在眼前形成一道綿密雨幕，公路變成淙淙小溪，我的視野極為有限。

上坡的路愈來愈陡，暴風雨在路旁形成溝渠，水流成漩渦迅速打轉，湍流洶湧，瀠洄湍急，難以通行。大雨磅礴，上山公路沿著山勢，在U形急轉彎旁架有防雪棚，可稍稍躲雨。中午，我走進一條闃黑的隧道，裡面寒冷陰森，我一步一步向前摸索，出口處是一面字體模糊的白色看板，原來我已越過秋田，進入山形縣。

雨勢仍是下下停停。我原本想在一家餐廳用午餐，卻沒有食物。我想在沿途的村莊買吃食，所有商店都關門大吉。公路在下坡的山丘上蜿蜒曲折，連接新庄平原（Shinjo Plain）的北端，之後一條窄小的岔路沿著鐵軌，直抵真室川（Mamurogawa）。今天是八月十三日，御盆節的第一天。但新庄平原的羊腸小徑上安安靜靜，轉個彎不見盡頭的灰色鐵軌發出淡淡光澤，田地黝黑得發亮。我想，倘若亡魂真的回到人間，是因為被大水淹出他們的墳墓。

但大雨並未讓生者滯留家中。午後，家族紛紛出門掃墓。孩子們穿著棉質浴衣，矯捷地跑來跑去；父親們背著娃兒，母親們手提茶壺，捧著鮮花；老祖母們撐著油傘，套

---

19 daimyo，諸侯，武家領主，江戶時代領地一萬石以上，可拜見將軍者。

上雨鞋，啪啪踏過水坑，嘰嘰喳喳地聊天。每個人都穿上色彩亮麗的夏裝，孩童們興奮地呵呵大笑，婦女們互開玩笑，笑聲清脆。我經過她們時，她們彼此點點頭，煞有其事地說：「看，他一定剛剛才從山上下來。」

在第一個墓地，母親和女兒在墳墓前架好一張小型竹桌，桌上擺著幾個包在蓮葉裡的飯糰、幾片西瓜、一顆番茄、一些豆子、還沒拆封的餅乾和一小杯冷綠茶。大雨順著雨傘而下，滴答打在他們坐的塑膠布上，但他們不以為意，照舊邊喝綠茶，邊聊天大笑。

下個墓地的家族總共祭拜六個墳墓。雖然他們離公路有一段距離，我仍聽得見他們吵雜的喧鬧聲。一家人忙上忙下，攤開草席，打開飯糰，試著在雨中點香，小心不讓蠟燭濕掉，因為晚上還要用。孩子們在樹林間玩起捉迷藏，女孩一身粉紅，男孩則全身亮藍。等我走抵第三塊墓地時，雨終於止歇，升起潮濕的暮靄，黃昏來臨。

墳墓上的蠟燭先是閃爍不定，然後變成一道道紅光。遠處，熒熒燭光在另一個墓地搖曳顫動，再遠處，明滅生姿的成片燭海延伸到漆黑的山麓。路邊神社裡，生鏽的可樂罐被換下，端放上亮紅的新罐，燭火慢慢燃燒，燻黑了蜘蛛網。我從距離最近的墳墓聞到乾燥香甜的焚香，蓋過一整天那股奇怪的焦臭味。獵槍聲越過闃暗的田野傳了過來，在山谷間反覆回響。進入小鎮真室川時，低沉的廟鐘悠揚嘹亮。

「趕快看天空。」一位理髮師杵在店外的馬路，直盯著天空。我轉身抬頭望去。五分鐘內，整片西方的天空轉成燃燒般的鮮豔橘紅，宛如柑橘皮的色彩，或燦爛的煙火。

「我這輩子只看過一次，」理髮師出神地說，嘴唇幾乎沒有動。「就那麼一次。這是第二次呢。」

我推開旅館的大門，從玄關大聲呼喚，沒人搭理。我再叫一次，仍是一片悄然。稍待一分鐘後，我又高喊起來，還是安靜無聲。我索性放下背包，在濕答答的玄關裡砰砰踱來踱去，盡量發出聲響。一個聲音叫我等一下。三分鐘後，我不耐地再出聲吆喝。沒有回音。最後，紙拉門慢慢慢慢地拉開，一個穿藍白條紋睡衣的老頭從門柱邊，探出頭來。

「還有空房嗎？」

「空房？」老頭喘著氣。

「沒錯，空房。」

「但今天是御盆節哪。」

「你是說你沒營業？」

「當然沒營業呀。」

那老頭搖搖頭，開始輕聲笑了起來。我蹣跚離開旅館，走向車站時，他仍笑個不停。

第二間旅館給我相同的答覆。但我看出老闆娘充滿母愛，便死纏活纏起來。

「真糟糕的天氣！我累死了！妳相信我是一路走過來的嗎……」

兩分鐘內，我就有了一個房間，換上了乾和服，緩緩滑進溫暖的浴池裡。我幻想飽餐一頓熱食。我走出澡堂時，老闆娘正在等我。

「大哥（O-niisan），」她開始說，「你知道今天是御盆節，所以旅館沒有肉。」

「沒關係，」我快活地說，「我不想吃肉。」

「也沒有魚喔。」

「啊……」（沒那麼快活了）。

「也沒有飯，只有祭拜用的飯。也沒有煮青菜喔。店都關了，所以也沒有買水果。什麼都沒有啦。」

老闆娘對著我開心地微笑。我只好咧嘴笑笑，絕望無比。

「但還有一點醃漬醬菜和清酒，如果你想和我兒子及我一起用的話……」

那晚，我和老闆娘及她二十歲的兒子坐在會客廳裡，吃著小碟子裡的醃漬醬菜，喝著熱騰騰的「初孫」（長孫，山形縣產清酒）。喝完一瓶後再開一瓶。然後，我們唱起真室川的歌謠。

我是真室川的梅花，
你是新庄的夜鶯。

切莫等我盛開才來；
我的花蕾迎著你。

我做了一場夢，我做了一場夢，
夢到我倆的婚禮；
我們的杯盞滿滿；
正要交杯時——我卻醒了。

偶爾，我聽到一個老爹在隔壁房間自言自語，低聲輕笑。老闆娘起身一兩次，拿一瓶清酒過去，這時，呱呱大笑傳來。她回房後，默默將紙拉門關上，又變回咯咯低笑。我疑惑地想，是誰呢？獨自飲酒的丈夫？或是特地返家，看餓得半死的老外吃醃漬醬菜的祖先幽靈？

這才是御盆節。真正的御盆節。大都會早已失去這份風韻。東京人會去掃墓，但照舊要吃漢堡、喝威士忌加水。真室川是個不同的世界。我那晚爬進床墊時，心滿意足，在北方山區度過的御盆節，讓我那空空如也的肚子非常暖和。

第四章　夏光夏影

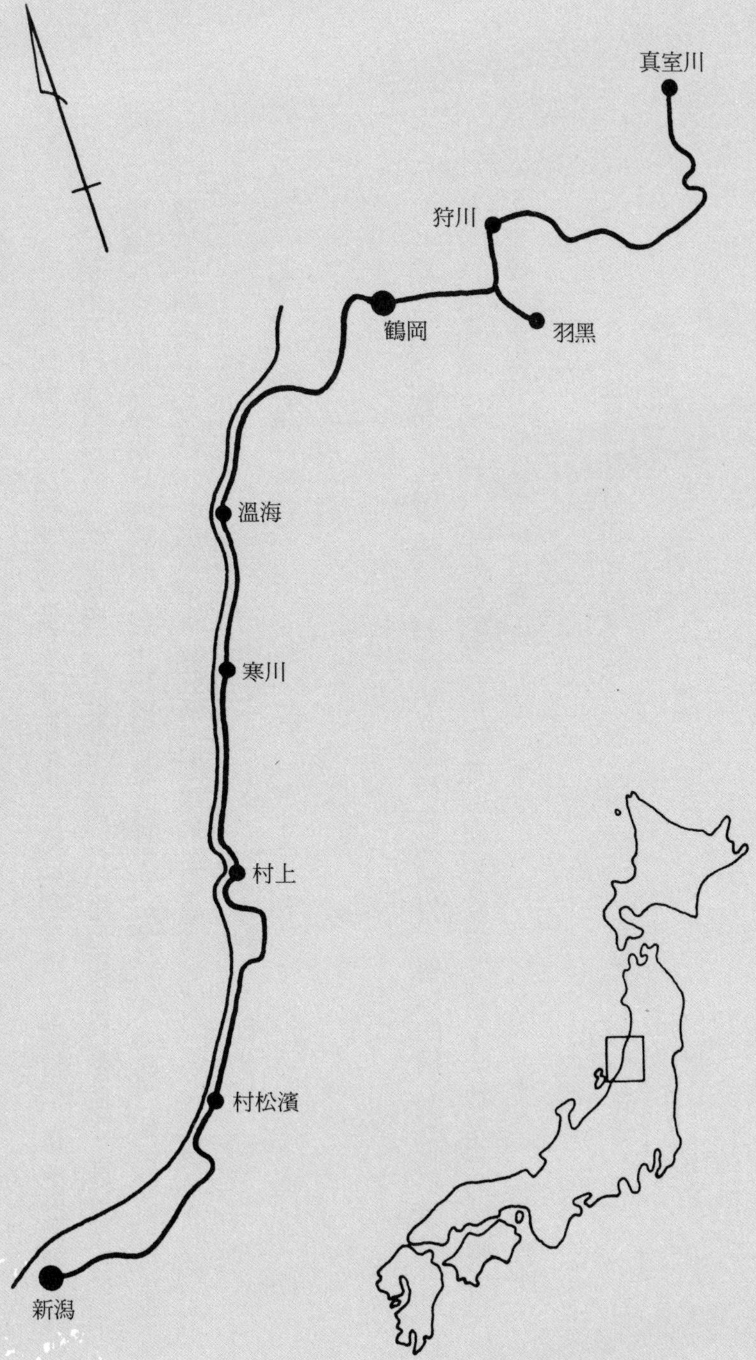

冽風吹入最上川（Mogami River）峽谷，中游的漩渦捲起白色波濤，瀅洄起伏，波浪飛沫。波瀾洶湧，風勢強烈，遭到夾擊的觀光遊船顛簸掠過湍流，往酒田（Sakata）市而去。

十七世紀詩人松尾芭蕉（Matsuo Basho，一六四四至一六九四年）在《奧之細道》中，曾描寫沿著這段多風峽谷迤邐而下的北方旅程。松尾芭蕉被尊為俳聖。俳句（haiku）是僅以十七個音節構成的短詩，運用稍縱即逝的意象和聲音，來喚起一種情境。每當要將俳句翻譯成英文時，其簡單俐落往往使人誤以為是相簿的標題。

五月雨浪濤滾滾，
最上川湍急奔流。

船夫工作簡單，守著馬達，帶動船身劃破激流而過。船尾的喇叭大聲播放日本民歌，回音遙遠，與河畔汽車餐廳的夏威夷吉他歌曲相互較勁。船上的觀光客喝著威士忌抵禦寒風，喁喁私語，擊掌合唱：

我在酒田時請照顧自己呀，
別著涼了。

治豔啊！治豔啊！
治豔喲！誘人魔風！

山谷開展後進入平原，風勢更為強勁，稻田吹起漣漪。北方，層層白雲籠罩鳥海山山巔，又迅速飄走。我坐在堤岸的草地上，替靴子抹上鞋油，被一群小搗蛋折磨。

「嘿，『李』！嘿，『李』！『仄』是一支『鼻』！『仄』是一支『鼻』！嗨！嗨！李叫則麼民字？李叫則麼民字？」

「聽好，」我疲憊地說，「你們為什麼不去急流裡游游泳？」

這群小鬼頓時安靜下來，小小的心靈驚愕地無法了解，這傢伙竟然會說日文。他們靠近一步。

「你會說日文？」

「一點也不會，」我用日文說，「你們最好找翻譯來。」

我蓋上鞋油蓋，將它塞進背包。

「請問你要不要和我們玩球？」

「抱歉，我在趕路。」

「請問你想不想見見結過婚的女人？」

「下次吧。」

我綁上鞋帶，踏著沉重的步伐離開堤岸，反覆咀嚼我的回答。草薙（Kusanagi）溫泉區外，停泊的船隻在狹隘的河流中搖搖蕩蕩。有些船夫躺在船屋滑軌處抽菸，神情慵懶，有些忙著維修馬達，準備待會慢慢航回上游。八月涼風習習，午後最後一艘遊覽船轉個彎，逐漸駛進視線中，觀光客高聲唱歌，船夫拍著木頭船柄打拍子。

……請別怨我，責備風兒吧。

冶豔喲！誘人魔風！

我在小鎮狩川（Karikawa）的主要長街上，被風吹得寸步難行。風颸過街道，颼颼作響，掛在房舍門口的黃色紙燈籠不斷打轉；燈籠上方，綁在門柱的成綑蒲葦草和灌木胡枝子左右搖晃旋轉，劈劈啪啪。一個男人正在小超市外面架設太鼓。

今晚是御盆舞的第一晚。旅館女服務生給我一塊搗過的麻糬，上抹一層綠色和紫色的豆糊。夜晚，我離開旅館，舉步艱辛地遊蕩在空曠的街道，木屐磨掉我腳底的一層皮。街衢上一片漆黑，空無一人，門柱上的蒲葦草晃來晃去，只有點點燈籠燭火搖曳生姿，顯得十分寂靜詭異，枝葉婆娑聲傳來，我的木屐喀嗒喀嗒地迴響。

十五分鐘後，我找到要舉行御盆舞的停車場，地面鋪著碎石。此時，木塔已搭設好，粉紅色裝飾燈隨風狂擺。小鎮的御盆舞大都在學校操場或公共廣場舉行。這裡的人們依照習俗，在舞場中央搭起高台，紅白相間的祭典圍幔掛在下方，被北風吹得啪噠作響。高台上播送音樂，有的是現場演奏，有的是錄音帶。綁在高台欄杆上的兩個小太鼓，像鍋蓋一般大小。孩子們沿著梯子爬上爬下，輪流敲擊太鼓，但主辦單位的喇叭在一旁播放〈聖誕鈴鐺搖滾〉（Jingle Bell Rock），震耳欲聾的音樂掩蓋了太鼓聲。

我嘎扎嘎扎地踩過碎石地面，找著啤酒攤，木屐弄得我腳痛。青少年排成整齊的隊伍，拍手旋轉，穿著和服的父母得意洋洋地站在旁邊觀看。兩個小學女生邊埋頭吃著棉花糖，邊跳著旋轉臀部的複雜舞步（停車場有個攤子賣棉花糖，卻沒賣啤酒）。八點，我正下定決心要去別處尋酒作樂時，音樂停止了。青少年和父母圍著高台排成兩個圓圈，擴音器先是發出一陣靜電的爆裂聲，隨後響起〈出羽三山音頭〉（ondo，主唱），蓋過主辦單位的搖滾樂，正式宣告御盆舞的開始。

不到十分鐘，全場已大步跳起舞來；第一圈因經過排練，舞步熟練，第二圈則跳得七零八落，漫不經心。

兩個吃棉花糖的小女孩轉移陣地，混雜在年紀較大的舞者中，雙手高舉過頭，彎腰模仿種稻的姿勢，向前邁兩大步，退後一大步，拍手。排成圓圈的舞者圍著高台打轉，少年鼓手用盡全力敲擊太鼓。太鼓聲終於穿過音樂傳來。

羽黑山嵐清爽，
袚川滌淨心靈。
袚川！絕景！
為繁盛而歌！

我找不到啤酒，雙手插在口袋裡，邊跛著腳逛來逛去，木屐弄破水泡，痛得我頻眨眼，邊哼著四國阿波舞[1]的歌詞，裡面有這麼一段：

舞者是白痴[2]，
觀舞者是傻蛋，
既然如此，大家都跳吧！

「來跳舞吧。」一位穿著ＵＣＬＡ運動衫的小伙子對我咧嘴笑笑。

「我是觀舞的阿呆。」我忙著想閃，又忍不住賣弄一下。

他友善地勾住我的肩膀，將我帶到兩個穿鮮豔橘色和粉紅色和服的高大醜女孩前。

「美女喲，」他一板一眼地說，「真正的山形美女。去站在她們中間，我幫你拍照。」

我依言站到她們之間，板著臉苦笑，那傢伙大概拍了半捲底片。拍完後，〈出羽三山音頭〉再度響起，兩個女孩架住我，穿橘色和服的那位圈住我的手肘，穿粉紅色的那位扣緊我的手腕，她們顯然是搭檔。

「來跳舞嘛。」她們建議，施出夾臂擒拿法。

「來跳舞吧。」年輕人笑著，按下快門。

「來跳舞呀，」一個穿藍色浴衣的男人叫著，「怎麼不跳呢？長雞眼了嗎？」

「我是觀舞的阿呆。」我心生恐懼，緊張地笑起來，但笑聲被突如其來的薩克斯風曲調淹沒。

月山冬雪初融
潺潺流進梵字川。
梵字川！絕景！
為繁盛吶喊！

我大概跳了四十分鐘，踩到大塊碎石時，雙腳和胯下便穿過一陣刺痛，因此我一路

1「阿波踊」（Awa odori），四國德島特有的御盆節舞蹈，據信形成於一五八五年，又稱之為「阿呆踊」。

2日文原文是「阿呆」（aho）。

跳得綁手綁腳。閃光燈似乎總是捕捉到我哭喪著臉的時刻。我僵在臉上的微笑，看起來八成像骷顱頭的陰森鬼笑。

九點鐘，兩位醜女悄悄溜回獸窟。我癱在附近一家居酒屋裡，穿ＵＣＬＡ運動衫的年輕人仍未放棄折磨我，一位趙先生也在現場。他的身旁原本依偎著一位山形美女，卻被拖來跟老外說英文。趙先生曾在愛丁堡住過兩年。我們三人圍坐在一張圓桌旁，雞同鴨講，溝通困難。

「啊，這麼說，你一路都搭便車呀。」

「不，我徒步。」

「是的，是的，是的。日本這個美麗的國家很適合徒步。容不容易搭到便車呢？」

「我沒有搭便車。」

「喔，得了，得了，得了。」

「我一路用走的。」

「是的，沒錯。但距離長一點時怎麼辦？」

「你可能沒聽懂……」

「我懂！我懂！我懂！英國人真棒呀！我真喜歡英國人啊！我真喜歡英式英文哪！我愛—愛—愛它。我非常喜歡英國人，特別是友善的愛丁堡人。」

「您過獎了。」

「但你是怎麼搭便車的？」

狂風吹開旅館房間的老式窗扉，我起身關上它。強風席捲過陰黯的街衢，颯颯作響，發出彷彿孤魂野鬼般的哀嚎，情急地尋找另一場御盆舞。窗扉又被砰然推開，我轉個身，在臥墊裡呻吟，聽著仲夏風聲入睡。

狩川南方十二公里處，挺立著羽黑山。羽黑山是出羽三山中最容易攀登的山。出羽三山包括羽黑山、月山和湯殿山（Yudono），被神道教和佛教修驗道視為靈山，從第七世紀開始便有信徒遠來參拜。官方旅遊指南指出，至今仍有山岳信仰的修行團體前來此地朝拜。明信片裡印著吹法螺的山伏身影。出羽三山的三位主神是月讀命（時間之神）、出端命（出羽之神）和駐守在瀑布的大山祇命（高山之神）。大約三百平方公里的整片山區是座靈場。山坡上散布著神社和寺廟，更添此地的神聖。但神祇不是居住在神社和寺廟裡，而是在山裡[3]。

從山腳的隨神門開始，總共攀登二四四六道石階，便可抵達羽黑山頂。階梯陡峭，許多石階窄細，容不下普通大小的鞋子，我穿靴子背背包緩緩上山，仍險象環生。半途

3 修驗道的信仰融合神道教和佛教，利用大自然環境進行各種刻苦修驗。修行者全身白衣，頭戴白斗笠，踽踽行於出羽三山。山伏是修驗道僧侶，穿藍白格子法衣和白色寬大燈籠褲，負責迎送山神。

中，由於過於險惡，我見一棵巨大柏樹高高矗立在石階旁，便將背包掛在樹上，繼續上路。石階旁的狹小林間表參道上陽光炙熱。階梯愈形險峻，但見豐饒的庄內（Shonai）平原於腳下開展，翠綠一片。平原遠處，日本海籠罩在夏霧中，藍銀色海面顯得死氣沉沉。我睽違了海洋有十四天之久。

停車場旁有家紀念品商店。朝拜者和觀光客在此買手杖上山。他們戴著草帽以抵禦八月的烈陽，趁著在林間表參道小歇時，一杓杓大口吃著哈密瓜味刨冰。鐵製手輪刨冰機將大冰塊刨成刨冰，我也嚐了一點。細窄的石階間長滿黑色蘚苔，柏樹遮天，枝葉垂蔭。

羽黑山頂的出羽神社氣宇昂然，包括幾座草頂木製建築。小建築物坑坑疤疤，雕刻著繁複的祥龍。三神合祭殿則有緋紅牆面和棕色稻草屋頂。稻草清酒桶靠牆堆放，因為神祇重視酒。附近也有一個相撲土俵，因為神祇知道膽識和力量的價值。

成群的朝拜者用力搖晃紅白交雜的草繩，鈴鐺叮噹作響，足以喚醒神明，隨後恭敬地拍兩次手，將錢幣丟入賽錢箱（捐獻箱）內。攤子後，一身鮮紅的神社巫女時站時坐，臉頰紅通通，聊天聲音悅耳，賣著刺繡精細的御守（護身符）和二十日圓的紙籤。買了紙籤的人站著看籤，低聲笑一笑，然後將籤仔細地折成細條，綁在神社前院神木樹枝上[4]。由於朝拜者絡繹不絕，才不過一個禮拜，樹群便像覆蓋在皚皚白雪中。

一位神官（神道僧侶）坐在一棟小建築物後面，在木製牌位上寫下名字。墨水乾後，將牌位整齊排好，看起來恍若籬笆柵欄。老舊石墓碑被穿戴上衣裳，比如印著草莓的圍裙、和服及披肩。較小的石墓碑則套上長褲和背心、唐老鴨T恤和棒球帽。午後，山嵐自月山而下，藍色鯉魚旗啪噠啪噠地隨風飄揚，焚香的灰色煙霧害神官咳個不停。

我取回背包。表參道的陽光依舊亮眼，綠色刨冰刺得我的舌頭發痛。一或兩位修行者突然管起人間俗事：

「你看！你看！老外！是個老外！快說『呼』囉看看。」

從階梯高處，遙遠海面上的栗島（Awashima）一片蒼藍淡灰。我渴望馬上奔下山，在清涼的海水中懶洋洋地游泳。越過平坦的稻田是鶴岡（Tsuruoka）市內的電視天線和保齡球館，館頂裝飾著巨大的紅柱，相形之下，方形房舍顯得渺小無比。

下山後，一座巨大的混凝土鳥居（torri）屹立在公路前。我走進一家小店買啤酒，裡面也賣時鐘和手錶。昨晚的舞蹈加上今天的上山朝拜，直叫我的雙腿吃不消，已經發軟，我真想今晚乾脆就躺在稻田旁的青草地睡個好覺，但電視天線和保齡球柱在前召喚，於是我掙脫夏神的魔咒，疲累蹣跚地走完最後的十公里路，進入古老的城下町鶴岡，完成今天的預定行程。

我在旅館裡洗好衣服。一位咯咯嬌笑的女服務生示範我如何爬到廁所洗手槽上，手

4 若抽到壞籤，如此厄運便不會成真。

伸出窗外將衣服扭乾，像走鋼索般穿過屋頂一道階梯，來到曬衣場。之後，我們互相稱讚彼此的特技表演，我將濕答答的牛仔褲掛在竹竿上。

那晚，旅館只有另一位住客。他替仙台（Sendai）的公司賣牙科器材。我倆坐在會客廳裡，討論新開發的牙醫病患座椅的好處，以及京都的舞妓[5]。舞妓以優雅和美麗聞名。這位先生堅稱舞妓全部來自鶴岡。他還向我保證，大部分的牙醫太太也都來自鶴岡。

九點時，女服務生端來一盤切好的蘋果，那位先生跟我聊起他的兒子。

「我兒子十五歲，是童子軍。為了得到徽章，他這禮拜跑去露營，自己一個人到山裡頭。很辛苦，但對他有好處。我第一晚開車拿一隻雞給他。他不曉得怎麼處理活雞。我在旁邊默默地站著看他。他一直說他不想殺那隻雞，我沒吭聲。最後，他用報紙將雞包起來，扭斷牠的脖子。我第二晚帶了鰻魚過去，以及怎麼宰殺牠的圖表。

「他不是很聰明。兩次都哭了哪。他很想跟我說些什麼，但我都在他要說之前離開。我很擔心他的未來。

「他不怎麼會用算盤。我告訴過他，讀書、寫字和打算盤是基本謀生技巧。日本雖然製造全球三分之二的電子計算機，但五分之四的日本商店老闆還是用算盤。我兒子讓人失望。他切鰻魚時搞得亂七八糟哪。」

他起身要去睡覺時，在門口對我深深一鞠躬，他說那晚跟我學了很多。

「我希望我兒子能認識你，但我怕那是浪費你的時間。你是這麼有學識的人。我那十五歲的兒子終究是沒有出息哪。」

大笨鐘的噹噹節奏在六點叫醒我。喇叭離我的窗口不過三碼遠，在播放了二十分鐘的體操歌後，我猜鄰居們都清醒了，一個女人開始尖聲廣告遊樂場和麻將廳，震耳欲聾。我在會客廳裡縫補皮帶，喝下兩杯即溶咖啡。隔壁房間裡，一位和尚正在唱誦佛經，旅館老闆的母親坐在門下陰影處，雙眼緊閉，輕晃身軀。

「你不覺得痛嗎？」旅館的人聚在門口送行時，納悶地問。「我們北方人腳痛時，都說 koee-na。」

「原來如此。」

「說說看呀。」

「Koee-na。」

和尚笑得特別刺耳。我從交通號誌處揮別時，仍聽得到他的笑聲。

鶴岡博物館

青龍寺川、內川和新內川與鶴岡的街道交錯縱橫，柳樹沿河而立，河川兩旁仍殘留

5 在茶屋酒宴上專司跳舞的女子。

著護城河的遺跡。夏季豔陽高照，濕氣重得隨時就要下雨。不到二十分鐘，還沒離開鶴岡，我的衣服就被汗水濡濕，不得不跑到致道博物館（Chido Museum）裡去吹冷氣。我無聊地在館藏民具前流連徘徊；一組村民用來背柴火、蔬菜和小孩的背包，裝飾精美。其中最精緻的是裝載嫁妝的奩箱。色彩和圖案使我想起在新墨西哥州看過的納瓦霍[6]地毯。（說到納瓦霍人，我常奇怪，認為日文不合邏輯的人怎麼從沒聯想到印地安人。比如，日本的「月」亮與「月」份是同一個字。因此，日文就像好萊塢片裡的印地安人一樣，都說事情發生在「好幾個月亮」〔many moons ago〕以前。就我所知，連認為日文最講不通的人都沒這樣翻譯過。但抱此類心態的人，大有人在。我想，只要日本人開始在頭上插羽毛，大家馬上會恍然大悟。）

博物館內有幾座古老建築：舊西田川郡役所（一八八一年）和舊鶴岡警察署（一八八四年）。這兩座倖存一世紀的建築物備受重視，從舊址遷來重建。還有一座老式三層樓民家，稻草屋頂厚重溫暖，紙窗位置頗高，第二和三層木板地板上安放著養蠶箱和繅絲機。這座堅固的多層民家移自離鶴岡十六公里遠的山村田麥股；現在被安置在館內旋轉門後方，為博物館賺進大把銀子。山村村民不知是否表示過意見或抗議。

濕氣越來越重，中午，天空飄來一朵厚重的烏雲。七號公路旁的高爾夫練習場內，白球散落各處，休息台上滿是假皮高爾夫球袋和打球人潮。庄內平原和日本海之間的低矮山丘飄著毛毛細雨，灰暗迷濛。我終於走到海邊，海天連成灰茫一色。一到一處空曠海灘，我便脫掉衣服，在雨中下水。我最後一次游泳是在七月三十一日，酷熱的青森北方海面。今天是八月十七日，中間我經歷了兩個祭典、三處溫泉、一所青年旅館、五家民宿、十一家旅館、幾十罐啤酒，以及往南的四百四十二公里腳程。我在冷冰冰的海水裡漂浮了十分鐘，全身哆嗦，抽筋了好一陣子。

一個小山岬上，其貌不揚的雷飯店（Hotel Thunder）俯視著陰鬱的海岸，總共八層樓高。狹長海灘毫無人跡，樹木拔起於裸岩間，被東北風吹得凌亂不堪。沿岸村莊屋頂是黑或灰或泥土棕色，不見北海道的原色色調。平原村莊散布數畝遠，山區村莊沿著蜿蜒山路連綿一哩長，相形之下，山形的沿海村莊則顯得零零落落，聚集成幾處。

有些小海港位於公路裡邊，漁船在車輛的咆哮聲中軋軋前進，於混凝土柱後下錨。公路順山勢而上，穿越隧道，與鐵軌來回交錯，又陡下直落海平面。附近一塊荒涼的海灘上，六個孩童正在燃放煙火，火嘶一聲就消失。

薄暮降臨，六點半便天黑。溫海（Atsumi）一家旅館的老闆娘站在門口，雙手不安地擰著圍裙。

「還有空房嗎？」我非常友善地微笑著。

「嗯，還有空房。但我們沒有床呢，我們睡鋪在地板的床墊喔。」

---

6 Navajo，散居於新墨西哥、亞利桑納和猶他州的印地安人。

「我知道，」我說，「我已經在日本住七年了。」

「你吃不慣我們的食物。」

「為什麼？你們吃什麼？」

「魚。」

「我喜歡吃魚。」

「但我們吃生魚片喲。」

「聽著，我已經在日本住七年了，內人是日本人，我也喜歡吃生魚片。」

「但我們沒有刀叉喲。」

「聽著……」

「而且你不會用筷子哪。」

「我當然會用。我已經在日本住……」

「我們用榻榻米房間，沒有沙發喔。」

「聽著……」

「澡堂裡沒有淋浴設備，洗澡是用風呂（o-furo）。」

「我在家都用筷子。我坐在榻榻米上。我喜歡吃生魚片。我泡湯。我已經在日本住七年了。差不多是我四分之一的人生。內人……」

「我懂，」老闆娘呻吟道，「但我們不會說英文哪。」

「我想那不是問題，」我重重嘆了一口氣，「我們已經用日文交談了五分鐘。」

我從旅館房間看著夜霧降至日本海面。雨已停歇，遠處漁夫攸上攸下的幽黯火光，很像鬼魂離去前一閃一滅的熒熒磷光。

進入「中部」

天空明亮，但海面翻騰，浪頭高舉，沖刷到碎石海灘，隨波逐流的海草飄盪不已。三位歐巴桑騎腳踏車經過，穿著亮晶晶的黑色潛水衣，手上拿著小孩學游泳用的充氣浮袋，上面印著泰迪熊和花朵圖案。太太們披頭巾套橡膠靴，雙眼透過用底面是玻璃的四方盒搜尋，在岩岸淺灘裡撈捕螃蟹或貝類。

旅程第五十一天的中午，我越過山形，進入新潟縣。這意味著走出東北，進入稱之為「中部」的日本地域。只有一個標示冷清清地標明縣界。很久以前，此地曾有穿戴盔甲的武士駐守在疆界關口，防止將軍的敵人沿著海岸小徑，逃進奧陸和出羽，消失地無影無蹤。

新潟村莊房舍的屋頂以灰色木板鋪成，再壓上長滿綠色苔蘚的石頭。小海港裡，漁夫刮掉船身的油漆，鑿著船殼。一家汽車餐廳牆壁上掛著男性成衣廣告，穿熊皮的英國禁衛軍說著，「歡迎您高貴的心」。我在沙丘上小睡了一個小時，然後爬上一排石階，頂端是一片墓地，樹木的樹皮被風颳得斑駁不堪，不見任何桌子。

但那晚，寒川（Kangawa）仍舊有一場御盆舞。學校操場裡，四個高舉棒球棒的赤鬼、穿著銀色鋁箔紙的白雪皇后、一隻黑色尼龍烏鴉、三個提燈的礦工，和套著硬紙板盒子的機器人，圍著一輛車，將會場氣氛炒得熱絡。一位傴僂老婦用汽車電池發電的麥克風引吭高歌，一面太鼓在旁伴奏。舞者彼此用力拍背，拍擊聲稀稀落落，拖鞋穿不穩，一再絆跤，還用扇子敲打對方鼻子。

晚間悶熱無風。民宿的老闆娘跳完舞後，將對我做鬼臉的孩童趕開，穿著綠色緊身短褲坐在桌旁，為大家剝柑橘皮。

「我是在這棟房子裡出生的喔。三歲時，父母帶我往南到四國定居。我們在那住到我十一歲。那裡很少下雪。每次辛苦堆好的雪人晚上就會融掉，害我老是哭呢。我還記得搬回來這裡時第一次看到的大雪。我心想這就是世界末日了。這一帶新潟海岸是雪國的一部分[7]。四國人在這裡的冬天熬不了一個月的。

「我們在四十年前回來寒川，然後就一直住在這屋裡哪。從車站看得到栗島和岸邊的白色小村莊。景觀真美。我一直想去看看佐渡（Sado），坐船到那不到一個小時，但我沒去過。

「我五個孩子全長大了；一個住在溫海，兩個住在新潟，兩個搬去東京。他們在御盆節時都會回來，但總是來去匆匆，沒時間留下來跳舞。大概也不值得特地為此多住幾天，城裡事情多著呢。」

老闆娘看看我，開懷大笑。

「我是說，這裡沒什麼意思哪。那些面具、獎品和化裝舞會。村裡每個人都有獎品可拿。真的沒有什麼意思哪。蠢透了。」

她的雙頰仍然泛紅。她剛在操場裡又跳又笑了一個小時，我還以為她玩得很開心。

「反正，」她說，「我兒子和女兒明年還會回來。」

她將柑橘皮排成星狀，手指在桌上撥弄著柑橘的果髓。我睡在鐵路旁的別館裡。貨物列車整晚軋軋駛過。往東京的夜車在一點時隆隆奔馳而過，車內燈光微弱，人們沉沉入睡。

寒川兩側的海岸是縣立公園。翌晨，八月十九日，我穿越公園，繼續旅程。日本海沿岸峭壁林立，崎嶇多巖，嶙峋的山岬洞穴處處，岩岸間的沙丘上常常豎立著「日本第一」的看板。通往村上（Murakami）的隧道穿過懸崖，裡面以黑色枕木支撐，出口處，「日本第一」的看板半埋在成堆的啤酒罐和破瓶子之間，日本觀光客對此似乎視若無睹。這真是種方便的天賦。一對中年夫婦在三個大垃圾桶旁拍照，垃圾溢出桶外，已經

---

7 Snow Country，日本海沿岸豪雪地帶。另，川端康成（一八九九至一九七二年）名著《雪國》，內容以新潟豪雪地區為背景，一九六八年獲諾貝爾文學獎。

發出惡臭。但他們說道：

「美極了哪！」

「真是絕景呀！」

十二點，我步履輕快地走進一家餐館。餐館清理得一塵不染，牆上掛著菜單。我扯高嗓門，吼了五分鐘，卻沒有人搭理。最後，我悻悻然地買些蘋果和啤酒充飢，坐在沙灘上，隔著成山的粉紅色清潔劑塑膠瓶，遙望栗島的灰綠色山巒。我真希望能有日本人視若無睹的天賦。

遠處點點藍窪在下午變成湖面。傍晚，陽光轉弱，返照在松林間，襯映著一片斑斕。山丘逐漸降為平原，沿絕壁而下的公路轉了最後一個彎，前面就是村上和鄰近的溫泉飯店區，再過去是長而平坦的新潟平原，遠處的新潟市則躲藏在暗棕色的暮靄後方。

我拖著沉重的步伐，經過牛排屋、披薩屋和花園烤肉餐館，抵達靠近村上車站的旅館。旅館的老爹高大威嚴，領我到二樓的房間。房內唯一的裝飾畫是光頭的裕仁天皇[8]下詔戰時內閣向美國投降的場景。

我泡過湯，吃完晚飯後，跟老爹一起坐在會客廳裡看電視劇。他突然注意到片尾字幕。

「什麼是direkutaa？」他一頭霧水地問我。

「那是外來語，英文的director（導演），」我解釋，「日文是監督（kantoku）。」

「那為什麼不就用監督呢？這是個日本節目呀。」

隨後播放新聞。

「什麼是kyampeen？」

「那又是英文的外來語，campaign，運動（undo）的意思。」

「konsensasu又是什麼意思？」

「consensus（共識），合意（goi）的意思。」

老爹深深嘆了口氣，搖搖頭。

「搞到這種地步哪，」他喃喃抱怨，「現在變成老外才看得懂日本節目。」

整晚，天皇低頭瞪著他的軍帽。翌晨，老爹給我兩顆桃子，老闆娘給我一小袋用竹葉包的飯糰。

「四年前也有一位老外來住過呢，」她告訴我，「真是麻煩哪！他不會說日文。」

「電視台應該找他去演戲才對，」老爹嗤之以鼻地加上一句，撇撇嘴，心情不太好。

夏風吹拂著村上外圍的松林，枝葉婆娑起舞，翻起如白浪般的波濤。林裡傳來三味線的淒涼旋律，琴音尖銳，急促流暢，蓋過枝葉的沙沙聲響。沿著海岸通到村松濱

---

8 Emperor Hirohito，年號昭和，一九〇一至一九八九年，在位期間一九二六至一九八九年，為歷代天皇統治期最久者，曾發表人間宣言，放棄天皇之神格地位。

（Muramatsuhama）海水浴場的二十九公里路上，只聞得到松林的芳香。透過右邊的松林，望見早晨陽光照射在海面上，湛藍耀眼，浪花滔滔。左邊遠處是雪國山形縣群峰，以及越後山山脈。我在一塊小墓地稍歇，墓碑長滿苔蘚，掩蓋在樹叢間。我才吃完桃子，一位農婦跑上前來，用圍裙盛著七個番茄。她在附近的果田裡幹活。

「我吃不了七個。」

她笑笑，沒作聲就走了。我將五個番茄留在一座墓前。

燕子在雜貨店屋簷下築巢，兩隻雛燕呱呱啼叫，母鳥嘴上叼著蟲兒，飛進飛出地餵食，公鳥端坐在燈罩上鳴囀。我問開雜貨店的老婆婆，村松濱有沒有民宿。

「喔，很多呀。」她回道。

事實上，這裡一家也沒有，更糟糕的是，我有一片腳趾甲剝落了。

天色開始轉暗。唯一有希望的地方是一家汽車餐館，但卻沒有開。我看著夕陽斜照的海面轉為檸檬色，衡量再繼續行於空盪的路是否明智。一輛車停下來。穿著達拉斯牛仔T恤的年輕人探出窗外問我，「要去哪？」

「新潟。」

他沉默了良久，我看得出來，他正腸枯思竭地回憶英文文法，於是我從他車前走過，點點頭友善地說，「沒問題。可以說日文……」

年輕人好像沒聽進去，死瞪著方向盤，咬咬舌頭和下唇。最後，他吼了一聲，「上車。」

「不，」我用日文說，「你瞧，我在做徒步旅行。我不想搭便車。但如果你能告訴我，附近有沒有旅館或民宿的話，我會感激不盡。」

年輕人用眼角餘光偷瞥我，噓噓出聲，手指頭在方向盤上輕敲著。

「果然（Yappari）。」他低語。

「我猜你不住在附近。」我機伶地說。

他的女友原本躺在後座，聽到談話聲，從蓋著的圍巾探出頭來，揉揉眼睛，睡眼惺忪。年輕人手腳敏捷地下車，繞到我站的路邊。

「新潟……新潟……」他訥訥開口，說不出英文，「toi（遠）……toi……」

他開始踱步，手肘上下用力搖擺，左腳右腳交替著重重踏步，大口喘氣，彷彿默劇表演。

「新潟……toi。Go with car（坐車）。」

「真的很謝謝你，」我說，仍是用日文，「但我無法接受你的好意。你好像是走另一個方向。我想請問的是……」

他仍在踱步。「新潟……toi……toi……toi……」

他的女友搖下後車窗說：「喂……」

「什麼？」

「他好像在說日文耶。」

「別蠢了！」

他還在踏步。「Go……with……car……Go……with……car……」

莫可奈何之下，我只能說再見。我邁著大步離開時，聽到車門砰然關上，用力之猛，門鏈恐怕撞壞了。

一道道淡橘色光芒劃過蒼穹，寂靜的氣氛相當宜人，我漫步走向海灘。三個高中男生正用彈簧刀在女性更衣室牆上挖洞。

「哈囉，」我問，「你們是當地人嗎？」

他們停下來，吃吃地笑。

「請問這裡有沒有民宿？」

又是一陣竊笑。最高的男孩聳了聳肩。

「或者旅館？」

最高個的傢伙說：「不知道。」接著大笑。他們繼續埋頭挖洞。

夕陽掩映在雲層後方，襯照著一片金黃。沿岸道路遠處，新潟港的紅和白色高壓電塔清晰可辨。它仍在一天的腳程之外，三十八公里遠處。我可以轉進通往內陸的第七號公路，在沿途小鎮尋找住處。但眼前閃爍不定的傍晚海面和柔軟乾燥的沙灘，卻更為吸引我。沙灘上有一座鐵皮屋頂棚子和一座稻草屋頂棚子。我選定稻草棚，放下背包，鋪好墊子和睡袋，靜坐欣賞落日餘暉逐漸淡去，遙遠的城市裡點起萬家燈火。高中男生離開後，海灘空無一人。兩三艘老舊漁船泊在岸邊，魚網曬在竹竿上。萬籟俱寂，兀立的魚網、船隻和棚子顯得虛虛緲緲。月亮升起，月光皎皎，繁星點點，此地散發出遺世孤立的氣氛。空氣凝止無風，海浪拍岸聲微弱飄緲。在夏季星空下，我默默爬進睡袋。這是旅行以來，我第二次睡在曠野。

命運乖舛。月亮和星星照亮的天空下起大雨。我無法相信我竟然這麼倒楣。稻草屋頂根本擋不住雨水。我迅速爬出睡袋，連聲怒斥日本傳統建築哲學，雙臂挾著濕透的衣物和寢具，一股腦跑進鐵皮屋頂棚子。總共來回三趟才將家當搬完。當我將最後一批東西丟到乾沙地上時，雨竟驀然停止。棚內陰暗，三、四個香菸火苗突然熄掉，我還沒回過神來，無名氏便悄然離去。

墊子沾滿沙塵，只好跟魚網曬在一起，我換上乾襯衫，鑽回濕答答的睡袋裡。將近九點，積水從鐵皮屋頂淅瀝落下，輕風拂來。九點時，離我睡覺處十碼遠，一支喇叭開始播放舞曲。兩戶人家來到月光遍灑的海灘，孩子們一邊大吵大叫，一邊燃放煙火，玩了一個小時。舞曲則播放到近十一點。十二點，三位年輕摩托車騎士轟隆隆駛過潮濕沙灘，引擎聲揚到最高點，扯開嗓門相互叫囂。他們在沙灘上來回馳騁了二十分鐘，離我腳丫只有三碼遠。零時二十分，其中最藝高膽大的騎士決定要直衝過我的棚子。我慌忙站起身，發出淒厲的尖叫，對著他的頭燈瘋狂揮舞雙臂。我想，新潟醫院的醫生們應該感謝我，否則他們都得半夜起床趕去驗屍。

「抱歉。」摩托車騎士呼嘯離去時叫著。

五點半，我悠悠醒轉。曙光初現，海灘上和棚子內靜立著漁夫們黝暗的背影，各自幹自己的活。今天是禮拜天。我跑到海裡游了十分鐘，海水冰冷，渾身不舒服。漁夫們錯愕的臉孔直瞅著我。我暗忖，我若不盡速離開此地，精神科醫生大概仍難逃要值早班的厄運。

八點，我在一家雜貨店喝了一公升的牛奶權充早餐。棒球隊在街道上來回操練。三個胖女孩躲在電線杆後，對我頻送秋波。

從山形縣邊界走來的八十多公里路，大都是鄉間小徑，而這條安靜祥和的沿海道路不久就會與公路相接。正午，我走到沙灘僻徑的盡頭，轉進黑濛濛的七號公路，柴油煙霧瀰漫，喇叭聲喧囂不斷，無頭青蛙的死屍四布。日本Lesthouse（小型連鎖餐廳）的招牌以羅馬字拼音招攬顧客。我入內頹然而坐，看到一個男人在吸草莓奶昔，白襯衫上繡著「魔法時刻美容院」。他女友的襯衫則繡著「聯絡帕克」[9]，手提袋上的史努比問道：「你的人生是否處處不盡人意」？好像在描寫我當下的心境。我在「我的快樂拉麵竹野店」用過午餐後，中途很想繞進一家叫Chur Chill[10]的蘇格蘭酒館，然後經過一家醫學專門書店，裡面最顯眼的書是《花花公子》和Erotopia（色情烏托邦）雜誌。店裡，三位初中女學生興趣盎然地盯著一排厚厚的月刊，還翻閱一本叫Fuck（幹）的指導手冊。

三點半，我越過橫跨阿賀野川（Agano River）的大橋，河面寬廣，隨即走進新潟這個大港市[11]。

下水道的臭味撲鼻而來，一片棕灰色高樓大廈遮蓋天際，我得屏氣前行。投幣買了啤酒後，自動販賣機跟我說謝謝。我走進一家店裡買桃子，老闆對我的大腳丫嘖嘖稱奇。越過鐵軌後，富貴飯店（Hotel Rich）大量噴灑的除臭劑味道隨風飄來，驅走了下水道臭味。

車站附近有一條街，沿街充斥便宜旅館，我在街衢上上下下，難以下定決心。一位老頭穿著白色背心，站到街口，喚我進去。

「進來。進來呀。我的旅館很好。」

他領著我，我腳還沒踏進玄關，兩位穿花朵圖案洋裝的姊妹急忙跑了過來。

「爸！你在幹嘛？爸！是個老外哪！」

老頭從褲子後面的口袋取出眼鏡，戴上後，仔細打量了我好一會兒。

---

9 Contact Puck，Puck是莎士比亞《仲夏夜之夢》劇中的精靈角色。

10 應是仿擬Churchill，邱吉爾，一八七四至一九六五年，曾任英國首相。

11 新潟市靠日本海，為日俄間重要交通樞紐。

「沒關係，」他說，「他不會想在館裡用餐。跟他說只有魚就好了。」

「爸！」

「他可以去有刀叉的餐廳吃飯。」

「萬一他要自己的淋浴設備……」

「或是咖啡……」

「或是床……」

我將背包丟在玄關木板上，在階梯坐下，疲憊地閉上雙眼。

「今天真夠受了。」我一字一字地說。

「啊啦！老天。」姊姊驚呼，變得侷促不安。

我脫下靴子，兩堆沙流到混凝土地板上。我頭髮裡全是沙，襯衫上有兩個破洞。

「我想你應該想到……」

「我想在這裡用餐。」我說。

老頭原本想說些什麼，但被妹妹拉住臂膀，拖到隔壁房間。

「我有點累。」我又說。

我的襪子濕透了，玄關裡聞得到我的腳臭。

「晚餐供魚……」

「沒問題，我知道。我是真的有點累。」

姊姊拿起我的背包，一語不發。

我站起身，感覺全身僵硬，跟著她上樓。

地震和嘉年華

一則古老日本諺語指出，世間有四項恐怖至極的事物：地震、雷電、火災和父親。民間傳說裡，長角的惡魔在雲層間鳴鼓成雷，鬼鬼祟祟地下來偷孩童的肚臍。現在，雷不過是種放電現象，失去其令人畏懼之威；就像以往是龍穴的湖，如今也被數據化，資料存檔於電腦中一般。祝融仍是凶神惡煞。儘管目前都市建築大都是鋼筋水泥，郊區和村落的建材仍大半是木材。更有甚者，由於郊外社區擁擠，木材建築挨挨擠擠，星星之火便可燎原。許多例子顯示，郊區窄巷曲折逶迤，消防車無法及時趕至火場，導致悲劇一再發生。父親自然也隨著時間而有所改變。現代東京的父親們每早花兩小時，站在幾無立錐之地的電車中通勤上班，在辦公室裡如無頭蒼蠅般忙九個小時，然後花三小時猛灌威士忌加水，聽著公關小姐吹捧他們是真正的男人，最後再擠兩小時電車回家：連望之令人生畏都不可言之。但地震仍是讓人聞之喪膽，古今未變。

一九六四年六月十六日，新潟市北方六十公里處的栗島附近發生芮氏規模七點五的海底地震。地震直接造成二十六人死亡，將近兩千棟房舍全毀。但顯著的證據顯示，地震真正的危險在於其後所引發的自然災害，波及地區更廣。

新潟大地震的第一個天災是大海嘯。浪高五公尺的海嘯直逼城市而來，淹沒一萬零五百棟房舍，沿海數十個小鎮也遭受池魚之殃。第二個天災是新潟市內的信濃川（Shinano River）水位暴漲（新潟市內的兩大川是阿賀野川和信濃川）。三百年來，填海造陸的河岸沙地不耐強震，地下水紛紛湧出地表，五分之一的市內鋼筋水泥建築全倒。諷刺的是，較輕的木材建築反而只是隨著河水漂浮，稍稍移位而已。第三個天災是一場大火；煉油廠原油經過翻攪，被靜電引燃而產生大火，燒毀九十七座油槽、公司宿舍和商家、鄰近的二百九十棟房舍。火勢延燒了兩個禮拜。

新潟大地震最嚴肅的教訓可能是人類「進步」的弔詭。橫跨信濃川的萬代橋（Bandai Bridge）竣工於一九二九年，被視為粗製濫造。專家認為，橋的混凝石樁在柔軟砂質的河床中顯得過重，呆板沉重的結構恐怕不堪一擊。反之，在地震前十五天才通橋的啟蒙和平大橋，本身有防震設計，整齊纖細的鋼鐵管樁插入河底，能承受劇烈搖晃。但地震時，萬代橋逃過一劫，毫無損傷；啟蒙和平大橋反而轟然塌下。

信濃川東岸新建築林立，餐館、伊勢丹百貨、廣場、弁天通商店街和購物中心形成萬代城（Bandai City）鬧區。但越過萬代橋，漫步於西岸街衢內時，沿街是狹窄店面、（在地震中漂浮過的）兩層老舊房舍、寺廟和掛著紅燈籠的居酒屋。新潟嘉年華就是在這片下町老街迷宮中舉行，熱鬧喧囂。

就像新潟一樣，嘉年華融合了新與舊，五花八門。穿著紅色騎兵裝的美式樂隊大搖大擺走在前頭，隨後，裝載著好幾桶清酒的台車、各式花車和御輿緩緩行過窄巷。協調人員走在花車旁，身著淡藍和黃色和服，右手拿紙扇維持花車的秩序，左手是一支無線對講機，用來聯絡彼此。街角站崗的警察吹著哨子，揮舞手臂，代替紅綠燈，間或攔阻嘉年華遊行隊伍的行進，讓車輛通過。車輛駕駛被搞得頭昏腦脹，不知該聽從哨子、手臂、交通號誌或紙扇的指揮。巴士、卡車和花車最後塞成一團，現場活像自然天災後的景觀。

今天是旅程第五十五天。人行道上人潮擁擠，萬頭攢動，根本不可能殺出一條路來。市民一大清早就在道路兩旁鋪好塑膠布占位子。但遊行隊伍經過時，坐在地面反而被排排的長腿擋住視線，市民只好起身，同站在人行道看台上的人們一起引頸觀望。愛拍照的人則鑽進鑽出，在隊伍中飛快地穿梭，頭上挨紙扇猛敲了幾下，警察見狀嗶嗶嗶吹起哨子。車龍壅閼，火氣大的計程車司機吼了起來，巴士喇叭聲叭叭直響，一片吵雜混亂中，聽不見數十只太鼓齊奏的鼕鼕鼓聲。

新潟小姐坐在一台花車上，容貌秀麗，一身粉紅色長洋裝，戴著皇冠端坐在寶位上，巧笑倩兮，不斷向觀眾揮手。攝影師爬到花車上替她拍照，警察對她猛吹哨子，計程車司機竊竊私語，年輕男人興奮地對著她鬼叫，穢聲穢語。但她不為所動。我想，現在即使發生地震、街道大火，或她的父親悄悄跑上來偷她的肚臍，她仍會帶著那副平靜的笑容。她的花車在路上塞了三十分鐘之久，這期間，沒看到她板起臉。

傍晚，街道又恢復以往的寧靜。現在已是八月下旬，各地的夏季祭典也接近尾聲。太鼓和燈籠逐漸失去蹤跡，山區村莊等著收割稻穀。農夫回到田裡幹活，上班族返回都市，新潟小姐也回到父親身邊，亡魂再度沉睡。

新潟嘉年華以煙火收場。我在萬代橋下欣賞絢爛的表演。沒有鼓聲、哨笛聲和喇叭聲；只有煙火在河上高處綻放，劈哩啪啦，夾雜著孩童們的驚叫聲。

「你看！是星星耶！」

「你看！是太陽喔！」

鮮豔奪目的色彩點亮夜空，如霪雨般涓涓流瀉，消失在橋下的黝黯河水中。星星和太陽鮮綠金黃，最後，一棵燦爛的柳樹為此夜劃下句點。

第五章　裡日本

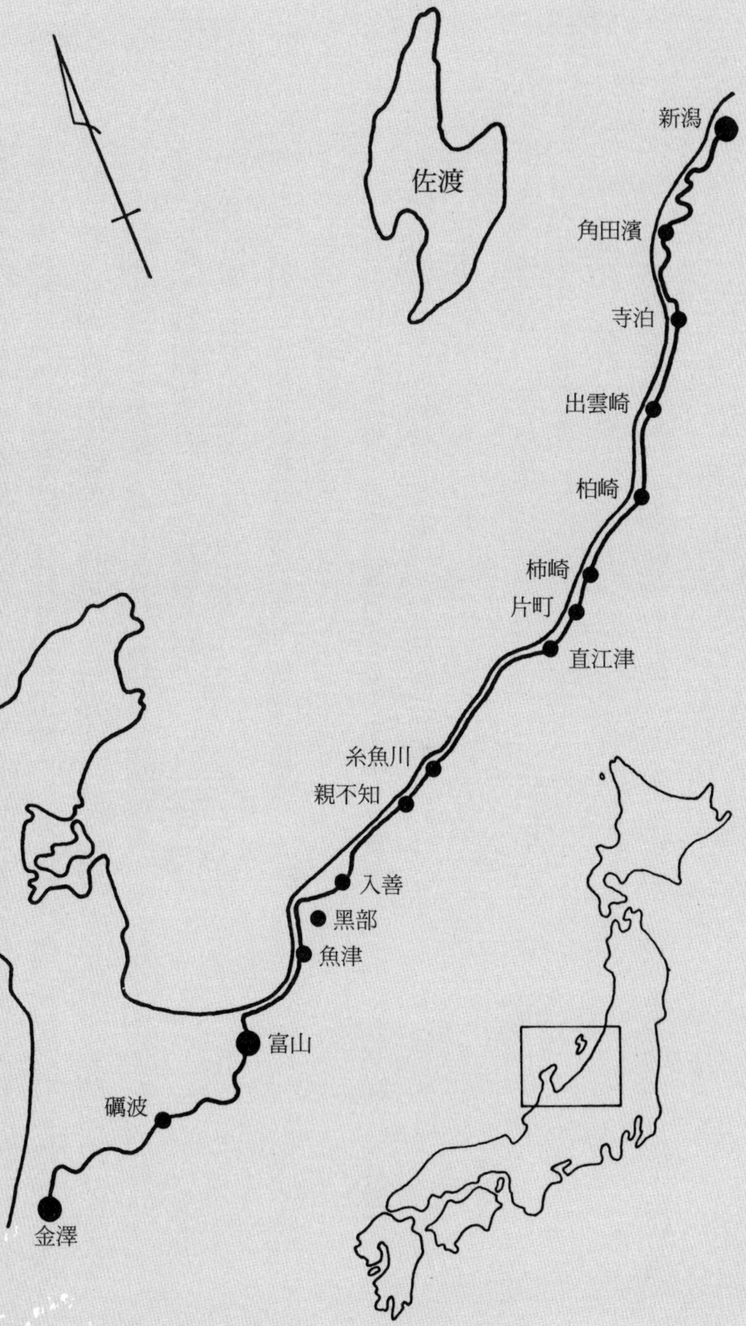
佐渡
新潟
角田濱
寺泊
出雲崎
柏崎
柿崎
片町
直江津
糸魚川
親不知
入善
黑部
魚津
富山
礪波
金澤

從新潟市到海邊有一段沙丘，村民在此種植西瓜。此地不見土壤，村民將細沙地挖溝，任由暗色西瓜腐爛，強風襲來時，西瓜滾來滾去。狂風捲起細沙，在空中形成滾滾塵團飛舞，細沙吹入我的眼睛，陣陣刺痛，我只得在荒蕪的小徑旁彎腰蹣跚前行，並用毛巾擦拭飛沙。貫穿沙丘的小徑陡然形成岔路，總共走到死路三次，前方都被鐵絲網圍住去路。地圖上阡陌交錯的小徑似乎並不存在。我循著遠方火車的笛聲踽踽前行。下午三四點走出沙丘，來到一條柏油路，路旁一座旅館看來荒置良久。早報仍靜躺在玄關處，疾風拍打在門上。我使勁拉開大門。

「哈囉。有人在嗎……？」

死寂一片。廚房沒傳來慣常會有的碗盤喀噹聲。

「哈囉……打攪了……」

旅館外也悄然無聲，沉睡彷彿隨著夏末來臨。我對著安靜的走廊高喊了兩分鐘，一位矮小肥胖的女人終於拉開廳門，靠站在門柱旁氣喘吁吁。

「我想住……」

她搖搖頭。

「……如果有空房的話。」

「抱歉，我們客滿了。」

她彎下腰撿起早報。整棟靜謐的旅館內，只聽得到會客廳裡掛鐘的滴答聲。她將報紙折起來，瞥瞥我。

「客滿了哪。」

「好。請問還有別的旅館嗎？」

「角田濱（Kakudahama）那兒有。」

「離這多遠？」

「十……十五分鐘腳程吧。」

我悄悄拉上大門，以免打擾到老闆，邁步走過沉寂的村莊。我找不到地圖上的筆直道路，眼前只有蜿蜒在沙丘間的荒涼曲徑。我目測與遙遠海洋的相對距離。角田濱海水浴場在八公里之外。我回頭繞道荒廢的沙田，犁好的溝渠裡點綴著旅館的廣告招牌，走了一個半小時後終於抵達角田濱。

沿岸民宿約有二十到三十家，以三夾板搭蓋而成，只有三家發出幽幽燈光。夕陽於民宿後方西沉，兀立的房舍像一箱箱盒子。一家民宿的會客廳大而空曠，夏天時想必擠滿泳客，但現在只有一對老夫婦盤腿坐在那吃晚飯，蒼蠅滿天飛舞。會客廳角落是紀念品攤，布滿灰塵，孩子的風車玩具隨著微風時轉時停。一陣凜風忽焉而至，吹起掛在門口的草席，我小心翼翼地拉開大門。

「好，你當然可以住一晚。但我們只有今早在河裡抓到的鱒魚。是很棒的鱒魚哪，可以配從佐渡來的烏賊喲。你吃得慣吧？我會幫你煮，還有一些米飯和茶。要喝啤酒或是清酒隨你挑。咱們夫婦倆自力更生，民宿就我們兩人料理一切哪。我先生重聽。後天有兩位客人要從東京來，我們都登記好了呢。他們只住一晚，之後，我們就要關店了。大部分的民宿都已經關店了，老闆、老闆娘們回村裡過冬。村子在前方海岸，挺小的哪。老傢伙們冬天不幹活，只坐著喝茶，看年輕人捕魚。我們這禮拜六就要關店，你來得真巧。我會幫你煮鱒魚。今年夏天很短，不是嗎？」

涼風止歇，我打開面向海洋的窗戶，在殘夏暑氣中入睡。半夜突然醒轉，發現蚊香點完了，被叮得滿身包。

流放生涯

翌晨是八月二十四日，洗完澡游過泳後，我沿著海邊公路徐徐前行。旅遊指南說，這條收費公路經過佐渡—七浦（Yahiko）準國家公園。於公路高處俯覽海灘，下面是一片灰茫荒涼，沒有任何遊客蹤跡。沿著小海灣是成排簡陋的三夾板房舍，以防風板封住，停止營業。天氣晴朗，但見遠處佐渡島的金北山（Mt. Kimpoku）山峰為淡黃色雲層所覆蓋。吹拂在松林間的八月涼風，帶著淡淡松香，往上飄散於低矮山丘。一輛車停在我前頭，滿面怒容的男人下車，試圖在亂七八糟的後座裡為我清出一個位子。

「不用麻煩了，」我對著他叫道，「我情願走路。」

他看我的眼神彷彿當我是瘋子。誰會在以景色優美聞名的公路上散步呢？午餐時間，背著娃娃的母親們騎著速克達去接兒子女兒們放學回家。

「媽咪，老外怎麼會到這裡來呢？」

「來學習日本文化喲。」

在寺泊（Teradomari）鎮郊外，兩隻黑白相間的小貓坐在路旁，全身發抖，腹部腫脹，對著車輛發出可憐兮兮的喵喵聲。沿途經過廢車場，之後是明亮寬敞的汽車展示室。接近小鎮鬧區，有一排公寓叫做「殖民地新瀉」；那兩隻垂死的貓兒可能就是被這裡的人棄養。房客坐在陽台上喝橘子汁，看著一家漁民試著將沉重的老船拖過灰塵濛濛的大街。船隻一路搖擺晃動，嘎軋嘎軋作響，年輕男人們拉著鏈條，嘴裡咒罵連連。女人們將壓在船尾的圓木搬出，匆匆跑到船頭下鋪放，試著滾動圓木。老人們則用棍棒敲打圓木。公寓房客嘻嘻哈哈，觀賞這場土包子運船劇，手裡調著收音機頻道。

抵達山形縣的日本海岸地帶後，某件事恆常縈繞腦海；長久以來，此地偏僻陰鬱，被蔑稱為「裡日本」[1]。事實上，由於此詞的貶義過重，NHK（日本放送協會）禁止使用它。

嚴格來講，從新潟縣到福井（Fukui）縣的西岸地帶仍屬於日本中部地域。但中部

1 包括新潟、富山、石川和福井四縣。

幅員遼闊，地理位置也包括一段太平洋沿岸的工業地帶。日本太平洋東岸人口稠密，商業重鎮多不勝數，為全國空氣品質低落、危害健康最劇、發展過剩的地區。有名的「子彈列車」，新幹線便提供了飽受污染的一瞥；只要從東京坐車到博多（Hakata），沿途連綿不絕的灰色油槽、船塢，工廠排出的廢氣讓富士山蒙上一層塵靄，瀨戶內海朦朧不清，就可知我所言不虛。城市發展過大過快，相互交疊，使得東京和川崎（Kawasaki）、川崎和橫濱（兩市都位於東京西南部）、大阪和神戶之間，界線難以劃分。

相較之下，日本海西岸堪稱落後地區。雖然此地也有工業中心零星散布：新潟市是最大的工業都市之一，我再過幾天會經過的直江津（Naoetsu）鋼鐵及化學肥料工業興盛。但它們和太平洋都市的骯髒程度比起來，不過爾爾。裡日本這名稱的由來，不但指其陰沉僻遠的一面，也暗貶此地現代化的遲緩。

最終還是要歸咎於它的地理位置；日本海沿岸從未有過主要道路。京都朝廷和掌握實權的鎌倉（Kamakura）以及後來的江戶幕府之間，存在著一條沿太平洋海岸的東海道[2]。這條古道歷史悠久，人們經此運送貨物，作家和畫家從此尋得靈感，冒險家在此出沒。八百年之間，東海道繫日本文明於不墜之地。日本海沿岸被本州中部的崇山峻嶺阻隔，形成自我封閉的世界。這些山脈被一位德國傳教士命名為日本阿爾卑斯山脈[3]。而這片窮鄉僻壤和尚未開化的裡日本便成為古代流放之所。日本最大的小島佐渡，從十二世紀開始便是放逐之地；崎嶇海岸和朦朧山谷是日本歷史中，許多失寵或失勢人物的樊籠。

文覺上人（Mongaku，俗名遠藤盛遠）就是一例；他類似十二世紀的日本拉斯普丁（Rasputin）。武士遠藤暗慕表妹袈裟，原計畫暗殺其夫源渡，卻誤殺了心上人。他為此剃髮出家為僧。後來，投靠將軍源賴朝（Yoritomo），助他剷除宮中異己。源賴朝最後得勢，遠藤亦風光一時。多年後，遠藤密謀推翻後鳥羽（Goroba）天皇。一一九一年，源賴朝過世，頓失羽翼的遠藤立即被流配到佐渡，在此鬱鬱終其餘生[4]。

另一位僧侶是日蓮聖人，此人堪稱為十三世紀的佩斯利（Ian Paisley）。日蓮主張政教合一，宣稱只有日蓮宗能解救幕府。他斥其他佛教宗派為異端，認為鎌倉幕府斬殺元世祖忽必烈的來使過於愚蠢，不如將其他宗派僧侶一一斬除。因其學說激進而得罪幕府，日蓮於一二七一年被流放到佐渡，之後的兩年囚於一間泥土屋，鬱鬱寡歡，為慢性痢疾所苦[5]。

2 Tokaido，由大阪經京都到江戶的古道，全長三百零三哩。

3 the Japan Alps，由飛驒山脈、木曾山脈和赤石山脈組成。

4 遠藤盛遠，生卒年不詳。拉斯普丁，一八七二至一九一六年，俄國沙皇尼古拉二世之寵臣，曾於政壇呼風喚雨，最後遭暗殺。源賴朝，一一四七至一一九九年，創立鎌倉幕府，將政權從天皇手中，轉移至武士階級。後鳥羽天皇，一一八〇至一二三九年。

5 日蓮，一二二二至一二八二年，日蓮宗開山祖師。佩斯利，一九二六年生，北愛爾蘭新教政治領袖，主張統一。另，日本曾兩度斬殺忽必烈的召降來使。

最高階層的流放者為順德（Juntoku）上皇。順德策畫討伐鎌倉幕府，親自領軍，最後敗於幕府旗下，一二二一年被充軍至佐渡。他在此度過二十年的囚牢歲月，最後死於絕食。六百五十年後，才恢復天皇稱號[6]。

能劇（Noh）的創始者世阿彌（Zeami Motokiyo），晚景淒涼，人生的最後八年在佐渡島度過[7]。

後醍醐（Godaigo）天皇在位期間，朝臣日野資朝（Hino Suketomo）領軍討幕失敗，於一三二四年流配至佐渡，幽閉七年後，遭地方官斬首[8]。

晚至十九世紀中葉，仍有囚犯被充軍至佐渡，以挖掘島上的金礦。

午後，寺泊海灘烏雲密布；這裡是流放者航向佐渡的港口。我獨坐在沙灘上，遙望島上灰鬱的山巒，憶起我往昔旅行所見的草原、巖穴和五月金北山的皚皚白雪。觸景生情，我也想到我在東京的七年放逐生涯。

啊，朝著佐渡
樹草彎曲。
啊呀啊呀啥。

出雲崎（Izumosaki）附近，一個駝背老婆婆正在使勁擦洗路邊一座塵埃滿布的神社，並點上蠟燭。村莊房舍遭到鹽分長期侵蝕，老舊不堪，褪成灰棕色澤。灰色竹欄杵立在海洋與房舍之間，竹欄頂端磨損嚴重。房舍飽受風吹日曬，修理草率，看來彷彿只是入侵敵軍的臨時軍營。海灘到處是污油和垃圾，海水捲起大浪，拍擊在高高的石牆上。豪雨驟下，我頂著雨勢入海游泳，被破威士忌酒瓶割破腳丫。

出雲崎商店在窗口陳售四或五隻烤魚，上面沾著蠅屎。往柏崎（Kashiwazaki）的海岸上，一個瓦斯爐漂浮在海面，天空下著綿綿細雨。行至一個小村莊，一棟日本飯店（Hotel Japan）矗立在海灘上，顯得相當突兀。三個年輕女孩在破爛的遮陽傘下戲水。

「你在打工（arubaito）嗎？」一位推著手推車的婦人問道，露出禿禿的牙齦。（Arubaito是從德文來的外來語，Arbeit原意是工作，日文轉借後，變成兼差打工）。狂風挾帶雨勢沛然而下，我坐在啤酒箱上，頭上是雜貨店的遮雨篷。

「我不是在打工，我在休息。」

女人停下腳步。跟在她身後的三隻狗搖搖擺擺地往前，嗅嗅垃圾桶，抬頭猛吠。

6 順德上皇，一一九七至一二四二年，這段策反幕府的歷史，史稱承久之亂。

7 能是日本最古老的戲劇形式，源於猿樂，演員全是男性。世阿彌，一三六四至一四四三年，所著之《花傳書》集能樂藝術之大成，一四三四年被流放至佐渡。

8 日野資朝，一二九〇至一三三二年，為後醍醐天皇之心腹。後醍醐天皇，一二八八至一三三九年，曾征討幕府兩次，均告失敗，最後被流放到隱岐島。

「你的標準語說得很好哪。在哪學的？」
「我住在東京。」
「啊！」
女人拂掉頭巾裡的蒼蠅。
「我是東京人哪。住東陽町（Toyo-cho）一帶。你大概不曉得那地方吧？」
「我曉得呀。我有朋友在那開棉被店。我們常去淺草的酒吧喝酒。」
女人嘴巴大張，我差點以為她是想抓蒼蠅。
「嘛！淺草！真叫人懷念呀！有十七年了吧，沒聽到人提起淺草。我在這住十七年了。十七年又四個月囉。淺草啊！你看過三社祭[9]嗎？」
「三天都去看。」
「嘛！真叫人懷念呀！隅田川（Sumida River）的隅田川神社例大祭[10]！還有消防人員的古代舞蹈[11]！」
她將頭巾往後拉，對我咧嘴一笑，高興中夾雜著一絲哀傷。
「我先生是柏崎人。」
「妳從沒回過東京？」
「一次也沒有哪。」
她神情茫然。一隻狗兒想從我坐的箱子下扯出臘腸皮。我摸摸牠。

「淺草啊……」

「讓人著迷吧？」

她點點頭，心不在焉。

「讓人著迷哪。」她直盯著海洋。「喔，我喜歡淺草。柏崎也不差啦……」

她把狗兒叫回去，舉起手推車車杆，又對我淺淺一笑。

「是呀……是呀……淺草呀……」

流放者推著手推車，帶著狗兒離去。

米山（Mt. Yoneyama）挺立在柏崎市上方，一層薄翳將它攔腰截斷。佐渡消失在雨雲後端，城市的裊裊煙柱冉冉升起，與陰暗烏雲混成一片。一個畫家獨自在海灘寫生，畫布上素描著烏雲、棕灰塵煙、淡灰色霧靄和粉灰色建築。抵達柏崎時，穿西裝的上班族將房車停在馬路兩旁呼呼大睡。人行道上有遮雪棚。八月下旬的陰暗午後，店家點亮屋頂下的霓虹燈，照亮展示櫥窗：一排石頭紀念碑、掛在架上的和服、六百日圓的香爐，以及一千日圓的灣市搖滾合唱團照片。

9 the Sanja Festival，於五月的第三個禮拜天開始，共舉行三天，為淺草神社大祭。

10 六月第二個禮拜六和日舉行。

11 東京消防廳出初式，消防隊在一月六日舉行的祭典，有傳統江戶時代消防隊特技表演。

我在下町巷衢內尋找幽靜的旅館。第一家旅館門前正在修馬路，我在第二家旅館訂了房，才赫然發現屋後就是鋸木場。

我在小會客廳裡用晚餐。老闆娘全身肌肉鬆垮垮，一直找我說話。另一位中年住客，偶爾跟她說一兩句話，要不就自言自語，對我則視若無睹。

「佐渡以前的金礦在哪裡？」他疑惑地問。

「我不知道，」老闆娘回答，「我沒去過佐渡哪。」

「可能，」他仔細思考後說，「是在小木（Ogi）一帶吧。」

「金礦在相川（Aikawa）附近[12]。」我插嘴道。

「小木，」他堅持，「是在小木附近。」然後又對著老爺鐘說了一次。

「上個月一對美國夫婦來住過，」等中年上班族走後，老闆娘偷偷跟我說（難怪洗手間裡的拖鞋用兩呎長的繩子綁在一起）。「他們人是很好，但一句日文也不會說哪。他們去了佐渡喲，連我都還沒去過呢。」

「妳是柏崎人嗎？」

「我在這房子裡出生的。」

「妳一輩子都待在這裡？」

「要不然怎麼辦？」老闆娘站起身，開始收拾托盤。「要是能選擇，誰會待在這種鬼地方哪？」

清晨六點，鋸木場的噪音吵醒我。我整晚開窗睡覺，濕氣凝重，衣服冷冰冰。這個夏天的確很短。

尋歡作樂

公路順地勢往上，朝米山道（Yoneyama Pass）的數座橋延伸而去。下方遠處是鯨波（Kujiranami）海灘。一對新婚夫婦慢慢涉水進入海中，相互潑水戲耍，然後各自走回巖岸邊。天空中雲層厚重，卻悶熱難耐。山麓地帶呈扇形，向海岸開展。走在山麓之間的上坡路，不到十五分鐘，便揮汗如雨。隨後經過兩座頗長的吊橋。風將橋身吹得搖擺晃蕩，卡車咆哮駛過，更加顫抖不止。

烏雲籠罩米山
將有傾盆大雨：
雨聲澌澌，閃電劈啪，
霹靂雷聲在耳中低沉迴響。

12　一六〇一年於相川附近發現金礦。

烏雲往佐渡緩緩飄去，只聽到卡車轟隆的聲響。沿著公路，成排的簡陋木屋外掛著新鮮螃蟹的招牌，但全都停止營業。我趕過一個流浪漢；他看起來像是要往南去過冬，雙臂各挾著用軍毯包裹的行李，提著一支破爛的雨傘，蒼老的面容曬得黧黑，頭髮和鬍鬚短而深灰。我向他道聲早安，他自顧自地望著前方，等我超前數碼遠後，才啐了口痰。

直到二十世紀，這條沿海道路仍可見瞽女（goze）出沒。瞽女是彈三味線的盲女藝人，於越後（Echigo，新潟的舊稱）的村莊間四處流浪，以在婚禮和祭典上彈奏樂曲為生。雖然傳統上，三味線的盲琴師男女都有，但這些琴師都是女性，大部分隸屬於一個階級嚴格的協會，將她們組織成獨立的小樂團。有些年輕瞽女不滿收入微薄，趁節慶時期偷偷賣身多賺盤纏，但若東窗事發，立即會被協會驅逐。這時她們便被迫獨自於裡日本徘徊流浪，靠演藝本事換得食宿[13]。

半路，我坐在海堤上喝啤酒。流浪漢從我身邊趕過，仍逕自盯著前方。他半小時後才走出我的視線。我抵達柿崎（Kakizaki）時，他已不見蹤跡。

在柿崎一條沙塵撲撲的街道，三隻舞獅正在搖頭晃腦[14]。獅子面具漆成紅白相間，稻草獅鬃，嘴巴忽張忽閉，獅身布幔色彩豔麗。舞獅的人雙手高舉沉重的面具，穿球鞋的雙腳於地面旋轉，踢起沙礫。兩位僧侶在旁吹著橫笛。第三位僧侶則敲擊著綁在手推車上的太鼓。一行人朝神社前的巷弄走去，後面跟著六、七個畏畏怯怯的小孩。一隻舞獅注意到我，從張開的嘴部，看見他在咯咯偷笑。

我停在雜貨店喝啤酒。老闆的小兒子驕傲地將玩具現給我看；雙臂是飛彈的機器人、鮮紅的保時捷和黑猩猩填充玩偶。

「喔，機器人做什麼呢？」

「開保時捷。」

「你知道黑猩猩住哪裡嗎？」

「動物園呀。」

當我離開柿崎時，看到戴著漆製面具、鼻長有十吋的天狗[15]在街上跑來跑去，追逐人群，人們紛紛躲入家中，少女更是嚇得花容失色。我經過他時，點頭道午安，他的紅鼻子晃個不停。

天氣預報說將細雨霏霏，但午後三四點晴空萬里。傍晚暑氣漸消，海色迷濛。我在片町（**Katamachi**）找到一家旅館。澡堂牆壁貼著馬車圖案的壁紙，還有全麥麵包、

13 越後瞽女人數最多，勢力最大，組織嚴密，由上而下為座頭、瞽女仲間或瞽女屋、組等。瞽女背著背包，戴大斗笠，腳穿草鞋，彈三味線，唱「瞽女唄」。

14 日本稱之為「獅子舞」，自中國傳入。

15 日本民間傳說動物，山裡的妖精。

Rothman's香菸和高級麵包店的廣告。餐廳裝飾同樣傳統，掛著塑膠吊燈和橫印著「柏崎之禮」幾個大字的鏡子。吃晚餐時，我與一位卡車司機攀談起來。他來自山形縣。飯後，我們決定到一公里外的溫泉勝地蹓躂蹓躂。我來時曾經過那裡。

「那當然不是真正的溫泉旅館，」卡車司機說，「但沒關係。我們不是要泡湯。」他推推我的肋骨。

他告訴我，想去溫泉鄉尋歡作樂，就要避開索價高達兩倍的餐廳和酒吧，直接找旅館才對。

「但我們就住在旅館呀。」我不解地說。

「啊，那是住的旅館。我們要找的是玩的旅館[16]。」他又推推我。

他站在旅館門口討價還價，我真是大開眼界[17]。在我的錯愕中，三分鐘內他便將價錢殺到原來的一半。我們尾隨老闆娘走上狹窄的樓梯。卡車司機伸手重重拍了她臀部一下。

我們坐在房間內，一位五十歲的半老徐娘端來啤酒，他也拍她臀部一下。她立即用雙手抓住他的鼠蹊部，他臥倒在坐墊上慘叫。

「祝你健康。」我們舉杯。他朝我眨眨眼。

「妳得領我去洗手間。」他對女服務生說。女服務生嘆口氣，用力起身，拉開紙拉門，領著他走進迴廊。十分鐘後，卡車司機一跛一跛地回房，女服務生端著一盤魷魚乾。卡車司機撲通地倒在榻榻米上，按摩鼠蹊部。女服務生在坐墊上坐好，喝下一瓶啤酒，連珠砲般地開始說個不停。

她說，她第一眼看到卡車司機時，就知道她會討厭他。她不懂我這種好男孩怎麼會跟他在一起喲。我這種藍眼珠的好男孩，應該會分辨好壞才對哪。

卡車司機對我擠眉弄眼，苦笑一下。

要不是看在我的份上，她早就把他趕出旅館。混蛋傢伙。她一點也不喜歡他喲。但她喜歡我，她說。她其實很愛我呢，她又說。

卡車司機伸出舌頭。那位將牙齒染黑的五十歲女服務生見狀，便把裙襬慢條斯理地拉起，露出褲襪吊帶，再將美腿伸直。半老徐娘穿著花朵圖案的襯裙。我希望上面的污跡是啤酒造成的。卡車司機舉起右手，拇指夾在食指和中指之間[18]，咯咯笑了起來。女服務生撫平襯裙，隔著桌子怒沖沖瞪他一眼，將我的酒杯斟滿。

沒錯，她想，她當然可以愛我，但有些問題需要先解決哪。比如說，我怎麼忍受得了卡車司機，尤其是眼前這一位呀。他的口音怪異，而且，他大概不會付帳。事實上，

16 色情旅館有所謂的「湯女」提供色情服務。
17 日本素以不能殺價和不收小費聞名。
18 一種猥褻手勢。

她認為，我應該提防山形縣來的卡車司機，不然，我可能得付一大堆帳單哪。那真丟臉哪，因為我的白皮膚那麼光滑細緻。雖然我的臉曬黑了，她還是看得出來呢。我把袖子捲起來好嗎？沒錯，她是怎麼說的。可愛的白皮膚。比女孩子的還要白嫩哩。她將黝黑的手臂放在我手臂旁比較，嘴巴發出咂咂聲，嘖嘖稱奇。

喔，我要是夠世故老練的話，就不會和卡車司機作朋友。你不能信任他們哪。他們小氣得很。等她把帳單拿來時，我就會知道了。其實呀，她十五分鐘前，就想把帳單拿來，因為她受夠了。不，是受不了了喲。她可以幫我們分開算，這樣我就不用操心。而且呢，我可以留下來喝啤酒。但她可不想再忍受這個從青森來的鄉巴佬囉。

她真的送了兩份帳單過來。卡車司機哼了一聲，全部付清。我將皮夾子放在桌上，推到他面前，他對女服務生得意一笑，推回皮夾子。我連忙將三千日圓塞到他袖子裡。他拿出錢，呵叱女服務生，把錢塞到我頸後。

女服務生一直面無表情，只顧著撫平襯裙。旅館老闆娘咚咚上樓來，連聲抱歉，兩位推銷員帶著一大堆行李，突然出現在門口。旅館只有一間房間，希望我們不會介意。真遺憾哪，我們下次有空時，一定要再來玩喲。

卡車司機從頭到尾都不看女服務生一眼。他跟老闆娘道別時，禮數周到。下樓時，不忘再用力拍她臀部一下。之後，我們坐在巷尾的海灘上，高唱著所有我們記得的不堪入耳的歌。

直江津市

翌晨，走在片町的主要大街上，三個小男孩正在折磨小貓咪為樂。他們將小貓拋得老高，讓牠在空中打了好幾個轉，仰面跌到人行道上，發出驚嚇的喵喵聲。我叫他們住手。他們面面相覷，竟大聲爆笑。

「太殘忍了。」我隔著街道對他們怒吼。隔壁車庫的主人聽到老外說日文，忍不住跑出來輕笑。

一位騎單車的老頭把我叫住，跟我要打火機。

「對不起，我不抽菸。」我說。

他猛然抬起頭，湊過來緊盯著我。

「你不是外國人嗎？」

「我是。」

「真抱歉，我沒想到……」

他騎著單車離去時仍一再道歉。

雜貨店裡，四歲的小娃兒正哭鬧著，發著脾氣，對他的母親拳打腳踢。

「噓，」母親警告說，「老外在看喲。」

我氣呼呼地離開小鎮。紅臉長鼻的天狗應該比我還適合此地，何況他還有少女可追。我蹣跚朝著海上飄來的濃密棕霧走去，後來才發現，那裡就是直江津市。

官方旅遊指南形容直江津為「日本海沿岸繁榮的工業城鎮之一」。它繁盛到你離它四公里遠還不見廬山真面目，得走近才能破解它的偽裝。禮拜天下午，日本鋼鐵工廠和三菱石油化工廠的煙囪，不斷將棕色煙霾噴入天際，濃得幾乎令人窒息。碼頭邊停滿貨船，岸上起重機林立，人行道的遮雪棚持續飄下塵埃。我看也不看地就離開直江津的酒店，這還是我在日本頭一遭。我想像石油化工酵母溶解我的器官，然後換上鋼鐵肝臟和三菱製造的胃。加油站的巨型看板上，身穿比基尼的女人對著口渴的摩托車騎士猛拋媚眼，為君奉上機油。我馬不停蹄地逃離直江津，四十分鐘後才回首一望，它已消失在視線之外。

在這最後一段新潟縣沿海，城市和村莊緊密毗連，主要集中於看起來黑壓壓的海邊，但有向另一旁的山區迅速發展之勢。街衢狹窄，店門敞開，有些門廊或前院令人感覺生氣盎然，微微帶著奇異的中東氣氛。海港空蕩。我往下爬到一塊骯髒的沙地，在啤酒瓶間穿梭，下海游泳。我游完上岸時，兩腿被油染得污黑，只好坐在岩石上，用毛巾將腿擦拭乾淨。漲潮線處，金髮碧眼的洋娃娃身首異處，已然變黑。

從山丘上望去，糸魚川（Itoigawa）市像個迷你直江津。但能從山丘上看見它，帶給我無窮希望，也賦予我喝酒的勇氣。晚餐後，我閒晃進一家叫珊瑚的小酒吧。我旁邊坐了一位職業摔角選手。他外號叫蒙面劫客，綁著小馬尾，穿件花花公子襯衫。穿條紋衫的經紀人似乎比他更逞兇好鬥，每當我跟劫客說話，他便一副張牙舞爪狀。媽媽桑輕快地在我們之間斟酒奉承，沒有怠慢任何一位。摔角選手和經紀人先行離去，換兩位海軍退伍老兵進門，都已醉醺醺。他們教我唱神風特攻隊[19]的〈神雷部隊之歌〉：

您和我為同期之櫻，
於海軍官校之庭盛開綻放。
滿開的櫻花已有散落的覺悟，
準備為國家而絢爛凋零。

八月三十一日早晨，我花了一個小時才走出淺野水泥工廠。廠內衢弄複雜，占地廣大，約占糸魚川市面積的三分之一。礫石堆在河流兩旁，阻礙水流。遙遠的碼頭處，亮黃色的水泥攪拌機一一運送上灰暗的船隻。河水極淺，潺潺流過鵝卵石床。湍流和鐵渣堆之間，偶爾可見一小塊稻田，積結著水泥灰，陰沉單調。天空被工廠煙囪排放的煙翳染成棕灰。我終於找到八號公路，滿天灰塵，水泥卡車的廢氣嗆鼻。

西方，飛驒山脈（Hida mountains）山麓陡峭，毗連海岸。公路迤邐，轉向海邊

19 kamikaze，日本二次大戰末期的自殺式轟炸機隊。

後，便不見任何工廠。腳下，浪濤輕拍巖石。公路狹隘，加蓋有防落石和雪崩的鐵棚。我順路匍匐而上，進入以紀念親不知—子不知（Oyashirazu-Koshirazu）險峻海灘的小型縣立公園（即親不知海灘公園）。

親不知，不知親也；子不知，不知子也。往昔，懸崖間尚未開路，這段海岸險阨重重，唯一的通道是沿著峭壁底的嶙峋怪石前行。天候惡劣時，巨大落石坍塌，從天而降，踽踽而行的旅者被困在斷崖間，只能緊靠在岩石上，祈禱自己別被狂風吹落海面。此地狂風瑟瑟，據說只要風速稍稍加強，旅者便瞬間忘掉爹娘子女，舉步維艱地前行，趕在浪濤淹沒巖道前離開。

峭壁道路於一八八三年竣工，從此不怕漲潮，但仍危機四伏。路面對柴油卡車而言，仍嫌過窄，只能慢慢上坡。道路綿延曲折，觀光客的鮮亮橘紅色公爵王（Cedric）房車剎車聲不絕於耳，無法享受奔馳快感。對徒步旅行的人而言，一下被卡車驅趕至路邊，一下被房車鳴喇叭警告，似乎只有跳下崖邊海灘才能避難。

一條新公路迂迴繞過親不知這個村莊。駕駛轆轆駛過，根本沒注意到此村。村裡的旅館和小餐廳都關門大吉。我在日本海Lesthouse用午餐。餐廳的喇叭大聲播放著〈蠢丘比特〉、〈瘋狂的愛〉和〈甜蜜十六歲生日快樂〉，震耳欲聾。我為我的耳膜著想，草草吃完午餐，速速離開餐廳，拐過公路最後一個彎，順勢而下。午後，陽光自雲層隙縫斜射而出，形成道道霞光。我經過新潟最後一個村莊，莊內房舍屋頂黯黑，然後穿越縣界，走出一哩長的骯髒隧道，眼前就是富山（Toyama）縣平坦的海岸平原。婦女戴著草帽騎腳踏車；學童排著整齊的隊伍，放學回家；一位老爺爺背著頭髮亂糟糟的娃兒，站在公路旁吃吐司抹果醬。綠油油的稻田挨挨擠擠，鮮綠蕩漾，稻子快成熟了。

來到富山縣

遊客在富山注意到的第一件事大概是墓碑。新潟的墓碑濁黑而坑坑凸凸，於懸崖頂成群豎立，彷彿就要滾落萬丈深的海中。富山的墓碑倒是頗為講究，石座上立著巨大的墓碑，前有一排石階，氣派非凡。墳墓兩側是燈籠和石箱，好讓前來祭拜的人放置名片。細心修剪的花兒插在散發優雅光澤的石製花瓶內，香爐裡有縷縷煙香，漢字雕工精細。此類墳墓必定十分昂貴，但富山人似乎花費得起。

遠離公路，在沿岸道路上，一旁的房舍清爽乾淨，一派安詳。黑色石板瓦光可鑑人，小庭院籬笆整齊井然，草地裝飾著假白鸛。入善（Nyuzen）的巴士候車亭都有獅子會捐贈的掃把和畚箕。駕駛學校統一使用玫瑰粉紅車輛，悄悄地四處練習。咖啡店裡有西式馬桶，馬桶蓋套著絨毛套，沖水時安靜無聲。富山是我的旅程中，所經過最小的縣之一。日本全國四十七個都道府縣中，富山的面積是第三十三位，但它的平均收入是第十七位。對一個屬於裡日本的縣而言，這是難得的成就。

「因為我們工作賣命，」忙碌的雜貨店老闆得意洋洋地說，「誰有時間去理那些懶惰蟲呢？在富山縣生活過得很不錯哪。這麼說起來，」他瞟了我的背包一眼，「你是做什麼的？」

公路轉個大彎往南而去。遠處的立山（Mt. Tateyama）被霾靄遮掩。今天是八月三十一日。碧綠耀眼的夏末稻田正準備收割，再過去，北方狹長的海洋蔚藍奪目。

工廠沿黑部川（Kurobe River）兩岸堤防群立，製造花崗石板的聲音震天價響。黑部（Kurobe）市郊外，有座鋁合金工廠生產鋁窗和拉鍊。這座工廠在市內有三棟公寓建築，面積廣大，高高的屋頂上標示著公司的縮寫YKK，數哩外都看得到。市內電線杆貼著YKK的廣告，YKK公司專屬巴士搭載著員工，在工廠、食堂、健身房和宿舍之間穿梭。

我納悶，遮蔽立山的是天然氤氳，抑或是工廠排放的廢棄煙霧？還是在工廠外竄燒的熊熊大火所釋出的濃煙？五輛消防車飛也似地開進窄小的街道，消防人員正攀附在雲霄梯上。濃煙越過平原，消防人員的身影顯得模模糊糊，警笛聲劃破數哩外的寧靜。我仔細望去，立山的霧霾明顯呈現濃濃的炭灰色調。松尾芭蕉曾經說過，期待觀賞山景的興致往往會被真實的景觀所破壞。我立刻頭也不回地走過立山，將那場大火拋諸腦後，於黃昏時分走進魚津（Uozu）市。

「看！是個法國人喔！」一個小男孩斬釘截鐵地對學校朋友說。這句話困擾了我好幾天[20]。

旅館樓上的房間全部定光了，我一點也不介意睡在樓下鯉魚池旁的房間。觀賞鯉魚是人生一大樂事，巧的是，牠們和我在同一時間用餐。我從房間外的陽台看牠們爭食粉紅色飼料，狼吞虎嚥的模樣，活像會潛水的小豬仔。女服務生端來一塊烤麻糬，相當厚實。白色硬實的麻糬沾上豆子，掛上一個月風乾，然後在炭火上烘烤。

「你沒趕上御盆舞哪。但現在的御盆舞也沒什麼看頭了。以前哪，我們都跳得很開心。可惜，十年前，小鎮的廣場被改建成巴士站，還加蓋了一條鐵路。結果現在沒地方可以跳舞了。但抱怨會遭天譴的。鐵路讓生活變得方便多了呢……」

晚餐後，我到闃黑的街道散步，看著人們當街小解，將剩餘的茶水倒入流進海港的一條小溪。我逛回旅館時，住客正歡聲雷動。原來，讀賣巨人隊的一壘手，來自台灣的王貞治[21]剛打平美國大聯盟漢克．亞倫（Hank Aaron）的全壘打紀錄，第七百五十五支。王貞治將獲頒國民榮譽賞（國家榮譽獎）。

「真了不起的日本人！」隔壁房間的推銷員大喊。

對中國人來說，是很不錯的讚美，我暗想。

---

20 英國人和法國人素來彼此相互嘲笑，看對方不順眼。

21 八百六十八支全壘打世界紀錄保持人，現任日本大榮鷹隊監督。

我是英國人

一個老人頭戴硬草帽，坐在路邊刻著地藏（Jizo）石像。地藏是佛教神祇，旅行者、孩童和孕婦的守護神。鄉間僻路兩旁常見地藏佇立，道路標誌反而罕見。交通事故現場往往也安放一尊地藏，在事故週年，它會穿戴整齊，人們像掃墓般為它奉上鮮花蔬果。浮標將海面劃成工整的四方塊，再遠一點，白色漁船在晨靄中發出詭異光芒。小海港裡有一座新雕像：觀音端坐在鯨魚頭頂。鯨魚扭轉掙扎，整個身軀側倒，觀音像是在賜福，也像是立意將牠置於死地。

九月一日中午，我在常願寺川（Joganji River）的河口附近游泳。海灘還算乾淨，但海水渾濁，帶著怪怪的濃郁甜味，讓我聯想到腐爛的包心菜。

「你不該游泳的，」橋頭冰淇淋店的歐巴桑嘰嘰咕咕地說，「夏天都快結束了。大家趁御盆節時大掃除，垃圾全倒到常願寺川裡。這是老習慣了哪。只是現在人多了，垃圾也多了，還真討厭哪。海風吹來時聞得到垃圾味。甜甜的……」

「像爛包心菜一樣……」

「或壓爛的水果或堆肥。你懂我的意思吧。」

我說我懂。她給我一份草莓冰淇淋。

「隔壁那家人的女兒在美國念書，她在那學了一年英文。他們給她一百萬日幣哪。

那樣夠嗎？」

我說那要看她的消費品味。

「喔，但富山人很節儉喔。我們知道金錢的價值。富山人是最早移民到夏威夷和巴西的人。我們總試著讓自己過得更好。我大兒子在東京當理髮師，是西式的理髮師哩。一年賺三百萬日幣。我二兒子在牧場工作。一年連紅利共賺兩百五十萬日幣。我們有一塊三百乘九十平方公尺的地。還打算買一塊一百乘六十的地。」

為什麼富山人想移民？

「富山很小，移民歷史又久。不想移民的人就去大阪或東京找工作。現在大家差不多都去東京，回來時口音都變了。

「移民國外一定很辛苦吧。我就不行，我會懷念日本很多事情。比如四季變化啦。外國沒有四季變化，對不對？」

我付了帳單，背上背包。

「唉呀，」歐巴桑說，「你這麼年輕，還不用擔心工作的事哪。你還得先上大學吧？」

我轉進內陸，心情特別開心，一定是草莓冰淇淋的關係。

在富山市郊區的半路上，我踏進一家咖啡店，還沒坐下來，就聽到有人說：「啊，一個美國人。」

我嘆口大氣，不，我不是美國人。世界上還有許多種外國人，有些人還會到富山來旅行。

我四周的顧客開始議論紛紛起來。

「他穿著靴子耶。」

「他在看地圖。他想幹什麼呢？」

「他好像想走到富山。」

「他不知道有巴士嗎？」

我被問了一兩次。

「你要去哪裡？」

「九州。」

「什麼?從鳥取（Tottori）過去嗎？」

「不，從廣島（Hiroshima）。」

問話的人立即轉身，將我的答案傳遍全店。

「他要去九州耶。他不經過鳥取，他要取道廣島。」

「為什麼？」

「我不知道。」

「走鳥取不是比較快嗎？」

「他可能不知道，美國人嘛。」

出門時，一個男人抓住我的手肘。
「你是哪國人？」
「英國。」
「英國人說英文嗎？」
「有些人[22]。」
那男人往後靠到椅背上，仔細端詳我。
「嗯，我聽說英文滿常用『another』的。它到底是什麼意思呢？」
我舉了數個例子，好好地解釋了一番。那男人轉身對同伴點點頭。
「哈，我不跟你說了？他會說日文。到底在哪學的呢？」

參觀藥廠

富山市以製造成藥聞名全日本。年長熱心的推銷員挨家挨戶地推銷各類藥物，藥品以木製小櫃裝好，便成為每家必備的醫藥箱。這些漢方藥（中藥）的製造和銷售原本屬於小規模的家庭工業。但富山人靠著企業天分，將這項資源轉變成年收入超過一千九百

22 作者在此調侃英國。英國還有威爾斯、蘇格蘭等各地方言。

億日圓的天價商機。富山市最老牌聞名的漢方藥製造商是皇漢堂（Kokando）製藥株式會社。我參觀了廠內設施。

皇漢堂製藥工廠於一八七六年開廠，曾於戰後重建，位於南部市區，附近就是皇漢堂電車站。帶我參觀的導遊小姐說話不疾不徐，用字精確，神態嚴肅。

「戰前，二十九種藥物（算是日本最多的了）全以手工製作和包裝。現在，當然是以機器代工。但我們仍維持傳統製藥過程。我們繼續從前田藩主十七世紀的藥方裡，研發出更新的漢藥[23]。

「草藥包括韓國人參和銀杏樹根。但動物內臟的價值和療效更高。比如，在交配時期取得的雄麝麝香，拿來強精壯陽。以前要取得麝香，就必須宰殺雄麝。現在，多虧發明了新方法，得以利用塑膠管採收，變得人道多了。還有，日本鹿的膽汁可止痛和退燒；中國蟾蜍的毒液能治療心臟疾病和迅速止痛；牛的膀胱結石可以解數種毒藥。」

導遊小姐認真地對我笑一笑，我們停下來，看兩個穿護士制服的女人，臉被白紗口罩遮住，將長槽裡的黃色膠囊細細分類。

「她們在檢查形狀，」導遊小姐解釋，「這工作很傷眼，所以每三十分鐘就得換班。」

「膠囊裡面是什麼？」我問。

「喔，維他命，還有一兩種其他藥物，」導遊小姐刻意漫不經心地說。我跟她走過廠房，穿白衣的女人們靜靜地操作輸送帶，那氣氛讓我聯想到榮軍紀念星期日[24]。全場只有灰色機器的低沉喀嗒聲；以及一位上了年紀的員工戴著口罩俯看一盤各色藥片時，偶爾發出的咳嗽聲。也許，她看的是一鍋熱騰騰的中國蟾蜍，所以才會咳嗽。

皇漢堂的藥名和藥物成分都讓我感到迷惑。我納悶，什麼是六神丸？實母散或四物湯又是什麼[25]？英文藥名更令人丈二金剛摸不著頭。Mashin A治療什麼？誰會想吞下World Hap（走鬼運）呢？

離開前，藥廠免費招待我一瓶棕色藥劑。標籤上說明此藥萃取自蘆薈精華。想想還有那麼多有趣的成藥，這未免叫人失望透頂。無論如何，它的成分還包括蜂王漿，英文說明建議我最好在以下情況服用，「運動、開車、爬山、工作，兼具養顏美容功效」。我咕嚕咕嚕喝光它，恭敬地對導遊小姐鞠個躬，然後跑去剪頭髮。

年輕女理髮師竟然穿著護士制服，戴白紗口罩，和皇漢堂員工沒啥兩樣。她替我洗髮，修剪吹乾，用力幫我按摩頭皮，拿電動按摩器刺激脊椎和大腿，修眉毛，刮掉下巴、兩頰和前額的鬍渣及細毛，用棉花棒清掉耳垢，外加修剪鼻毛。她說，有一位傳教士來過一兩次，鼻形和我的一模一樣。她說我的鼻梁好高呀。她最後在我臉上抹了一大

23 前田藩主（Lord Maeda），北陸地區舊時福井縣、石川縣和富山縣的統治家族。

24 Remembrance Sunday，紀念兩次大戰中英國陣亡將士的節日，通常是十一月十一日前的星期日。

25 三種皆為日本調理婦女病的傳統漢藥。

堆乳液。

下午三四點，我繞回富山市，注意到此地的富足。商店櫥窗裡展示著森英惠[26]的服裝，主要街道取名為向日葵大道（Sunflower Boulevard）。當我到一家大郵局提錢時，沒有人要看我的登錄證。從新潟到富山，有點像從南斯拉夫到奧地利：從幹粗活的工人國家，換到稍顯福態的人們大吃奶油糕點，在銀行裡還有保險箱的地方。民調顯示，大約百分之九十的日本人自認屬於中產階級。我想，這項數據在富山縣應該更高。晚餐的甜明蝦所費不貲。中產階級的旅館裡，房內有插塑膠花的花瓶和投幣式電視。我早早就寢。這夜，沒有蚊蟲驚擾，沒有狂風呼號，我酣睡至天明。

莫測高深的外國人

要離開富山市時，籠罩城市的晨靄飄散，一陣熱氣襲來，依稀可見聳立在南方的藍灰色山巒。我很快便走出鬧區，大步邁過平坦的郊外，商店和小型美容院之間是翠綠的稻田。經過「新世界咖啡舞廳」後，熱鬧的景象愈見稀少。我開始上坡，朝西方蓊鬱的山丘前進，一道低沉雷聲響起，緩慢地在盆地間滾過。

整早，雲層逐漸變厚，朝陽變幻莫測。中午，天空轉為一抹鮮豔的淺橙色。十分鐘後，暴雨澌澌而下，雷聲闐闐，於雲層高處猛烈迴響。閃電霹霹啪啪劃過淺橙色天際。

難怪日本人覺得外國人高深莫測。一輛車在我二十碼前方緊急剎住，駕駛搖下車窗，在雨幕中拚命叫我過去。

「上車！快！」

我快步啪喳啪喳地走到車旁，怯怯對他咧嘴而笑。他將後座門咻地打開。

「沒關係，」我說，「我比較喜歡走路。」

他回了些什麼，但被雨聲淹沒。他的下巴張得老大，有一會兒說不出話來。之後，就沒有其他車輛停下。駕駛可能看不見我。路上沒有房舍或窩棚的蹤跡。再走一段路後，我找到一家汽車餐廳，全身濕透地在那坐了兩個小時，等這場暴風雨過去。老闆很和氣，我喝完第二瓶啤酒時，他頗有默契地打開第三瓶，走過來跟我一塊喝酒。狂風暴雨稍歇時，老闆就跑到停車場觀察天色，然後回來坐下，向我預報氣象。

「南方天空已經晴朗，但從西北方飄來許多烏雲。」他自信滿滿地說。

雨勢滂沱又下，咚咚拍打窗戶。

「你瞧，」老闆難掩得意，打開第四瓶啤酒，「我不是說了嗎？」

一個大約五六歲的小男孩從後面房間跑出來，拉下短褲，就在收銀機旁小解；老闆聳聳肩，將我的酒杯斟滿，老闆娘連忙找來拖把。另外三位顧客繼續吃拉麵，發出咻咻

26 Hanae Mori，日本知名女設計師，二〇〇二年獲得日本文化賞。

的聲音。

「跟老外道歉。」老闆娘說著，但小鬼早跑遠了。

暴風雨肆虐了一整天。我趁雨勢稍停時趕緊趕路，希望能安然抵達下一個雜貨店。但越深入濕漉漉的山區，雜貨店越少。雖然雷聲漸行漸遠，豪雨卻絲毫沒有減弱。接近山脊，路旁有一處水果攤，年輕老闆穿著雨衣，仍被淋得濕透。他一看到我，便撐著傘大步濺起水花，過來給我一串葡萄。

「車子拋錨了？」他開口問道，眼睛在我濕透的頭髮和衣服上梭巡。毫無疑問。外國人是瘋子。

礪波（Tonami）市外，窄狹的莊川（River Sho）水位暴漲，湍流在碎石堤岸間打著漩渦。旅館不供晚餐，我被迫穿著過小的浴衣和木屐，抓緊雨傘，頂著強風，於熙熙攘攘的街道上尋尋覓覓。最後我找到一家小餐廳。禮拜六傍晚，正確來說是七點十分零六秒，我吃著魚配白飯，看著彩色電視機轉播棒球賽。這場球賽讓一億二千萬人屏息以待了三天。

可憐的王貞治。自從他打出漢克·亞倫的紀錄全壘打數之後，期待他破紀錄的壓力排山倒海而來。群眾在東京體育館外露宿排隊，黑市的入場券價碼飆漲二十倍。電視攝影機用長鏡頭捕捉王貞治啃指甲的特寫畫面，完全沒拍打擊手。更不可思議的是，電視竟然轉播了整場球賽（依照正常程序，包括新聞在內，日本節目的播放時間取決於廣告收益的多寡。贊助商一換，球賽往往遭到腰斬，通常是在第八局中場，兩好球二出局三在壘，打成平手的時候）。今晚王貞治果然不負眾望。在對養樂多燕隊（Yakult Swallows）的第三局下半，擊出破紀錄的一支全壘打。

但少數人感到不以為然。晚間節目的某些來賓指出，日本棒球場較美國的小，投手球技略遜於人，還有一些唱反調的觀點。有一位來賓甚至認為今晚的投手故意放水。但當總理府（首相辦公室）確認王貞治獲頒國民榮譽賞時，全國上下變成口徑一致。那位撿到全壘打球的年輕人在深夜新聞中潸然落淚。攝影師還跑去採訪婚禮中的新郎新娘。

「七點十分零六秒！」新郎無法置信地說，「老天，那正是我們宣誓的時候！」

「你是錯過了那場比賽，」採訪記者同情地說，「但我知道，你永遠不會忘記結婚週年紀念日。九月三日！王貞治擊出第七百五十六支全壘打的那天！」

翌晨，暴風雨已過，閃電雷雨之後的空氣熾熱潮濕。灌木籬牆裡，蟋蟀唧唧叫聲響亮，稻米成熟得更快。平原南方，一條新公路逶迤而去。我走的舊路迂迴行於低矮藍色山巒間。路上沒什麼車輛。大家都改走新公路，平原上的村莊因此沒落蕭條。中午，我停下來吃生魚片。餐廳的矮胖老闆娘不斷跑進跑出地問我：「你真的敢吃嗎？你不會把它們剩下來喔？」

午後，空氣變得更為悶熱難耐。旅程的第六十八天，走過闃綠林地，經過暴雨過後沉寂的高大森林。下午兩點，我攀抵山巔，越過縣界，從富山進入石川（Ishikawa）

縣。沿著荒蕪的上坡路兩旁，岩石長滿苔蘚，潮濕墨綠。頭幾哩路多了份沿海平原缺少的蒼蕪荒涼。

山丘高處的田地已開始收割。收割過的稻草零零落落，田裡的棕色泥水閃閃發光。一綑綑的稻穀沿著路旁籬笆成堆放置，占據小梯田的角落。一對年輕夫婦坐在路邊寫生，描摹南方藍色山脈的輪廓，畫上憑空想像的人物。真正的景觀中，一位老爹穿著一塵不染的白襯衫，曬得黧黑的頸肩處，用竹竿挑著兩擔沉重的水桶。

稻田中有幾座迷你收割脫穀機，看起來像Tonka玩具車模型。但大部分的農田仍採人工收割。

日本向以科技先進獨步全球，但只有在裡日本的這些小梯田裡，你才能察覺她傲人的工業水準對農家所發揮的影響甚微。日本人發明了手錶計算機、有數位鐘錶的電動刮鬍刀，微波爐錄影機合一等新奇產品。這兒的老爹仍舊咬緊牙根，舉步踉蹌地用肩挑擔取水。農婦們的足踝泡在泥土裡，拿著六吋小鐮刀彎腰收割稻穀。飽經風霜的她們到六十幾歲便個個駝背。

一走出山丘，進入公路，我迅速嵌入「另一個」日本的畫面裡。廢車場、嶄新的汽車展示室、修車行和加油站。人生唯一的目的是圍著交通工具打轉；買賣、維修和棄置。一家叫金球的柏青哥店宣告我將重返文明。下午五點，我越過能登半島（Noto Peninsula）頸部（只花了兩天），以沉重的步伐邁進歷史城市金澤。

金澤兼六園

金澤歷史悠久，自古遊客絡繹不絕，為日本海沿岸觀光重鎮之一。金澤的景點包括十六世紀金澤城的斷壁殘垣、石川城門、金澤大學、寺廟、尾山神社、長町武家屋敷、兩家肯塔基炸雞店和一家賣三十四種甜甜圈的糕點店。地下街放著清脆的鳥兒鳴囀聲。Mode店和Mistress店之間，人們耐心地大排長龍，等著打公用電話。街頭標誌以英文和俄文居多（伊爾庫次克〔Irkutsk，位於東西伯利亞〕是金澤的六個姊妹市之一）。其中許多標示引領觀光客至金澤引以為傲的觀光景點，不虞迷路。這景點是兼六園（Kenrokuen）；根據官方指南，它是「日本三大名園之一」[27]。

兼六園的名稱由來是它兼具了六項特點：宏大（規模）、幽邃（祥和）、人力（人工造景）、蒼古（年代悠久）、眺望（從園裡瞭望金澤的開闊視野），以及水泉（池塘、草木、溪流和石頭等自然景觀均經過精心布置）。

金澤園的宏大無庸置疑。世人對日本庭園的刻板印象，來自京都寺廟內的枯山水或青苔花園，適合冥想禪思。但兼六園幅員之大，漫步於其間，恍若有悠遊在英國公園的錯覺。兼六園位於高地，可俯觀金澤明媚風光。歐洲人也許不覺得它古老：歐洲花園動

27 另外兩座名園為水戶偕樂園和岡山後樂園。

輒有數百年歷史，相較之下，兼六園不過是竣工於一八二二年。但在火災頻仍、地震肆虐的日本，重建城市著名地標至為常見，因此，任何超過百年的事物都堪稱「古老」。

想要體驗兼六園的清靜虛緲，請觀賞旅遊指南的照片。時值初夏，池塘平靜無波，倒映著小徑旁的盛開櫻花或深藍色鳶尾花。一間小茶室悄悄立於池塘上，九月底的寂靜夜晚，金澤大名前田藩主曾端坐於此，即興吟頌秋月之詩。就某種程度而言，兼六園像角館的庭園一般，講究的是蒼老的氛圍，而非真實的年代。石頭、青苔與黑巖的意境深遠，留待觀者細細品嘗這份亙古況味。

旅遊指南的照片裡總是杳無人跡。大概是於清晨開放時間前所攝（事實上，金澤有個小協會，協會會員定期在晨曦時分造訪兼六園，此時的靜謐最值得玩味）。開放時間在人群裡推擠的體驗，則相當不同。

我趁禮拜一下午天氣晴朗時拜訪兼六園。小孩沿途鬼叫，年輕男人喧譁叫囂，喝了點酒的上班族踉踉蹌蹌，相機喀嚓喀嚓聲不斷，娃兒嚎啕大哭。數十位導遊一手高舉旅行社小旗，一手拿著麥克風，邊領著數以千計的觀光客，邊介紹自然美景的欣賞要點。隊伍互相穿梭，沿著池塘和櫻樹間徘徊，秩序大亂。歐吉桑和歐巴桑緊緊跟著導遊，團員摩肩擦踵。年輕人將收音機甩在肩膀，大放搖滾音樂：

我要妳，寶貝。

我要妳，寶──寶貝。

「現在，各位，請您們再往前一點。請小心那些樹叢。這是兼六園的象徵，也就是徽軫（Koto）燈籠。」

觀光客對準相機。小男孩把泡泡糖丟向鯉魚。

「這座古老的花崗石燈籠和曲線優美的燈座是兼六園最著名的景點。觀賞時，您能感覺到如同聆聽豎琴般的安詳心境。」

妳真性感。

妳真性──性──性感。

「徽軫燈籠有兩百年歷史，相當古老。第十二代前田藩主將它擺設在霞之池旁。今天人很多，請小心看緊您的小孩，別讓他摔進池子裡去了喲。」

喀嚓，喀嚓。「啊！」喀嚓，喀嚓。閃光燈啪喳一亮。

「詩人為此燈籠寫了詩……」

喀嚓。

「畫家畫了名畫……」

喀嚓。

「攝影師拍了傑作……」

喀嚓，喀嚓，喀嚓，喀嚓，喀嚓。

「您可以在巴士站旁的紀念品商店買到它的塑膠複製品。現在，請您往這邊走。請快點。巴士三分半鐘後就要開了。我們還有時間欣賞那棵有名的松樹。據說它的種子來自麻績（Omi）的千年老樹。」

我找了一千年才找到石川門。前面是一片黑壓壓的人潮，我根本看不到路。兩旁的麥克風和收音機吵得我頭痛欲裂，方向感全失。

「看那個老外！看那個老外！」孩童們在樹叢間尖叫。

「嘿，唷！美國男孩！」年輕男人在前田藩主的茶室後面咯咯大笑。

我在石川門旁的商店裡買了本指南。爾後，默默坐在兼六園附近的餐廳裡，呷著茶，看著書中的彩色照片。宏大。幽邃。人力。蒼古。霞之池。徽軫燈籠。初春櫻海燦爛如彩雲。覆蓋於隆冬白雪中的石燈籠。

「真祥和！」我想，啜飲一小口茶。「真平靜！真安靜！真日本哪！」

第六章

佛陀和天國浮橋

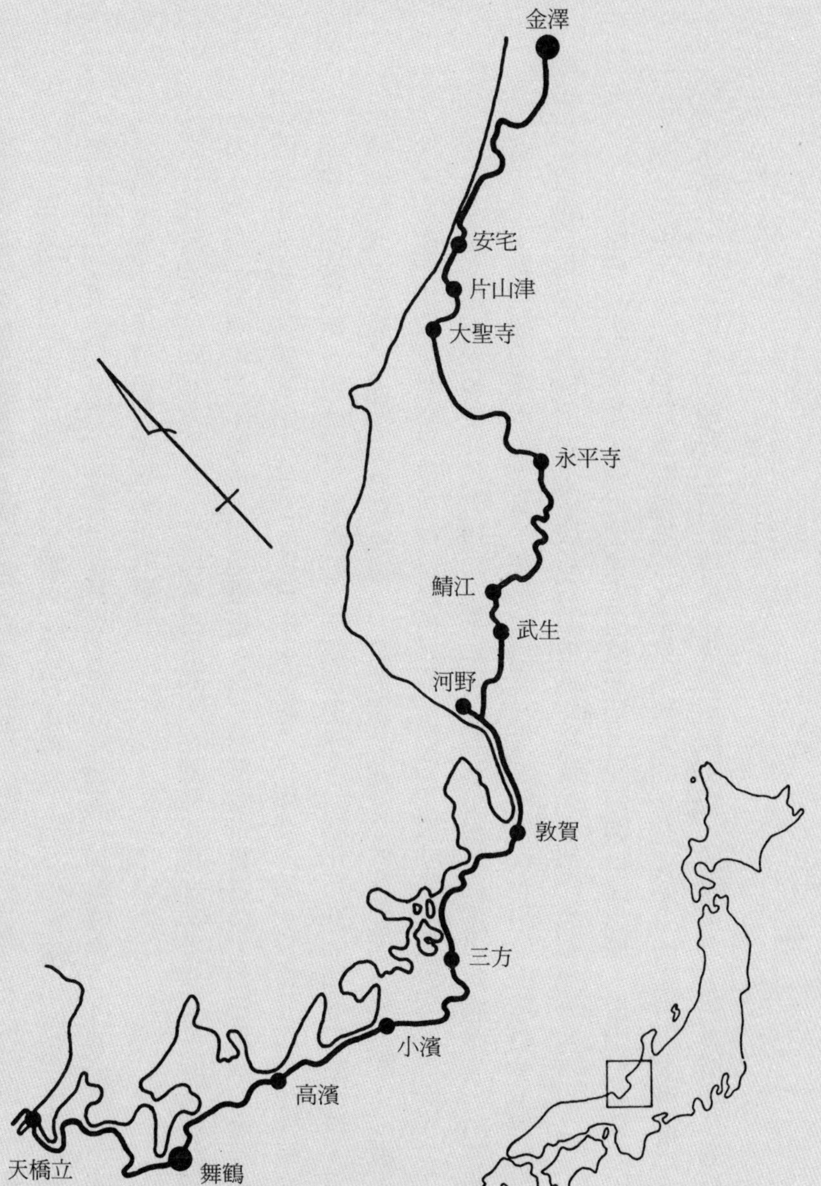
金澤
安宅
片山津
大聖寺
永平寺
鯖江
武生
河野
敦賀
三方
小濱
高濱
舞鶴
天橋立

十幾位身著黑色西裝的人，剛參加完喪禮，站在金澤外的大馬路旁，焦躁不安地圍著靈柩車。栗棕色豪華轎車的後車身是座御輿，繁複的黑色和金色的漆飾令人眼花撩亂。司機對送喪者鞠躬，表情肅穆。送喪者撣撣身上的灰塵，灑完鹽後[1]，走進一棟兩層樓的大型餐館用午膳。他們坐在長桌旁嚼著炸豬排，神情疲憊，沉默不語。角落的彩色電視機正在播放新型性感胸罩的廣告。

我受夠了城市和大馬路，想再重返鄉間。在卿卿我我咖啡店（菜單還包括卿卿我我布丁）喝了瓶啤酒。午餐後，切過鐵道，轉進空蕩的老舊道路。烈日當空。道路和海洋間有一條北陸高速公路（Hokuriku Expressway），車潮如織，公路旁的水泥護欄像監獄圍欄般隔開海洋。但我仍可瞥見其後的湛藍海水。沿路小村莊的衖巷安靜冷清，黑影幢幢，但無遮蔭的柏油路面燙熱難耐。烏鴉振翅叭噠叭噠地翩翩飛越天際，嘎嘎粗聲大叫，俯瞰稻田收割後的殘株。淺色火苗燃燒著稻殼，縷縷灰煙飄散開來。

遙遠西南方，藍粉紅色的白山（Mt. Hakusan）山巔隱約透過霧霾矗立，山麓間瀰漫著小型工廠排放的深灰色廢氣。炙熱的海風吹來，仍未秋收的稻田捲起金黃色漣漪。燃燒稻殼的灰煙掠過稻田，工廠廢氣濃濃地直衝雲霄。初秋滯風悶熱難受。

道路轉入小徑，然後連接田埂，前路茫茫，我盯緊公路護欄、白山和海洋等這些路標。半路上，一個村莊靜如鬼域，火車站毫無人煙。我在站旁的小餐廳買啤酒。老闆是東北人，曾在日本各地討生活，待過百貨公司和工廠，開過卡車，想盡辦法逃漏稅，十五年後才掙得足夠的錢，在這開了一家小餐廳。但餐廳賺的錢卻連養活他自己都有問題。

「我喜歡靠近海邊、有稻田的地方。日本很多地方我都還沒去過哪。老天，你竟然要從北走到南！我不想出國。有些日本人只看過自己的出生地和辦公室，卻愛把去過夏威夷和關島的事掛在嘴上，我不懂這有什麼好吹噓的？如果我能從頭來過，我會在每個縣住上一年，真正了解當地的風土民情。現在是太遲了哪。我得顧店。以後我要是結婚生子，一定要讓孩子多看看日本。」

他給我一杯免費咖啡帶著上路。我離開餐廳，沿著小路走到一條大道。烏鴉仍在收割過的稻田上噪雜地迴翔。暮靄蒼茫，海洋黯淡無光。

那晚，我是旅館唯一的住客。吃晚飯時，拉開的紙拉門外面是皎皎月光遍灑的庭園。旅館老闆娘年紀一大把了，刺繡精緻的和服上有朵朵菊花。她帶著一隻虎皮鸚鵡來陪我吃晚飯。那隻虎皮鸚鵡在我肩膀上跑來跑去，看著我將紅色生魚片塞入嘴中，好像覺得很稀奇。老闆娘告訴我，牠叫Piko。我叫什麼名字呢？亞蘭桑？啊，亞蘭．德倫？不對嗎？嗯，沒關係，我不介意，我和亞蘭．德倫一樣英俊。我也是法國人嗎？法國人都像亞蘭桑一樣，漢字寫得那麼漂亮嗎？亞蘭桑還要喝清酒嗎？她再幫亞蘭桑添一碗飯

1 鹽是神道教潔淨的象徵，日本人參加完喪禮回家前，要在身上灑鹽。

好嗎？有朋友可以聊天真好，不是嗎，Piko桑？Piko桑是這麼想的喲。亞蘭桑，讓Piko桑看您喝酒好不好呢？Piko桑最愛看朋友喝酒了。

老闆娘坐在我身旁的坐墊上，一杯又一杯地替我斟酒，淺笑聊天，直到我昏昏欲睡。老闆娘對我或虎皮鸚鵡說話時，遣詞用字都極為慎重。最後，鸚鵡和我一樣累得回不出聲。初秋夜晚涼風習習，老闆娘起身將紙拉門關上，掩住皎潔月色。我微微閉上雙眼，竟沉沉睡去。半小時後，我張開眼睛，發現自己大字攤仰在榻榻米上，腳丫在矮桌下方，薄浴衣前襟敞開，露出胸部、腹部、鼠蹊部和大腿。老闆娘正跪在紙拉門邊，小聲地和鸚鵡說話，偶爾將眼光投向我。

亞蘭桑還要喝清酒嗎？她可以馬上去幫他熱酒。啊，既然亞蘭桑累了，他也許想睡了哪。Piko桑會幫老奶奶鋪床墊，對不對？亞蘭桑好像累得說不出話來了喲。我們聊得很愉快，對不對，亞蘭桑？跟朋友在一起時，時間過得真快喲。

我在一旁默默看著老闆娘靜靜收拾托盤。她將床墊鋪在靠牆壁這邊，免得我被風吹得著了涼。我坐起身將浴衣拉攏，她跪在房間中央，小心地點上蚊香。鸚鵡端坐在她肩膀上，出神地看著藍色細煙裊裊飄向天花板。

「跟亞蘭桑說晚安喔。」

「晚安，Piko桑。」我應聲回道。

老闆娘悄悄熄燈，帶著鸚鵡消失在通往廚房的漆黑走廊。

勸進帳

九月七日上午，旅程第七十一天，炎熱乾燥。

石川縣公路非常奇怪，頭幾公里寬敞宜人，綠樹沿路排開，經過整齊的小工廠和菁菁草地，然後拐入狹窄的瓦礫石徑，過了一陣子，再驟然折回寬廣的公路。一路不見任何車輛。我在安宅（Ataka）停下來問路，小鎮荒蕪，像座空城。我試過三家店，將前門搖得哐啷哐啷作響，終於找到一家營業中的店。店裡陰暗涼爽，灰塵遍布，高大魁梧的老爹白髮蒼蒼，露出禿禿的牙齦，叨叨地對我述說村莊歷史。一架戰鬥機呼嘯著低空飛過，到海面上徘徊，然後轉回來在屋頂不遠處盤旋。

「真討厭哪，」老爹對著天花板咆哮，塵埃被震得紛紛掉落在香蕉上。「客機還可以忍受，一天才六架左右。這些自衛隊戰機整天起起落落，吵得要命。難怪大家要搬走。沒走的就把自己關在屋子裡哪。天氣好的時候從早到晚訓練。真希望暴風雨每天都來算了。」

我問機場在哪，察看我的地圖。

「大概公路再過去三公里。戰時那裡有個機場。美國人來後，用挖土機把它剷平，分給大家種田。大家都種稻子，還有幾次不錯的秋收呢。結果這個自衛隊一來，政府——是『日本』政府喲——不分青紅皂白就把土地收歸國有，連聲謝謝都沒有。害得我們個個耳朵不好，沒錢吃飯。」

老爹熱心指引我到安宅之關（Ataka barrier gate）的路，但他皺緊眉頭，臉上露出不豫之色。

「你究竟要去那看什麼呀？」

「我對歷史有興趣。」

他低頭，瞟瞟我繫在皮帶上的小型錄音機。

「你是個作家啊？」他挺機靈地說（曾有人以為那是小酒瓶）。對，我告訴他，我寫了一些東西。

「啊，那請你記住這點，」老爹站起身來發表結論，個頭比我高出許多。「一個國家就像一張紙，有正反兩面：正面寫著精緻漂亮的字，那是可以在世間炫耀的一面。但總有個反面吧，上面可能有很多鬼畫符、塗鴉或見不得人的東西。如果你要寫一個國家，一定要兩面兼顧。」

我將他的告誡謹記在心。穿越細窄的安宅川（Ataka River），慢慢踱過靜謐的松林，下坡到涼爽的海邊。

松林佇立於安宅沙丘，
林間——

明亮的古老關隘！

此詩完成於一九三三年，足見與野謝晶子[2]的想像力十分豐富。遺址不見關隘遺跡，其實它從不曾存在過。從源賴朝將軍在此設置隘口以來的八百年間，海水已侵蝕掉半公里的海岸，如果真曾有建築物存在過，也早已化成一堆藤壺。此地是日本的著名歷史景點，也是歌舞伎名劇〈勸進帳〉（Kanjincho，化緣簿）的背景舞台。此劇情節描繪了義理（giri，責任）和人情（ninjo，人性）之間的掙扎衝突；它幾乎可說是日本式思考和行為模式的樞紐。

源賴朝將軍的九弟源義經（Yoshitsune）功業彪炳，因而遭到賴朝的妒恨，不得不於一一八七年從京都逃往北方的陸奧。賴朝在全國廣設關隘，撒下天羅地網，防止義經逃脫。義經幸而有位足智多謀的家臣弁慶（Benkei），想出金蟬脫殼妙計（義經和弁慶的關係類似於羅賓漢〔Robin Hood〕和小約翰〔Little John〕的關係。有趣的是，傳說中兩人相識的經過竟然一模一樣：都是在橋上狹路相逢，以本事分出高下。小約翰打贏了羅賓漢，但覺得羅賓漢值得追隨，遂成為其下屬。日本的故事可永遠不會如此演出。在封建制度下，主君一定是贏家，因此義經接受弁慶的挑戰，大敗弁慶，弁慶從此誓死

2　一八七八至一九四二年，和歌詩人和女權主義者，代表歌集有《舞姬》、《太陽與薔薇》等。

相隨[3]）。

安宅關已有重兵駐守，為安然闖關，弁慶和眾家臣共十二人喬裝為山伏。山伏是持金剛杖的佛教化緣僧侶。主君義經則裝扮成挑夫，跟在一行人後方。關守富樫（Togashi）早就獲得偽裝的情報，決心殺光所有通關的山伏。因此當義經一行人逃至安宅時，已深入虎穴而不自知。

弁慶偽稱他們為修復京都東大寺而到處化緣，富樫喝令其出示勸進帳，以辨真偽。弁慶身上當然沒有化緣簿，但他冷靜地從背包中拿出一空白卷軸，緊貼著臉，朗朗唸起即興範文，所用詞藻文采精湛。富樫差點被騙，但由於看不到卷軸，疑心頓起，突往前一瞥，上面果然空空如也。富樫此時立即陷入義理和人情的天人交戰。義理上來說，富樫必須當場殺光他們或將他們囚禁起來。但若顧及人情，他卻折服於弁慶的智勇雙全。於是他開始盤問弁慶山伏的種種知識，諸如打扮、習慣和信仰。弁慶和他父親都當過僧侶，因而通曉修驗道之細枝末節，對佛教密術更是知之甚詳。富樫佩服不已，允許一行人通關，但眼尖的士兵卻認出義經，富樫只得再命一行人停步。

弁慶被迫使出殺手鐧。他怒呵挑夫行動過緩，拖累整個行隊，揚起金剛杖便擲打在義經身上，威脅要取其性命。富樫驚駭莫名。棒打主君為不可饒恕之罪。若此人真為義經，根據武士禮節，弁慶除切腹以謝罪外，別無他途可循。富樫當下阻止弁慶，放一行人通關。

脫離險境後，弁慶跪在義經前請求原諒。義經感謝弁慶的忠義護主，念頭一轉，悲嘆自身命運多舛；思及他對賴朝一片忠誠，卻換得如此污名。富樫尾隨趕來奉上清酒，弁慶感動之餘，抬起一桶酒便猛灌。之後，弁慶跳了一場精彩的歌舞。義經一行人則趁此時「踏過虎尾」，漸行漸遠[4]。

希臘人絕不會將上述故事視為悲劇題材。莎士比亞可能會將此改編為喜劇（可能有點像蓋茲丘[5]），主角應是富樫，並鋪陳輾轉於責任和道德勇氣間的複雜人性，以及是非的掙扎。但對日本劇作家和觀眾而言，此劇中真正的主角是弁慶，忠誠不二，不惜為主君拋棄性命。其豪氣萬丈和文采過人，也符合日本人對英雄人物的定義。

安宅博物館櫃檯的管理員哈欠連連，猛打瞌睡。館內不斷播放著《勸進帳》的故事講解錄音帶。停止營業的休息室外，富樫和弁慶的銅像屹立在大型底座上，已成不朽。

---

3 源義經，一一五九至一一八九年，傳說從山裡的天狗習得一身過人功夫，並主戰殲滅源氏的壇之浦合戰。另，羅賓漢為英國著名名間故事人物，專門劫富濟貧。

4 修驗道和山伏，請參見第四章譯注。弁慶生卒年不可考。富樫左衛門可能為虛構人物。而義經雖躲過賴朝所布的眾多眼線，安然逃至陸奥，兩年後，仍因賴朝無情的追討而自殺，年僅三十一歲，成為日本歷史中的悲劇人物。

5 Gad's Hill，英國小說家狄更斯小時散步時常經過蓋茲丘宅，對其印象深刻，後來買下此宅邸，並將小時心境寫入小說中。狄更斯，一八一二至一八七〇年，著有《雙城記》、《塊肉餘生記》等小說。

附近的拉麵店、餐廳和雪梨茶室（Tea Room Sydney）全部關門大吉。三位角色的木板像豎立著，臉部挖個大洞，前面是一台相機，供觀光客拍照留念。但此地人聲杳然，不見尋常觀光客和攝影師的蹤跡。銅像前只聞錄音帶和海浪輕拂海岸的細微濤聲。也許，八百年後，這些新紀念碑也將化為一堆藤壺。

我經過片山津（Katayamazu）溫泉勝地時，豪雨又下。暴風雨的午後，大型西式飯店（大飯店〔The Grand Hotel〕和加賀廣場〔The Kaga Plaza〕）、俗麗的美容院、霓虹燈閃爍的酒館，或愛神情趣商品店都不能吸引我。胡思亂想義經和家臣們逃出安宅關後，有這些娛樂設施等著他們時，不由得哈哈一笑：這些溫柔鄉比將軍設下的陷阱更為險惡。

我在大聖寺（Daishoji）過夜。旅館老闆娘預測天氣時，一派專家模樣。「今天不會下雨。」翌早，我要離開時，她望著天色斬釘截鐵地保證。經過一夜無雨，有些街道已然乾燥，但狂風仍頻，蒼穹烏雲密布。五分鐘內，大滴雨珠開始降下，起初零零落落，不久，轉為傾盆大雨。在漫長的夏天雨季中，今天的雨最不同凡響。

禪宗建築永平寺

四月，櫻花盛開飄零。六月，雨季開始，放在鞋櫃的鞋長霉。十月，楓葉轉為豔紅。隆冬時節，日本海雪國沿岸皚皚積雪深厚，山區村莊居民如鼴鼠般挖洞通行。日本是個四季分明的國家：春光夏雨，涼秋深冬。秋季，火紅的楓葉染紅山谷，颱風也隨之來臨。

今年最叫人喪膽的是九號颱風。美國人將之取名為「寶貝」（Baby），但日本人叫它沖永良部（Okinoerabu）颱風。沖永良部島位於九州最南端三百五十公里外。九月九日深夜，它所造成的低氣壓打破日本列島紀錄（九〇七點三毫巴）。颱風眼從未接近本島，風暴雲層於八千公里外的南太平洋形成，在中國長江口沿岸登陸後，風勢才逐漸消失。但被九號颱風外圍掃過的日本卻引發五十七次山崩，一人死亡，數十人受傷，四百條道路封閉，吹倒五千座房舍，淹沒三千餘棟房屋。全國下起磅礡大雨。沖永良部島十分鐘內的雨量竟達一點三七吋，強風咆哮吹過樹梢，秒速超過一百九十六呎。

九月八日早上，我從石川進入福井縣。狂風將屋瓦片片吹落，腳踏車翻倒路旁，清潔劑塑膠瓶隨風亂舞，彈過下著瀟瀟暴雨的公路。我的臉上全是雨水，寒風徹骨。路上沒有地方躲雨，只能邊走邊唱歌自娛，風聲颼颼，幾乎聽不見自己的歌聲。在九號颱風的狂風驟雨中，我順著曲折綿延的上坡山路走了三十六公里，終於抵達禪寺永平寺（Eiheiji）。

我抵達寺門時天色晦暗，不能投宿寺內。公營的國民宿舍客滿。櫃檯人員開始仔細向我解釋如何走到青年旅館，我只好中途打斷他，表達我想住旅館的意願。櫃檯人員聞言一臉驚愕。

「您是指日式旅館嗎……？」

但今晚肯定訂不到旅館，他解釋，現在是淡季，旅館不是已關門，就是只接待團體客人。寺門前道路兩旁的紀念品商店櫛比鱗次。我最後在其中一家找到空房，上樓後，便一頭栽在地板上。我全身濕漉漉，又冷又累，將濕答答的衣服掛在電爐上烘乾，晚飯後不久便沉沉入睡。狂風怒號，大雨砰砰打在窗戶上，恍若太鼓鼓聲。整晚風雨肆虐寥寂的衖衢、六百年高齡的杉樹、雕刻細緻的寺門和永平寺薄薄的紙拉門。

翌晨，風勢轉弱，雨勢漸微。我頂著濛濛細雨，漫步參觀永平寺。屋頂銀光灩灩，庭園一片凌亂，綠色苔蘚生氣盎然。永平寺面積廣大，寺廟優美，佛殿和僧堂間以迴廊或加蓋的木頭階梯相連。迴廊和法堂內，身著黑色袈裟的光頭禪僧，和穿寬鬆黑色法衣及長褲的修行僧緩步行走，乾淨的臉上掛著微笑。觀光客擾擾攘攘，互相嘀咕，僧侶們則從容而過，不為所動。袈裟窸窣作響，銅鑼錚錚，穿拖鞋的腳丫啪噠啪噠輕快地走過冰冷光滑的地板，絲質足袋[6]在榻榻米發出跫跫足音，這些在雨聲滴瀝中忽揚忽歇，沉寂時更顯寥靜。

歐洲宏偉的教堂高聳直入雲霄，永平寺卻低矮而接近土地。陽光射透大教堂的玻璃彩窗，發出鮮亮繽紛的永恆光芒。相較之下，永平寺色調清淡，庭園樹蔭闇綠，木板閃著棕灰色澤，老舊榻榻米散發幽幽金光，娓娓道盡如梭光陰。基督教諄諄告誡謙卑之道，但歐洲的基督教教堂倒是極盡誇示之能事，像是高聲在說：「看，這是上帝的教堂。上帝居住在這個殿堂裡，可不是在路邊那些黯淡昏黑的長老教會裡。」永平寺就低調許多：「喔，佛陀是住在我們的寺廟裡，但祂亦無所不在，存在於泥土、盲人的眼睛和海邊的鵝卵石裡。」

山巒美景，
涓涓小溪——
均為佛陀之肉身與佛語。

永平寺由道元禪師[7]於十三世紀中葉建立。道元曾到中國取經，在天童山修禪四年。中國人的實際取向影響了他的禪學啟示。道元不拜神秘神祇，主張萬事皆存無形的佛理。「舉目皆佛，」他堅持，「立地成佛。毫釐有差，天地懸隔。」

禪宗建築雖然注重肅穆氛圍，禪宗信徒的態度似乎帶點自視過高，妄尊自大；追求謎語和公案的勝人一籌，以及頓悟經驗的聰穎。但道元認為天資平凡之人也能悟道，禪

6 tabi，搭配和服時所穿的保暖足襪。
7 Dogen，一二〇〇至一二五三年，曹宗洞開山祖師，著有《正法眼藏》等書。

宗不在於繁瑣儀式，「坐禪」便是修行。祈禱和儀式與煮飯和打掃一般重要。在他創立的曹宗洞學說中，身體的各種功能，包括最基本的功能，都變成禪的四肢。永平寺的東司（洗手間）內，高掛著烏芻沙摩明王（Ususama Myo-o，禪宗便所守護神，將不淨轉淨）的祭壇。浴室、僧堂和東司是三默道場（禁聲），進入時且要遵守嚴格的禪思規範。道元將禪變成一種實踐，而非抽象哲學。他的教誨直接坦率，簡短而實際；

思之不思。
何也？
不思。

我離開永平寺時，霪雨已止，順著山勢下坡。長路迢迢，藍色蜻蜓在路邊雜草上方翩翩飛舞，深棕色蟋蟀振動著檸檬色薄翅，輕快地穿梭於葉柄之間。我想像，蜻蜓繞著行走於伽藍間的道元禪師打轉，他則從蜻蜓的飛舞中（如同從萬物中一般），悟見佛陀的輕盈靈翅。

走著走著，發現幾隻蜻蜓掉落泥地上，微微地拍動翅膀。彎腰一看，原來蜻蜓正在做死前掙扎。下坡路上不見人跡，只有蟋蟀的咔嗒聲傳來。我看著蜻蜓在颱風過後的悶熱中顫抖身軀，然後起身繼續下山，越過公路和河流，走進福井縣的牧草地。

今午，我的疲累感甚於任何一日。那並不是一種沮喪，或我已習之為常的挫折感。嚴格來講，那是一種無以名狀、難以掙脫的深沉空虛。我踏著沉重的步伐經過等待秋收的稻田，納悶這份空虛從何而來？因為夏季已近尾聲？因為蜻蜓死了？還是因為我早就知道，我連坐禪一小時的耐心都沒有，何況論及不思？

走近鯖江（Sabae）時，太陽遍照在林間，雨後更顯碧綠蓊蓊。農婦忙完農活，從田地返家，陽光遍灑的臉龐對著我微笑。準備秋收的稻穀一片金黃漾漾。萬物神聖，先前的空虛感一掃而光。布雷克[8]應會和道元禪師極為投緣。

直接的福井人

在雨中跋涉使我的雙腿僵硬無比。我坐在鯖江一家旅館的玄關替靴子上油時，覺得膝關節不聽使喚。早餐後，打開小衣櫃，整個房間裡全是霉酸味。晨間新聞的播報記者興高采烈地說，九號颱風已轉向韓國。颱風過後的烈陽是惡臭瀰漫的主要元兇。

鯖江和武生（Takefu）市之間的車流都改走一條旁道，因此我取道的狹窄舊路便空空蕩蕩。在小型機械加工車店間，農夫正在打穀。武生市立棒球隊騎著單車自我身邊經

8 William Blake，一七五七至一八二七年，英國浪漫主義詩人。

過，邊喊邊對我揮手，結果單車擦撞，個個跌入水溝。

福井人，尤其是工人的粗魯無禮令我咋舌。也許我太過於習慣日本人的含蓄委婉，不適應福井人的直接：

「你以為你要上哪兒去呀？」

「為什麼這麼問？這條路是死路嗎？」

「所有的路總會通往某個地方，難道不是嗎？」

「嗯，我最後要走到海邊。」

「哈！」（吐口痰。）

「這條路不對嗎？」

「你想走的話，就對啦。別呆站著。走呀，快走呀！」

似乎不像日本式對話，我是說，如果你相信飛機裡宣傳雜誌的鬼話的話。福井孩童們耳濡目染，顯然也學會這一套：

「呃！看，好怪的老外喲！喂，美國！喂，美國！」

我臉色鐵青地說，不，我不是美國。

「不然是什麼？法國嗎？」

不，我也不是法國。

一個小女孩說話還算有點禮貌，「對不起，那麼，老外先生，你是哪國人？」

英國，我告訴她。

「呃！英國！」男孩們齊聲重複。

「我知道英國所有的事喔。」一個自以為是的小討厭鬼，用手肘將小女孩推到一邊，得意洋洋地說。

「真的？好，英國首都在哪？」

「不知道，但我會說英文。」

「請說。」

「yes no yes no yes no yes no。」

我忍受了這段唱經幾分鐘，最後小鬼們一哄而散，跑去勒死貓咪或玩別的什麼去了。我從安靜的小徑轉進公路，這時碰到一群男學童。他們倒沒有當面給我難堪，卻排成一縱隊跟在我身後，一逕兒低聲竊笑，用可笑的口音說著英文。最後，我按捺不住怒火，轉身教訓他們，把別人當成馬戲團的猴子很沒禮貌。最高個的男孩重複我的話，故意從鼻子出聲，怪腔怪調，其他人聽了哄堂大笑。

但我的試煉還沒結束呢。離開武生市八、九公里後，公路竄進武生隧道，裡面黝黑潮濕。這個隧道大概是我走過最污穢不堪的地方，簡直是場夢魘。似乎沒有旁道可繞，只好在隧道中打開手電筒，向來車示警。駕駛可能看不見微弱的燈光，或根本不在乎。總之，我花了十分鐘才走完八百三十五公尺長的隧道，步步驚險，我緊貼在牆壁上，

六、七輛柴油卡車轆轆駛過，差點被車身的鐵釘和掛勾扯掉襯衫。比震耳欲聾的噪音更糟糕的是，我在隧道半途便吸不到氧氣。出口的黯淡天光鼓舞著我前進，但愈接近出口，呼吸愈困難。終於走出隧道時，我嗆得喘不過氣來，連連吐痰，喉嚨乾燥，靠牆的半邊衣服沾滿油渣和爛泥。我坐在公路旁的草地吸了近十五分鐘的大氣，隨即下起雨來。

悲慘的一天就快結束，下午五點仍飄著雨，我從公路拐進一條峭壁山路，步履艱難地走了四公里，抵達海邊村莊河野（Kono）。

第一家旅館的人從窗口看到我——通常這是不好的預兆。

在我打開大門前，早見他們交頭接耳，驚慌失措地躲了開來。我在玄關處問候，原本聽得見的細細低語霎時消失，一個女人從廚房側著身子小步走出來，站著瞪我，嘴裡含著手指頭。

「請問還有空房嗎？」

她搖搖頭。

「什麼，完全沒有？」

她回頭瞟瞟廚房，又搖搖頭。

「你們沒有營業嗎？」

她搖搖頭。

「客滿了？」

她點點頭，嘴裡仍含著指頭。我們站著對望，掩不住彼此表情的苦惱。

「嗯，那請妳給我旅館的火柴好嗎？」

女人從圍裙口袋裡摸出一盒火柴給我。我走到街上，用黃色公共電話打了火柴盒上的電話號碼。我根本不用費心偽裝變聲。

「哈囉，貴旅館還有空房嗎？」

「有的，請問有幾位？我們……」

我輕輕掛上電話，將火柴盒丟進垃圾桶，沿著街找第二家旅館。

答案如出一轍。他們說，他們並沒有客滿，但週末不做生意。第三家旅館的玄關門和客廳門大開，老闆娘連從榻榻米起身回頭都省了，眼睛直盯著電視機。

「抱歉，我們不收客人。」

「還有別的旅館嗎？」

「你最好自己去找找，不是嗎？」

她真是典型的福井人，如果她費神起身，我想，一定會當著我的面關上大門。我火大地將門砰地一聲用力拉上，在雨中踩過爛泥巴路，來到第四家，也是村裡最後一家旅館。我在老闆娘還來不及編出理由前，比如屋子鬧鬼啦，就將發生在前三家旅館的經過告訴她。我指出，我沒有別的地方可住，而且我正在幫一家有影響力的週刊寫專文，題目是福井人的好客熱忱。我並暗示，如果老闆娘拒絕收容我的話，我一定會在文章裡參她一筆。

我爭取到一間不差的房間。洗完衣服後，吃晚飯，菜色相當豐盛，價格便宜。但我仍怒火中燒。晚上，我花了幾個小時（這鬼地方也沒有酒吧）寫抱怨信給河野村長。後來，我將紙揉成一團丟在一邊，翌晨，念頭一轉，便將紙團塞在菸灰缸裡。

未竟的豔遇

第二天和第三天都走八號公路。八號公路沿著崎嶇的海岸線前行，攀爬險峻的懸崖而上，直抵敦賀（Tsuruga）。崖上九月秋陽乾烈，附近鄉野景觀迷人。狹長如矛的峽灣，平坦的敦賀半島西方數哩遠處便是京都的山巒。公路車況總是驚險萬狀，這類彎曲迤邐的上坡路更是尤有甚之。卡車繞過對面車道橫衝直撞，相互超車，對我猛按喇叭，濃密的柴油黑煙噴到我臉上，咆哮直來的車輛常逼得我躲到草地邊。沿著八號公路旁，墓地三三兩兩佇立。我很慶幸自己不會被埋在這裡。所謂的「願汝安眠」在此一定像睡在世界末日[9]裡一般。好在日本人有火化死者的規定；不然屍骨躺在這類顛簸不已的公路旁，恐怕也會被搖得哐噹哐噹。

離公路有段距離的稻田正在秋收。稻穀堆好，拔完殘株後，農家戴著寬邊帽野餐。九號颱風過後的秋日驕陽，是我從宗谷岬出發以來最熱的幾天。清洗衣物變成浪費時間；上路不到十五分鐘，被汗水浸濕的衣服貼得皮膚奇癢無比，到了晚上，臭烘烘地好像從沒洗過。

我走抵另一條隧道。這次，隧道旁有條窄徑順著險峻山壁而下，人跡罕至，只見蜘蛛和蜜蜂。我向前邁步，撥開可能掛了數年的蜘蛛網，竟然走到一個小漁村。從公路完全看不到這個漁村。我驚訝地發現，有一條收費公路正沿著峭壁底部興建。雜貨店老闆年事已高，對此亦頗為不解。

「對，很破壞景觀吧。他們計畫稱它做河野海岸公路。準備給城裡人週末開車兜風的景觀公路，夏天應該很美吧。事實上呢，」一位建築工人頭上綁著毛巾，進來買冰棒，老闆對他咧嘴一笑，點點頭打招呼，「他們趁夏天做好調查。工程師戴著鋼盔，手上拿著叫經緯什麼來著的儀器，在那量得好開心呢。我看，他們根本不知道冬天的潮水是怎麼回事。我跟你說呀，冬風一吹，我就絕對不會靠近那條公路。海浪會將車輛捲到海底。他們竟要收費好讓人淹死哪。」

我在敦賀度過寧靜的一夜。我每早出發前，都會把錄音機錄下的東西寫到筆記本上。現在已經寫到一百二十頁了。但第二天早上，旅程第七十五天，我手抖得沒辦法寫字，只好留到當晚再寫。也許，豪雨令我不聽使喚的不只是膝關節，或者，我只是比自

9 Armageddon，《聖經》中提及的末日決戰。

己想像得還要疲倦。離開旅館後不到三十分鐘，我便跑進咖啡店裡瞑目養神了一個小時。店裡播送海灘男孩的高昂歌曲，窗外車輛隆隆駛過。我起身要走出咖啡店時，才發現那個戴蘇格蘭式便帽，一口吃炒麵，一口吃吐司抹果醬的男人，不是我的想像之物。

河野旅館的待客之道，小孩的嘲笑和奚落，使得我對福井人頗有微詞，但福井的沿海景致堪稱無懈可擊。我從八號公路折進二十七號公路，沿途景色安靜閒適，站在山肩高處，俯觀黑色屋瓦的村莊沿岸分布，霧靄自碧藍海面扶搖直上。日暮時分，眼前五座小湖（即三方五湖）銀光瀲瀲，在晚霞掩映下泛著金色浮洸。

湖濱山壑蔥翠繁茂，周圍的山丘蓊蓊鬱鬱。我走進三方（Mikata）小鎮，經過一家超市，喇叭正播放著〈慢船到中國〉歌曲。一個小男孩的T恤上印有英國國旗和「Bye-Bye」字樣，風度翩翩，彬彬有禮，我不禁停下腳步，讚許他選擇的國旗花樣。

今晚住的旅館也很特別。一般旅館晚餐供應四到五樣小碟菜色，每天輪流更換。但那家旅館像高級餐廳一樣，專門提供兩道地方特色餐：烤鯉魚和蒲燒鰻（炭烤鰻魚）。旅館老闆的女兒年僅二十三歲，貌美如花，婀娜多姿，陪我到高雅的庭園裡散步。我們觀賞黑鯉魚悠游於池塘中，並用網子撈起我挑選的魚兒。稍後，我去泡湯，注意到一條黑鯉魚從牆裡的水槽滿臉愁容地瞪著我。晚餐這樣子盯著饕客是滿怪異的經驗。我無法確定是否為同一條魚，但我泡湯的興致大減，不一會兒便離開。

我早早離開澡堂還有另外一個原因：老闆女兒說她會親自送晚餐過來。我們坐著聊了很久，紙拉門敞開，她穿上黑色洋裝，散發迷人光彩。我則穿著特大號的浴衣。她講起她去年到東京參加電視猜謎節目的事。她告訴我，她原本想當一個演員，曾在京都住了四個月，發現她並不喜歡演藝工作，這才決定回到老家。這裡靠海，還有三方五湖。我們喝了不少清酒，我咬嚼著鰻魚骨頭，仔細挑出鯉魚肉。老闆女兒後來收走托盤，坐在我對面訴說她的故事。她的聲音愈聽愈悅耳，我小口抿嚐清酒，微醺中，滿心期待著一場豔遇。

臭鰻魚呀（既已下肚，為時已晚矣）！或該說，該死的鯉魚哪（我確定被我沾著哇沙米吃掉的一定是澡堂裡的那條魚兒）！因為就在這千鈞一髮的一刻，就在要自然而然地拉出臥墊，雙方激情難耐的一刻……我肚裡的生物們將了我一軍。

「好靜哪。」我對老闆女兒輕聲呢喃，接著放了一個這輩子最大聲的響屁。女孩忍俊不禁，噗哧噗哧笑著，迅速往客廳方向撤去。我悻悻然將床墊扔到榻榻米上。翌晨，她哥哥送來早餐。

海泳遭水母螫

關閉的餐館外豎立著一面看板，上面一條公路順沿海斷崖蜿蜒而上，逐漸變成一排凌亂的紅點，然後消失。釣具店老闆確定那條道路年久失修，已無法通行。我只好快快不快地繼續走靠內陸的二十七號公路。夜晚帶走了過去幾天的暑氣，烏雲密布在山脊間。一位年輕流浪漢留著鬍鬚，長髮披肩，提著衣服包裹的小包，和一個凹凸不平的茶壺。就像我一路上碰到的流浪漢一樣，他表情木然，對我視若無睹。一個女人推著一車乾草，慢吞吞地從公路另一邊上來，停下來扯扯頭巾，直瞪著我。我研究了地圖良久，終於發現有岔口離開公路。一輛車停下，駕駛搖下車窗，用英文說，「要去哪裡？」

「小濱（Obama）。」我嘆口氣，折好地圖收起來。

駕駛蹙著眉頭，指著公路前方說：「小濱。小濱。小濱。」

「對，」我用日文回道，「但我在徒步旅行，所以我不想走公路。我看得懂地圖，也知道我現在的位置。」

駕駛的反應令人愕然。他彷彿被我吐了一臉唾沫般，額眉深皺，抿緊嘴唇，眼睛瞇成一條縫，忿忿搖上車窗，馳騁而去。我疲累地折進一條僻靜的馬路，橫越一條瀧瀧溪澗。

馬路與溪流平行，繞過一家骯髒的小花崗石板工廠。稻田裡，男人高坐在拖拉機上，一臉嚴肅；女人則跟在後面，幹著苦活，弓著身將稻草疊成堆。遠處，灰暗蒼穹和迷濛山丘中，小濱市的無線電發射台清晰可辨。下午四點半，海風颳來，我又越過溪澗進入市郊。大滴雨珠開始劈啪飛濺在人行道上。

那晚，我在一家小餐廳吃了一頓烤肝。餐廳位在鐵製逃生梯上，老闆和老闆娘都是在日韓人。八點時，客人只剩我一個，老闆便決定關店，跟我出去喝幾杯。

老闆高大壯碩，生性開朗。戰前，日本強制徵召許多韓國人到海軍造船廠和礦坑工作。老闆和老闆娘是這批人的第二代，在日本出生長大，但沒有日本國籍（他們的父母是「臣民」〔subject，被統治者〕，不是「公民」）。老闆娘不會說韓文，老闆則有二十多年沒說，差不多快忘光了。日本目前有大約六十七萬韓裔人口；其中大部分在日本出生，只會說日文，生活方式與日本人無異。他們每隔三年便得更新居留許可，依法必須隨身攜帶外國人登錄證，不然就得冒險被遣送回從沒去過的「家鄉」。

老闆告訴我，他不想歸化為日本人，取得日本國籍。他似乎隨遇而安，只是不太會說韓文此事，讓他覺得有些愧對父母。他的女兒沒學過韓文，他和老婆也沒辦法教她。他原本想讓她念韓僑學校，但最近的學校在兩個半小時車程外的福井市。因此，他們讓她念日本學校。她與日本學生外表毫無兩樣，只是在書包裡帶著按了指紋的外國人登錄證[10]。

翌晨，離開小濱途中，在加油站和理髮院之間的小空地，我停下來看五位年輕男人

10 在日韓人的國籍問題以及外國人登錄證，請參見第二章譯注。歸化日籍必須改成日本姓氏，具有強烈民族意識的在日韓人多半不願如此，這也是入籍人士占極少數之因。但於一九八五年，歸化法已改成外國人可用本國姓氏歸化日籍。

表演。舞者穿著紅和藍色束腰外袍，頭戴金色稻草長假髮，如矛般揮舞上有綴飾的木棒，虎虎生風。理髮師幫客人剪髮剪到一半，竟丟下客人，跑出來看表演。他告訴我，這個表演是放生祭[11]的開場表演。舞蹈由一支大太鼓和六面小銅鑼伴奏。七、八位黃衣觀舞者尾隨著舞者，和著敲鑼打鼓聲擊掌，神態莊重。我四處張望，納悶為何挑這塊地跳祭舞，原來玲瓏儉樸的八幡神社盤據在樹木扶疏的山坳，完全被豐田汽車的大型廣告看板遮住。看來不管是什麼神祇，住在這個荒郊野外都需要一點娛樂。即便是道元禪師也無法在此說禪吧。

公路在小濱重新接上海岸線，踏著堅實的腳步走了數小時後，我滑下綠草堤岸，在波光蕩漾的海灣中游泳。海水溫熱，我真希望它清涼些，我隨波漂浮，透過朦朧綠色海水，看到水母漂流過頭頂，臉部瞬間感到一陣刺痛。

在海灣上的小餐廳，我坐著擦身，與老闆閒聊起來。老爹剛換了電子收銀機，手忙腳亂地摸索著操作方式，我吃炒飯時，跟他說了水母的事。

「不可能。」老爹根本不相信。

「但我真的看到了。現在臉上還刺刺的。」

老爹指指月曆。

「你瞧，」他像跟小孩子說話般，「水母季節昨天就結束了。」

海岸公路旁的小港灣築著混凝土牆，一個大港灣正在進行疏濬工事：引擎咆哮，起重機嘎吱嘎吱，砰砰擊打著……游泳的想法幻滅。我在高濱（Takahama）離開公路，往燈塔方向閒晃而去。那裡有座政府經營的國民宿舍，我決定在那過夜。端晚餐來的女服務生圓滾肥胖，跟我說，一位美國人一個月前曾投宿此地。他早餐想吃吐司和咖啡，發現只有米飯時，相當沮喪。

「你『會』吃米飯嗎？」她狐疑地問。不是問你想吃或你喜歡吃嗎？好像吃米飯是一種什麼了不起的技巧。

澡堂裡，我看到一個父親替兩個小女兒洗澡，然後女兒輪流替爸爸刷背，一家人嘻嘻哈哈，和樂融融。半夜下了一場雨，凜風捲起浪濤，拍在燈塔的黑暗巖石上。翌晨，鵝卵石海灘上只有三個開車來的男人，邊套上黑色潛水衣，邊緊張地瞄著大浪。宿舍外，落葉如雪片般啪嗒啪嗒地飄散在小公園裡，啤酒罐沿著小徑滾來滾去。我折回公路，三個女人在靠路邊的小河旁，洗著內衣和背心。小河水位高漲，河水渾濁。這個初秋早晨狂風凜冽，浪濤洶湧，海面銀光蕩漾。五段式洗衣機在日本已十分普遍，看到三位洗衣婦人，恍若有時光在此佇足之感。

11 Hoze Matsuri，九月十四和十五兩日舉行，小濱秋天大祭，有山車、神樂、大太鼓和獅子舞等表演。

在舞鶴目擊車禍

九月十五日是敬老節；日本十二個國定假日之一。早上九、十點左右，雷雨雲被風吹得四散，風勢轉弱，白色積雲緩緩飄到峰巒，投下圓形陰影。經過的汽車餐廳大多沒有營業。一家叫綠洲的汽車餐廳附近，穿暗色西裝的男人們排成一道送葬行列，跟在身披灰色袈裟的和尚身後，默默爬上山坡。一個男人拿著白色木製卒塔婆[12]，準備插在墳墓後方。另一個男人捧著一束枯萎的黃花。

正午，我越過福井，進入京都外圍的低矮丘陵。我在二十八天前，穿越山形進入新潟縣，足足在日本中部走了七百多公里。現在，我將花七天徒步過近畿（Kinki）西北部。從最早的大和（Yamato）朝廷到一八六〇年代，這一帶稱之為近畿，曾作為首都的奈良、飛鳥（Asuka）和最後的千年古都京都都位於此地南方[13]。

沿著京都府海岸村莊，有一些我從未見過的商店，以茅草搭成，保存良好。偏偏店外就擺放著泡麵自動販賣機，頗殺風景。走近海港大城舞鶴（Maizuru）時，商店又變回玻璃窗的混凝土房舍，屋外掛著牛仔夾克，繡上荒謬的英文：比如，「我們去跳舞吧，凱蒂或吉姆」（兩性都可穿才聰明）。進入舞鶴時，驚訝地發現一條棕色大蛇，大剌剌地在水溝裡浮游前進。

舞鶴自一九〇一年起便是日本主要海軍基地，易守難攻，狹長的若狹灣形成天然屏障，一塊七公里長的地岬將海面隔為東西兩港。今天萬里無雲，舞鶴東港裡停放著三艘驅逐艦、兩艘掃雷艦和四艘魚雷快艇，全部飄著日本軍艦旗。一艘陳舊生鏽的巴拿馬貨船和兩艘黎巴嫩油輪則泊於港埠。四個小男孩在巴士站一字排開，隔著鐵絲網對著船艦小解。他們的老祖母們身穿和服，提著重重的袋子，滿意地在一旁觀看。

飲料攤沿著學校運動場排開，場內正在舉行化裝嘉年華會。五個臃腫的中年歐吉桑打扮成大黃蜂大跳康加舞[14]，舞步雜亂，黃黑相間的腹部贅肉猛烈搖晃，紙翅膀戳到彼此眼睛。另外一邊，八個年輕男人兩腿間綁著硬紙板做的大型陽具，趾高氣揚地走來走去；也許，這就是敬老的象徵。我停下來喝點檸檬汁，馬上有一群小孩包圍上來，像要吞噬我一般，只好兩大口喝完果汁，逃難也似地離去，再回公路[15]。

舞鶴被地岬所隔，城市劃分為東舞鶴和西舞鶴，中間以一條馬路和彎曲漆黑的隧道

12 sotoba，細長而扁的木板寫上佛經經文和往生者的戒名。

13 近畿，畿，天子所領之地。近畿則是指鄰近首都一帶。日本最早有信史可徵的朝廷是大和朝廷；西元第三世紀，陳壽在《三國志》中，曾描寫到「邪馬臺國」，極可能是指一個定都於大和的強大國家。日本稱此時期為「古墳時代」（三〇〇至七一〇年左右）。爾後，朝廷遷都飛鳥（五三七至七一〇年）、奈良（七一〇至七九四年），最後定都京都（七九四至一八六八年）。

14 conga，起源於非洲的拉丁美洲舞蹈。

15 舞鶴於九月十五日舉行河邊八幡神社之祭禮藝能，表演包括獅子舞、太鼓舞等。

相連，總長八公里。下午四點左右，我剛走出隧道，就被一輛高速疾駛而來的車輛逼到草地旁。車速大概是速限的兩倍。駕駛看到我時，連按四聲喇叭，叭嘟叭嘟，還把頭伸出窗外，扯高嗓門大叫「老外！老外！老外！」。我還沒時間定睛瞧瞧他的狂笑，車子便掃過我衝進隧道，駕駛這才看到轉彎路面，緊急剎車好一段路後，便轟的一聲撞上隧道牆壁。

我目瞪口呆地愣在當地。另一輛車緊隨著衝上坡，我本能地跳到前面，拚命揮手示意駕駛停車。駕駛死瞪著我，笑得合不攏嘴，對著旁座的女孩咕噥了什麼，女孩吃吃嬌笑，然後便急轉進隧道。之後，傳來尖銳刺耳的剎車聲，接著，砰然巨響在隧道間迴盪。

我褪下背包，急忙跑向隧道，此時，一輛摩托車不快不慢地駛上坡，我讓騎士停下車來，近乎語無倫次地向他解釋事發經過。他是日本人，自然比我冷靜多了。他建議我趕快打電話通知警方，他則站在隧道口攔下來車。我又背上背包，十萬火急地衝下坡，跑到一個作業場，一位老頭正將一箱箱啤酒放到貨車上。

「我能借用你的電話嗎？」我氣喘吁吁地說。

「為什麼，出了什麼事？」

「是緊急事故！」

老頭剔剔他的牙齒。

「什麼樣的緊急事故？」

我解釋了那場車禍。

「你想打電話給誰？」

「當然是警察呀。」

老頭吐出牙籤，挺挺胸脯，好像《高傑奇案錄》裡的紐約神探[16]。

「我來打，」老頭粗聲對我說，「我用日文報警。」

他手腳靈活地跑過作業場，我轉身走向西舞鶴，嘴裡嘮嘮唸著，哼，東非斯瓦希里語（Swahili）吧。

五分鐘後，兩輛警車和一輛救護車鳴聲大作經過，往隧道而去。四十五分鐘後，我走抵西舞鶴鬧區。我在這期間想到，既然我是這場車禍的唯一目擊者，我實在應該向警方報案。我跑進路上的交番[17]，我的公德心把我自己感動得要死。

「那場車禍……」我開始說。

年輕警官站著，悠哉悠哉地低頭扯扯袖口的線頭。中年警官坐著，眼睛盯住天花板，用一支鉛筆輕敲灰色金屬桌。

「您是指哪一場車禍？」

16 Kojak，一九七〇年代美國電視影集，描寫一位紐約市警高傑的傑出辦案能力。

17 police box，在要道、遊樂場所和車站附近布防的警亭。

「十五分鐘前發生在隧道的那場。我是唯一的目擊者。」

換年輕警官發言。

「警察署應該會處理。」

「我想我應該報案。」

「謝謝您。」

「所以我來這裡。」

「多謝撥冗，但，署裡會比較清楚吧。」

「我該去那裡嗎？」

「可以呀。」

中年警官停止敲筆，開始用手指旋轉起筆來。

「警察署在哪裡？」

我得搭好幾趟巴士。

「不能用走的嗎？」

「太遠了。」

「嗯，可不可以從這打電話報案呢？」

「不用麻煩您了，」中年警官打斷我們，「我想不需要。您就把這件事忘了吧。我想署裡面已蒐集到所需細節了。」

我被澆了一大盆冷水。我隨後問起過夜的地方，警官似乎對這話題比較有興趣。但我吃晚餐時，老覺得坐立不安。假設第一位駕駛被以公共危險罪起訴；他活該，但他也許會如此狡辯：「有個老外，聽好……是一個老外喔……瘋瘋癲癲地夾著硬紙板做的陽具跑過隧道……」我立刻從旅館的電話簿，查到西舞鶴警察署的地址，一吃完飯就趕過去。

值勤警官也剛吃完晚飯；一張桌子上堆著一疊沒洗的拉麵碗公。我走進玻璃門時，電視正在播報王貞治一好球一壞球。

「我來報案。」

一好球兩壞球。

兩位警官的眼睛稍稍離開電視，一位用手肘推推另一位。

「發生在隧道的車禍……」

被推的警官無奈地站起身，拉直警察制服，慢步走到值勤櫃檯前。

「我想，既然我是唯一的目擊者，嗯，我最好來報告事情經過。」

「隧道？」

「東西舞鶴間的那條隧道。大概四點鐘。」

「喔，對了，那條隧道。」

「那裡有一場車禍。」

「您怎麼知道？」

「我看到了。我是唯一的目擊者。」

警官的手指頭在櫃檯上輪流敲擊，恍若打鼓般。

「您最好直接找負責此案的警官。喂！小野（Ono）！」他吆喝一聲，「你出來一下好嗎？」

我沒看過那麼年輕的警官。小野警官從房間另一側的門口，探出頭來，嘴角還掛著黃色麵條。

「有個老外目睹了隧道的那場車禍。」

一好球三壞球。

小野警官馬上吞下麵條，匆匆跑來櫃檯，一手連忙扣上鈕釦。另一位警官踱回電視機前，投手和捕手正在密商。我向小野警官仔細解釋了發生經過，他一字不漏地記在報告書上。我估算了第一輛車的車速，畫下剎車路線圖。最後我跟他說明肇事原因。

「你瞧，他看著我，然後扯高嗓門大喊『老外！老外！老外！』。」

小野警官突然放下鉛筆，望望另外兩位警官。兩位警官一邊盯著電視，一邊聽我們的對話，瞅瞅我又瞅瞅小野，咯咯地笑不可抑。然後我講完摩托車騎士和電話的事。

「這就對了，」小野警官說，他沒寫下老外以後的事。「這吻合另一位目擊者的證詞。」

教練走到投手板處。坐著的一位警官忽然對小野警官吼了一聲，小野警官隨即眨眨眼，跟我道謝，直接走回另一側門口。

「不用記下我的姓名地址嗎？」

「不用了，這樣就好了。」

「喔，就是這樣了？」

「是的。晚安，非常謝謝您。多謝撥冗。」

我不曉得那晚王貞治有沒有上一壘，或另一位目擊者是躲在哪棵樹後，但車禍就這樣不了了之。我結束旅行回到東京時，還不忘寫信到西舞鶴警察署，詢問這場車禍有無嚴重傷亡。交通部的一位二宮（Ninomiya）警官特別回了一張明信片，部分回函如下：「非常謝謝您的查詢。本署翻調紀錄，發現無人傷亡。駕駛年僅十八，」接著寫上駕駛的姓名和地址。「車上尚有兩位乘客，託您的福，幸虧他們體魄強健，毫髮無傷。本署全體警官萬分感激您的合作。本署歡迎與期待您的再度蒞臨。」

敬老節那晚我在酒吧裡喝啤酒，廣島鯉隊（Hiroshima Carp）以四比三擊敗讀賣巨人隊。

我離開舞鶴，郊區沿途，老婆婆在人行道上販賣蔬菜，蘇聯水手在公路旁的狹小店面裡試穿毛織夾克。往北順著河流堤岸走了一會，河水極深，湍流滾滾，隨後經過鐵道橋下，一列橘色列車揚長而去，又走回海岸。站著看火車穿越大橋，突然很想跑進下一個小車站，買張票回家。我這股衝動並不是來自疲憊；儘管我已一整個禮拜沒睡好，每晚睜大眼睛從兩點數到五點，看著拂曉曙光悄悄劃過天際。火車帶來熟悉感，全身肌肉痠痛的我是真的想回家了。從鐵道橋，可見白浪澎湃，鴿鷹盤旋於河口兩側的稻田，發出奇怪而尖銳的啼叫，搜尋在沒有穀物遮掩的田地上流竄的小動物。

我一心只想著距離，在日記中記下每天徒步的腳程，每個禮拜、每個月反覆加加減減。今天是旅程第八十天，總計走了一九九七公里。當我分別抵達札幌、函館、新潟、金澤、舞鶴時，驕傲之情真是不可言表。我想等我走到下關時，一定躊躇滿志。但現在看著火車駛過鐵道橋，鴿鷹於空中徘徊，驚濤拍岸，我懷疑，等我走抵佐多岬時，搞不好會覺得自己是個瘋子。

天橋立絕景

天橋立（Amanohashidate，意指天國浮橋）是一道狹長沙洲，長三點五公里，橫跨宮津灣（Bay of Miyazu），將一邊海洋隔成瀉湖（即阿蘇海）。金澤兼六園是日本三大名園之一；天橋立則是「日本三景」之一[18]。日本自然名勝汲汲於計較數字和歸類，天橋立南端的英文告示看板更將此精神展露無遺。看板上記載著，沙洲主要部分長二四二五公尺，占地十三萬零四百八十四平方公尺，最寬處為一四九公尺，最窄處為十九公尺。一九三四年的調查顯示，沙洲上有三九九〇株松樹，而一九五〇年五月的勘查卻更正為四五二二株。

政府低階官員對這類調查沾沾自喜，根據數據證據，松樹八成也因此大為繁盛。看板體貼地估算，從沙洲南端的迴旋橋[19]徒步到北端傘松公園（Kasamatsu Park）要整整一小時。九月秋陽燦爛，我開開心心地走過沙洲，古松蒼蒼，濃蔭蔽日。

似乎沒有多少人耐心走完沙洲。南端附近的智恩寺（Chionji）裡，一群觀光客在喇叭頻頻催促下，匆匆祈禱完，快步走下寺廟前的階梯，登上汽船觀光。如此觀賞沙洲景觀自然較為省事，但我較喜歡漫步於其間所看到的細部景致。

松樹是特立獨行的植物，難怪日本人在崇敬隱士和聖人之餘，亦賦予古松相同的尊敬。古松自古便是日本的象徵，絕非偶然。沙洲最狹窄處，強風從海面襲來，松樹被吹得個個彎腰，痛苦扭曲軀幹之狀，彷彿一生都在抵禦疾風圍剿。行走間，我得以欣賞每株松樹的奇形怪狀；若是遠觀，只能看見一片蔥蔥鬱鬱。沙洲並未給我天國聯想，就像永平寺一般，觸目所及盡是歲月遞遷。其他人亦有同感：

---

18 日本三景為天橋立、宮島，和陸前松島。

19 橋身以電力迴旋，開橋讓船通行。

啊，浮橋！
為何渡船夫
日漸蒼老？

詩人細川幽齋[20]如此問道，哀嘆人們於天國浮橋上，仍如松樹般擺脫不了歲月的折磨。

走完沙洲或搭汽船遊覽，還無法真正體會天橋立的極致美景；最好是登上北端山丘，於高處的傘松公園俯瞰全景。我閒蕩至公園時發現，原來站著看仍無法意會其超脫意境；遊客要登上石長椅，背對宮津灣，彎下腰從張開的大腿間凝望沙洲。天地逆轉，如此才能感受到沙洲的漂浮晃動。我不免要猜想，第一位發現此般絕景的人，當時究竟想幹什麼。

一群又一群日本觀光客乖乖地執行這項儀式的景觀，令人發噱。女孩壓住裙襬以防海風吹起，顯露另外一種天國景象，賞心悅目。中年上班族又要不失尊嚴，又要扶緊眼鏡，也是奇觀一樁。一位業餘攝影師不但彎下腰來，還從大腿間拍了近半卷底片的特技，更叫人嫉妒兼激賞不已（為什麼他不站著拍照，將相片倒放在相簿裡就好？問此問題太蠢，重點在於他拍得開心就好）。他大概也是唯一觀賞天橋立超過兩、三秒的觀光客。大部分的人只草草一瞄，便立即跳下石椅，臉上掛著鬆一大口氣的神情。幾個月前，〈蒙娜麗莎〉在東京一家畫廊展覽，吸引人潮蜂擁而至，不得不限制觀賞時間。主辦單位最後做出決定，觀賞此畫的最恰當時間是七秒鐘，藝術愛好者也毫無異議。因此，兩三秒的天橋立一瞥絕對足夠。富士山通常是五六秒，而我想，基督若真再臨（the Second Coming of Christ）大概只會驚擾日本人十秒鐘吧。

我當然得入境隨俗，趁人潮空檔，趕緊衝上中間的石椅，彎下腰從大腿間觀賞沙洲。嗯，屈體跳水，翻騰三圈，最後胸腹著水；我想這要歸功於我喝的三瓶啤酒，而不是身體的靈活度（我稍後試圖從大腿間瀏覽傘松公園，可惜手腳變得遲鈍不說，也沒看到傘）。

日已曛暮，餘暉斜照，回到公路，岩滝（Iwataki）發電廠的四支污黑煙囪將濃煙噴進九月的薄暮。宮津灣沿岸飯店逐個點燈，照亮灣畔。眼前的安詳氛圍即將被秋楓人潮所打破。前面，灰藍色陰影處是本州西部的山巒，我將花兩個禮拜走過這片山區，抵達廣島海岸。宮津市內一片萬家燈火，遊覽沙洲的汽船發出幽邃光芒。天橋立沙洲為闇影籠罩，上空雲彩漸次轉暗，靜靜躺著狀如精疲力盡的尼斯水怪；不像天國浮橋，倒像一隻深陷塵俗的搗蛋鬼，每晚兀自溜回湖穴安眠。

20 Hosokawa Yusai，一五三四至一六二〇年，戰國時代武將，曾建造舞鶴城。

第七章 雷神之眼

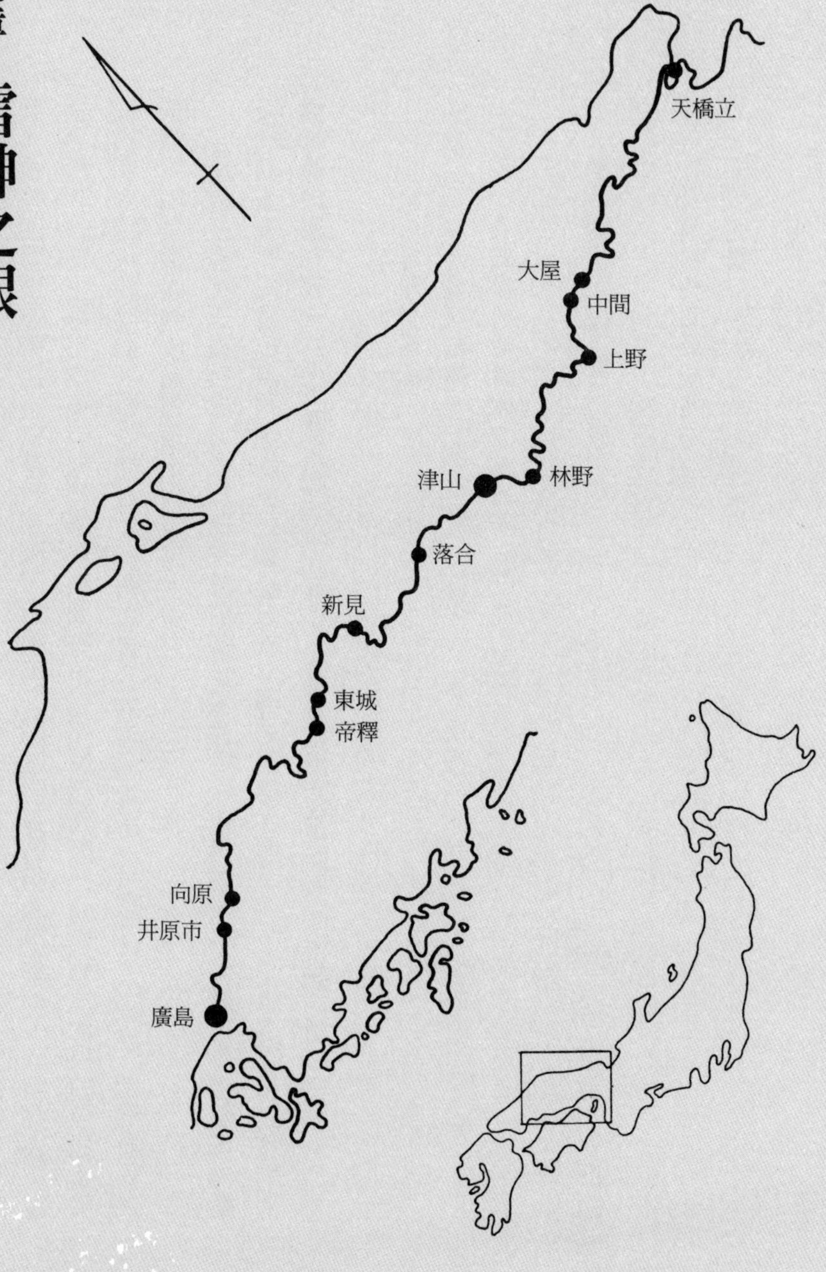
天橋立
大屋
中間
上野
林野
津山
落合
新見
東城
帝釋
向原
井原市
廣島

京都郊外，木造工房沿著道路兩側林立，手織機傳出陣陣櫜櫜聲響，夾雜著喀嚓聲。這些腰帶稍後將送至京都的和服店販售。一間工房旁的小塊草地上，一個女人正在餵食白胖的蠶兒，用桑葉將牠們攪得團團轉，宛如攪拌乳酪一般。鯉魚池裡的魚兒兼供觀賞與食用。我想起一位女演員友人告訴過我的事（唉，可惜她嫁人了）。金鯉魚只供觀賞，因其豔麗外貌而逃過宰殺食用一劫。

小村莊裡，三或四家房舍裡裡外外噴灑了殺蟲劑，惡臭燻天；大概是為了殲滅白蟻及於日本夏季大批出沒的蟑螂。昆蟲是日本文學的重要主題之一，常用以喚起高雅的情愫，稱之為「寂」[1]。詩歌對此著墨甚多，如俳聖松尾芭蕉所寫的俳句所示：

情可堪憐……
片片盔狀花瓣下
長觸鬚的蚱蜢唧唧鳴叫。

曾我蕭白[2]則這般寫道：

蟋蟀徒然於松間
鳴唱

在野草叢生的荒廢宅邸。

但我從未碰過堪稱優雅的蟑螂，也未在詩歌中瞥見牠們的身影。蟑螂（「御器噛」〔gokiburi〕，連此日文字都是以三個破裂音拼成，必須恨恨地自嘴角吐出）生來便惹人厭惡。

旅程第八十一天晚上，投宿的小旅館隔壁便是自家的餐廳，雖然陰暗狹窄，其貌不揚，我卻在那吃了一頓最棒的晚餐。老闆和老闆娘已屆高齡，那晚只有我一個顧客，恰好供他倆集中火力盤問，連我出生的細節都不放過。老闆娘憂心忡忡的問題較為實際，比如，我怎能於倫敦的濃霧中健康成長（日本人都相信，倫敦永遠籠罩在一片濃霧中，居民長期呼吸困難）。老爹關心的話題則較為深入，比較伊莉莎白女皇和天皇的異同，還有戰爭和戰敗的省思。

「自從日本戰敗之後，沒有人再尊敬天皇。皇太子明仁還算好些，太子妃美智子廣受歡迎（皇太子在網球場認識平民美智子，兩人相識相戀後成婚），但沒人把裕仁天皇當一回事。自從戰敗之後，就是如此哪。你知道，日本是個蕞爾小國，承受不起戰敗的

1 閑寂、枯淡和幽玄的美學意識。
2 Shohaku，一七三〇至一七八一年，江戶時代畫家。

打擊。」

「從日本傲人的經濟看來，」我回答，「我倒認為日本早已拋掉戰敗的陰影。英國人在六〇年代有個笑話說，如果日本再戰敗一次，她將統治全世界。」

「啊，」老爹用力地倒抽一口氣，「這是戰勝者才會說的玩笑。開這種玩笑的人顯然不知戰敗的滋味哪。」

話題轉到我的徒步旅行，老爹說了一段話，我至今仍常思考它的意涵，可是始終無法了解：

「你要從北海道走到九州。你很幸運。戰敗後，就沒有日本人辦得到了。你知道，我們的銳氣大挫，喪失那股豪情壯志，無法完成這類旅行。」

翌早，早餐是烤魚和新鮮青椒。老爹拿來一本稍有破損的相簿，其中一張照片是兩位美國女孩，投宿的時間已無法確定。兩個美國女孩日文全不靈光，合照的男人是學校老師，被叫過來當翻譯。早餐後，老爹堅持幫我拍些照片。於是，我先與老爹合照，再跟老闆娘合照，住在對街的兩個孫子也被緊急叫來照相。最後與我合照的人好像是瓦斯公司人員，剛好來抄瓦斯表數。

昨晚，老闆娘便將我的襯衫和牛仔褲洗好，可是還沒完全乾。她為此懊惱得不得了。

「唉，你不能再住一天嗎？你可以穿浴衣到處晃晃。明天一定會乾。」

不行，我大笑，我得上路了。我滿不在乎地套上濕衣服，背好背包。

「請在旅客登記簿上簽名。」老爹說。我發現我是這個夏天的唯一住客。

「你的心胸真豁達哪，」老爹臨別時評論，「難怪是你們打贏戰爭。」

小心狐狸？

早晚漸感涼意，山巒裡的楓葉仍未完全轉紅。走到公路盡頭，狹窄山路陡直升起，轉往內陸，離海岸愈來愈遠。大型遊覽巴士接連軋軋駛過，朝天橋立而去。司機在轉彎處對我猛按喇叭，我被逼得幾無退路。乘客們離座擠到後車窗前，亂成一團，傻愣愣地瞪著我。

正午，我離開京都，進入兵庫（Hyogo）縣中部山區。本州只有三個縣橫跨日本海海岸至太平洋海岸或瀨戶內海，兵庫是其中之一。也許肇因於此，它的方言多采多姿。神戶（兵庫縣行政中心）人常斬釘截鐵地說，他們聽不懂北方沿海老婆婆說的話。我花了三天步行過兵庫縣中部巒峰，聽到的方言種類比我在其他地方聽到的要多許多。日本人必然會對此相當驚訝；在日本人的刻板印象中，青森縣和最底端的鹿兒島（Kagoshima）縣方言最為古怪。我從不做此想：一者是因，青森是我最熟悉的地方之一，再者，在這些偏遠地區，人們在跟外國人接觸交涉時，即使說得不甚道地，反而會盡量使用標準語與之溝通。但兵庫縣人缺乏這份體貼，我的聽力因此大受考驗，搞得身心俱疲。

逶迤彎曲的道路上，手織機的撞擊聲響仍在迴盪，偶爾穿插著雞兒們歇斯底里的低沉呱叫。牠們被關在一排三層高的飼養籠裡。半途，我停在幾家雜貨店買飲料，店裡的人總不忘告訴我，日本有多小，還一再追問我來自哪個美軍基地。碰上心情好時，我會不厭其煩地叨叨說明：日本是英國的兩倍大，在歐洲約三十個國家中，日本的幅員只小於三個國家，而荷蘭（日本許多外國觀點都源於荷蘭[3]）是日本的二十分之一，瑞士（在日本廣告中，總是遼闊寬廣，牧場和滑雪場一望無垠）只相當於九州。我後來學會乖乖閉嘴，一來我人微言輕，說的話不足採信，二來如果我還膽敢辯稱，我既不是駐紮美軍，又不是美國佬的話，恐怕會被當成大騙子，被放狗驅趕出雜貨店。

稻田上罕見鴰鷹盤旋，高山村莊內尚未開始秋收，溝鼠和蛇類仍躲在其間穿梭徘徊。山路越走越崚嶒，森林愈見濃密陰鬱，山嵐瀰漫。暮靄低沉，走近大屋（Oya）鎮時，一輛車停下來，沒頭沒腦地指點我到當地教堂的路。

「教堂？」

「你是基督徒，不對嗎？」

「我不是。」

「啊，那麼，你最好試試交番。」

屋頂襯映著晚霞，一排小男孩跟在我身後作怪，我疲倦萬分，決定聽從駕駛的建議，找到位於一座民宅前，大屋唯一的警亭。我匆匆跑進去避難，成為上原（Uehara）警官的不速之客。

上原警官身材粗短結實，老婆個頭矮小，慌慌張張地衝去燒開水。小鬼們跟蹤我到交番門口，圍在入口處張望。上原警官扯扯棕色運動衫領口，稍顯措手不及。

「我是日本警官。」他一板一眼地宣布，用食指輕敲鼻頭。

「假不了，」我回答，「你正坐在日本交番裡。」

「沒錯，」他再同意不過，「沒錯。我是。」

小鬼們踢踢彼此。

「請讓我看看您的護照好嗎？」

我拿出外國人必須隨身攜帶的外國人登錄證。上原警官慎重地接過證件，仔細讀了內容，看見照片是近照、指紋工整清楚時，稱許地點點頭。

「您知道嗎？」他遞還給我時說，「這是我頭一次看到外國人登錄證。它很方便吧，不是嗎？」

「方便？」

「好記得事情呀。您的住址等等。我能為您效勞嗎？」他瞪瞪男孩們，表情威嚴，

3　十八世紀江戶時代的鎖國政策中，最初接觸的西方學問以翻譯荷蘭文的「蘭學」為主。

小鬼們毫不在乎地回瞪他。

我請他推薦住處，他沉思了一會，拿起電話筒就撥個號碼，但電話鈴聲還沒響前，他忽然想到什麼，隨即默默放下聽筒。他老婆端來兩杯茶放在桌上，轉身擺出個嚴厲的姿勢，小鬼們霎時鴉雀無聲，一哄而散。他們顯然比較怕他的老婆。

「請您讓我看看皮夾好嗎？」

「皮夾？」

「讓我看看裡面的鈔票就好。」

我將鈔票數一數，放在桌上，上原警官見狀非常滿意。

「是日本鈔票哪！」

「當然。」

「嗯，這真讓人鬆一口氣。」

「什麼？」

「鬆一大口氣哪。好，我明白了。請您收起來。請跟我來，我帶您去旅館。」

那家旅館不巧關門了。我們踱到對街的第二家旅館，好死不死，老闆一早就去了大阪，所以不收客人。

「您吃過晚飯了沒？」我們不知所措地站在旅館門口時，上原警官問我。

「還沒，原本想等找到旅館時再吃。」

「這樣子好了，」他邊思索邊摸摸下巴，「中間（Nakama）有家民宿，大概在六公里外的山區裡。大家去河裡釣魚時便住在那。這個季節不會客滿，但我們突然跑去的話，旅館可能來不及準備晚餐。您不妨在大屋用餐，然後我開車送您過去。」

「謝謝你的好意，但我得用走的。」

「咦？」

「嗯，我在做徒步旅行。」

天色已黑，他老婆打開警亭的電燈。低矮山丘上空，微弱繁星點點，上原警官站著咬住下唇。

「咖哩飯？」

「我客隨主便。」

「您不能用走的，已經天黑了。」

「我有手電筒。」

「不安全。」

「可是我習慣了。」

「在這片山區不行。我們先吃飯再說吧。」

他領著我走進一家燈光黯淡的小店，老闆一眼失明，正將油膩多汁的炸豬排端給兩位青少年摩托車騎士。

「咖哩飯，」上原警官點著菜，「還有一瓶啤酒。他有護照。」

啤酒來前，他又咬住下唇。

「一點也不麻煩，我是指車子。不到二十分鐘就到了。走路得花幾個小時，路又亂七八糟，一下過橋，一下轉彎，一根路燈也沒有。」

「我找得到路的。」

「並不容易喲。」

「請你不用擔心。」

「請您……」

「什麼？」

老闆送來咖哩飯和溫過的啤酒。上原警官到後面房間打電話給民宿。摩托車騎士裡，有一位八成生性好管閒事，屏住氣偷聽我們的談話，趁這時隔著桌子凶巴巴地問我：

「你是上原警官的朋友嗎？」

「算是吧。」

「他剛咒罵了一堆哪。」

「……他有護照和錢。」警官的聲音傳來。然後他折回來告訴我，已訂到一間房。

「聽著，您不再考慮一下車子的事嗎？我真的不介意載您一程……」

「不，真的很謝謝你。我有三個月沒坐進任何交通工具了，我想持之以恆。我已走了兩千零六十七公里，六公里實在不算什麼。」

「但是……」

「怎麼了？」

「請您萬分小心。」

「小心什麼？」

上原警官緘默良久，就在我吃最後一杓咖哩飯時，他小聲但清楚地說出：

「狐狸。」

「什麼？」

「請小心狐狸。狐狸精會勾走您的魂魄[4]。」

我猛然抬頭，他可沒咧嘴而笑，一臉表情認真。

我們在餐廳道別。上原警官窘迫地盯著腳丫。

「別留下壞印象，好嗎？」

「我不懂你的意思。」

「外國人登錄證和日幣等等，請別誤會。希望大屋留給您好印象。」

4 日本民間傳說，狐仙躲在險峻的山路中奪人魂魄，使人精神錯亂。奉祀狐的神社稱為稻荷大社。

「謝謝你請客。」

「不客氣。」

「我會小心避開狐狸。」

上原警官的臉上沒有一絲笑意。

初秋星空下，窄細的迢迢長路順著山勢忽上忽下，穿過小石橋，越過幽闇的溪流，轉彎繞過鎮上最後一片遺世孤立的房舍，探進黑魆魆的山林。一間房舍孤伶伶地駐立，我停下來傾聽女人在澡堂裡的輕柔歌聲。夜晚潮濕溫熱，眾星發出道道銀白色光芒。等我抵達中間的民宿時，月明如水，高掛在林梢。

「歡迎。沒在路上碰到什麼吧？」

「比如什麼？」

「動物之類的。」

「狐狸？」

「不，野豬。早上的巴士會將牠們趕回林子裡去。有些野豬重達一百五十公斤，衝起來時速度飛快。你坐車來當然沒危險，走路可就很恐怖囉。上原在哪放你下車？」

我沒跟老闆說實話。深夜，我躺在臥墊裡，仰觀月亮投射在房間紙窗上的幽冥闇影，片片朦朧的影子大如羔羊，緩緩爬過牆面，緘默如晦月。我在第一道曙光出現前，沉沉睡去。

進入「中國」

溪流從民宿門口淙淙流過，翻著白沫，空蕩的道路沿溪流而行，隱入巘巘山峰。紅色直升機低空盤旋在稻田上，發出轟隆聲響，鴿鷹和烏鴉不見蹤跡。直升機的陰影劃過金黃色的稻田，恍若寫壞的荒謬俳句裡的蚱蜢。山路順勢迤邐彎曲，愈見險巘，村落房舍沿著路邊排列。木製澡堂外堆著柴薪，有些高達錫板屋頂。峰巒崛起於村莊之上，成堆稻穫放置在狹窄梯田內，密密麻麻。層層梯田狀若巨人攀登山坡的階梯。

三天在兵庫縣的山中跋涉，一一三公里長的山徑上上下下，經過旅程中一些最陡峭的山坡。走過一個村，一個頭髮日漸稀疏的年輕男人告訴我，幾個月前，NHK攝影小組曾到此地拍攝稀有的金鵰（golden eagle，日文俗名為いぬわし〔inuwashi〕）。金鵰已被列為日本瀕絕保護動物。攝影小組帶來一批攝影機和三腳架，卻被東纏西繞的山徑搞得沒轍，完全無法將器材運上山區。最後，他們只好雇用當地山村居民將器材拖上山；這就像爬喜馬拉雅山得聘請雪巴人[5]一般。

從山徑最高處，見到蔥翠蓊鬱的山壑幽峪，山巒逶迤連亙，層巒疊嶂，山崿垂直陡落，彷彿大自然的鬼斧神工，景觀令人屏息。一輛嶄新運木卡車的車面裝飾畫是一面美

5 Sherpa，住在喜馬拉雅山的部族，常擔任登峰的嚮導。

國國旗，金鵰巍巍顫顫地棲息在上端；這也是我唯一見到的金鵰（在日本某些地區，五彩斑斕的卡車是種次要但活潑的藝術形式）。卡車的另一面則是喜多川歌磨[6]惡名昭彰的美人圖：戴著假髮髻的藝妓嘴裡叼根菸斗，媚視煙行。卡車後擋板上是兩條金鯉在悠游嬉戲。

近午，經過一片山區，樹木幾被伐得精光，告示牌上標示此地是滑雪場。走出最險峻的巒峰，直抵二九號公路。半途，我找到一家汽車餐廳，吃了一碗拉麵。老闆和家人從髒兮兮的魚缸裡鉤出魚兒，帶著令人不解的詭異微笑，將牠們扔在錫桶中等死。

四點左右，經過一面小湖，原來水壩建造時，將一段河川疏濬成湖。水壩附近有一家小甜點鋪，鋪內昏暗，老婆婆建議我當晚去住「兜風終站」。這是一個溫泉旅舍，夏季有數以百計的學生，騎單車越過這些山巒來此住宿；這大概是其名稱由來。我走了一小時後，看到轉進旅舍的岔道口，黯淡天色中，招牌點著燈大放光明，散發出溫馨光芒。旅舍在山間一公里半的路外，我終於抵達時，一隻巨犬先撲上來歡迎，朝著我狂吠不止。旅舍大門深鎖，窗簾緊閉，我砰砰砰地敲了快五分鐘，才驚動了管理員。管理員穿著白襯衫，手忙腳亂地衝出來解釋，旅舍並未營業。

「但你們公路旁的招牌亮著燈。」

「對，我們一年到頭都點著招牌的燈。」

「老天爺，為什麼？」

「好讓人們有被歡迎的感覺。」

「可是你們歇業了呀！」

「沒錯。」

這恐怕是我這趟旅程中，最神秘詭譎的一段東方式（Oriental）對話。

我在暮色中，踏著沉重的步伐走回公路，決心發揮英國人不屈不撓的精神。回程經過大放光彩的招牌，幸虧我有英國式的自制修養，否則我一定一腳踹破它。既然身為舞文弄墨的文人，我便回敬了它好些英文單字。夜幕迅速低垂，皎月高懸，黝黑的天空中星光閃爍。我艱苦跋涉後，走抵上野（Ueno）鎮，疲憊地尋找旅館棲身。

我拉開第一家旅館的大門，興高采烈地大聲問候。透過敞開的紙拉門，看到一位老爹坐在黑影幢幢的小起居室內。老爹穿著白色背心，靜靜地面向著一尊佛龕。我扯高嗓門對他叫了五六次，但他兀自盯著佛龕上的女人照片，動都不動。佛龕兩側插著鮮花，裊裊焚香飄散於整棟旅館間，迷迷濛濛。

我悄然離開玄關和大門，轉身進入闃黑的街衢，打開過隧道用的手電筒。鎮裡一片漆黑岑寂，商店停止營業，第二家旅館的窗戶跟街道一般，空蕩陰暗。氣氛魑魅魍魎，彷彿整座死城正在等待猙獰的天使降臨。第二家旅館的老闆相當熱情，我們一起坐在客

6 Utamaro，一七五三至一八〇八年，江戶時代畫家。

廳裡用晚餐，蒼蠅滿天飛舞。我吃著沾滿醬汁的冷牛排，用筷子挑掉一隻死蒼蠅，手法之熟練，讓他看了尷尬地不知該道歉，還是該讚美才是。

晚餐吃到一半，一位共產黨員上門來推銷《赤旗新聞》（日本共產黨刊物）。我從味噌湯裡挑出第二隻死蒼蠅時，聽到玄關裡的對話。

「我不是很喜歡天皇，但日本需要天皇來維繫各種傳統[7]；我也不是很欣賞你們，但我會看在民主的份上，買一份刊物。現在有個英國佬在我的客廳裡吃牛排呢。你不妨進來和他好好辯論一番。」

那位共產黨員憑著三寸不爛之舌，安然脫身。老闆拿《赤旗新聞》來擦潑出來的醬汁和味噌湯。

翌晨，走出小鎮時，看到一些競選海報，怪招百出。一位政治人物年紀頗大，不知為何，拿著手提式錄音機，將一支麥克風往前高舉，也許這是虛心傾聽選民心聲的姿態，不然就是鼓勵選民多多唱歌。再走一會，有一張更精彩的海報。一位肥胖臃腫的中年政客——參議院議員候選人，穿著紅黑色條紋橄欖球衫，腋下夾著橄欖球勇猛前衝，上滿髮油的頭髮竟然能保持整齊服貼。直升機搞不好也是競選花招，今早又在上野街道上空打轉，發出沉悶的隆隆聲。上野的早晨和夜晚一樣死氣沉沉。

今天剛好是下一個小鎮的交通安全日。鎮公所裡展覽全被撞得稀爛的車輛和腳踏車的照片。一輛吉普車沿著主要街衢開過來，上面坐著兩位鎮公所官員，擴音器傳來女人焦慮的吶喊聲：「太太們，難道妳們不擔心丈夫們嗎？」我猜，這問題應該和交通安全有關。但在一個狐狸精勾走警察魂魄，招牌領你到歡業場所的鬼地方，誰知道丈夫們會跑哪去鬼混？

下午三四點，就快走抵達另一條山徑的最高點。只要一停下腳步，背上的汗便帶來絲絲寒意，儘管渾身不舒服，還是坐下來休息數分鐘。看見一群修路工人：男人們懶洋洋地坐在推土機上，歐巴桑彎著腰用手混水泥。之後，山徑竄出兵庫縣，鑽入岡山（Okayama）縣。我花了七天走過近畿的艱困山路。現在，我進入本州的最後一段路程，也就是「中國」（Chugoku）地區。「中國」與「中部」（從新潟至福井）是截然分明的兩個地理名詞。「中國」也不是指在日文中同音異義的「中國」（China，歷史上，它指的是中央之國）。為何本州最西部稱之為「中」國地區，起初頗讓人納悶不解；日本部落最早出現於九州北部[8]，隨後大和朝廷興起奈良盆地，「中國」正好位於兩者的中央。此為其名稱來源。

天空陰霾烏黑，遠方山峰飄著朦朧細雨，山徑急轉直下，凜冽狂嵐直撲而來。上坡路煞是折騰小腿肌和大腿肌，而下坡路則鍛鍊刺痛頻傳的腳丫，很難講哪種情況較糟，

7　與日本皇室有關之傳統文化為神道教、雅樂、蹴鞠、古代馬術等。

8　於長崎吉野之里挖掘出彌生時代（西元前三百年至西元三百年）最早聚落。

走到山巔的輕鬆感總是相當短暫。進入山谷後的第一個村莊，經過一群放學回家的學童。日本男性和女性待人接物態度簡直是南轅北轍。我先碰到兩個小男孩，兩人笑得亂七八糟，回頭對背後的四個小女孩猛吼，「老外喲！老外喲！」，邊跑開邊對我示愛，「我『矮』你（I rub yoo）！」女孩們則矜持含蓄地向我點頭問好，「您好」。她們說的是Kaerimashita[9]，這帶學童碰到長輩時都如此問候。男孩的揶揄戲弄和女孩的恭謙有禮，幾乎是這趟旅程的不變模式。可嘆的是，我所見過的競選海報中，沒有任何女性參選。

日本合成橡膠株式會社的女性職員跑到公司二樓窗口，對我指指點點，一片鬧哄哄。雜貨店裡，一位親切活潑的女人幫我打電話給旅館定房。

「我該告訴旅館你是男性嗎？」她羞怯地問。

「那倒不必，」我憑經驗說，「但妳最好告訴他們，我是外國人。」

女人託出實情後，電話線另一頭的老闆娘變得驚慌失措，我只得接過聽筒，花兩分鐘費盡唇舌，向她證明我不是野蠻的洋鬼子，再花兩分鐘解釋，不，我不是在耍她，因為她不相信日文說得這麼流利的人，竟然是外國人。

「我還以為你在騙我。」我終於抵達旅館時，她坦承道。我在途中碰到兩位騎速克達的高中女生，她們請我在筆記本裡簽名，發現我會說日文時，大失所望。

「讓他說英文！讓他說英文！」四個小鬼跟蹤我超過一小時，現在聚集在旅館玄關處張大眼睛，口中叫著。老闆娘將他們噓走。

「我們對語文很有興趣，」老闆娘一面解釋，一面拆開包紮牛肉的紙。她匆匆忙忙跑去買了一塊牛肉，因為外國人不管日文靈不靈光，都不愛吃魚。那塊牛肉害我被多敲了一千日幣。旅館浴衣上印著「日本國鐵」字樣。看得出來，她很有成本概念。

誰不了解誰？

出光石油（Idemitsu Petroleum Company）以前有一系列電視廣告，宣傳公司加油站的友善好客，比如，招待顧客或問路和躲雨的人茶和糕點。我以往看了總是嗤之以鼻，認為是天方夜譚。但我現已改變想法。翌晨，我邁著步伐走過出光加油站時，一個男人戴著鴨舌帽，下巴有一道疤，跑上前來，請我到辦公室裡喝杯咖啡。他怕聽不懂我的話，把臉貼得離我老近，差點吻到我。

「你要去哪？」

「林野（Hayashino）。」

「可以的話，我願意載你一程。」

「謝謝你的好意。我想用走的。」

9 かえりました，直譯為「回來了」。

「哈哈哈！嗯，你是哪裡人？紐約嗎？」

「不，倫敦。」

「倫敦哪裡？蘇格蘭或威爾斯？」

我們坐在時髦的塑膠椅上，負責收銀台的女人忙進忙出，泡了好幾杯即溶咖啡，加了一種叫雞皮疙瘩（Creap）的奶精。一位員工穿著條紋套頭毛衣，畏首畏尾地站在門口偷瞧。

「聽說英國缺水，所以大家一禮拜才洗一次澡，是真的嗎？」

「不是因為缺水，英國人衛生習慣差[10]。」

「你就不會呀。你為什麼徒步呢？錢用完了嗎？」

「你確定你是英國人嗎？」女人納悶道，「你一點也不像詹姆士・龐德。」

我逗留了將近一個小時，喝著咖啡加雞皮疙瘩，吃了幾塊蛋糕。臨走前，員工鼓起勇氣要我的簽名。

「要我的簽名幹嘛？」

「當作一種回憶。」他近乎耳語地說，臉漲得通紅。

西南方遠處，中國高速公路上車流擁擠。我取道窄狹的舊路。一個小女孩背著黃色書包，蹦蹦跳跳地放學回家。柴油卡車排放的黑色廢氣濃密地令人窒息，她卻渾然不覺。一輛灰色廂型車在我前面停下，車上有兩個女人，一個女人下了車，輕快地跑到人行道上。

「哈囉！哈囉！你會說日文嗎？你會？咻！好在！我們想還是停下來問問看再說。要是你不會，那你就麻煩大囉。」

她沒告訴我，究竟有什麼樣的大麻煩在等著我。我很納悶，卻也沒問。她給我一個梨子[11]，免得我在路上餓著。她說，梨子產自北部海岸，而種在沿海山坡地的梨子最為甜嫩多汁。

「你該去北部海邊。那裡的麻煩較少。」

傍晚時分，我在林野問了幾家米店和酒店後（這兩種店最適合打聽消息，因為它們通常是鎮上最老的店面），找到一家旅館。旅館歷史有七十年之久，優美典雅，處處是幽深的迴廊及燻黑的竹製拉門。這是旅程的第八十六晚。這晚，館裡只有另一位住客。推銷員晚上和我一起用餐，對我每個禮拜打電話向內人報平安一事，非常吃驚。

「您夫人？究竟為什麼呢？」

「免得內人擔心。」

「真奇怪哪。我是剛好相反。我一個月通常有十天不在家。如果我打電話給內人，

---

10 歐洲人洗澡的次數的確沒日本人多。

11 nashi，一種堅實多汁的水果，半像蘋果，半像西洋梨。

她會以為我出事了。」

晚餐豐盛可口，我們還吃了很多梨子。晚飯後，我們躺下來，用手肘撐著身體，傾聽林野晚上的聲響：孩童啼哭、腳踏車的尖銳嘎吱聲，以及在乾燥季節裡提醒小心火燭的木板拍擊聲。酒足飯飽，昏昏欲睡中，沉思起世界大事。

「你對逃難來日本的中南半島難民有什麼看法[12]？」推銷員問。

「不是沒多少人進來嗎？政府不讓他們上岸。」

「我是福山（Fukuyama）人。福山港常常得將難民船趕走。真遺憾哪，但外國人當然無法了解。日本人永遠備受批評。以前是車子傾銷、殘殺海豚和非法捕鯨，現在輪到難民。我們能怎麼辦呢？日本這麼小，山區這麼大，人口這麼擁擠……」

我又拿了一粒梨子，想到北海道那片廣闊空曠、生活不易的地域，秋田北部荒蕪的高山，農地休耕，農夫全家搬到都市擠在兩房公寓裡，還有日本最南端的無數島嶼，如西表島（Iriomote）。此地人口過稀，政府願意出資蓋房子給肯移居到島上的家庭。

「……說來說去，外國人就是無法了解，他們的國家地廣人稀。有時我覺得外國人是不想了解，他們對日本心懷憤恨，故意曲解我們。我不想再出國了哪。我去過香港、新加坡和韓國。我沒去過白人國家，我也不想去。白人視亞洲人為次等人種，就像黑人和猶太人。我們不是冷血動物。日本只是人口密度過高罷了。」

我們又對世界局勢討論了一個小時，但愈說只是愈沒解答。

九月二十三日是秋分，悶熱潮濕。因為是國定假日，旅館、住宅和商店紛紛掛起國旗[13]。下午三四點，沿著姬新線鐵軌，走進津山（Tsuyama）市。今天過得輕鬆。我在商店街裡晃來晃去，想找一家咖啡店安靜地休息一會，走著走著，發現自己突然上了電視。

「你願意接受採訪嗎？」採訪記者多此一舉地問，攝影機早對準我上上下下照了一回，沒放過我的落魄模樣。採訪記者長得很漂亮，穿著亮粉紅色長褲套裝，將麥克風推到我臉前，上面還綁著黃色緞帶：不像政治候選人的麥克風。

「談什麼？」

「時尚。」她一本正經地說。剎那間，我想我大概是被搞笑節目抓個正著。攝影機在我身上梭巡。我穿著補綻處處的牛仔褲、髒兮兮的登山靴、好久沒洗的棉襯衫、脖子上裹著一條沾到泥巴的藍色毛巾、皮帶上插了一把獵刀，還有個十四公斤的背包。

「時尚？」

「是的，」採訪記者說，「比如說，你在秋天時，特別喜歡哪些顏色？」

我如困獸般呆在原地。頭上的屋頂光可鑑人，俗麗路燈銀光閃閃，假日購物人潮圍

12 越戰剛於一九七五年結束。
13 秋分在日本是佛教節日，稱為「御彼岸」，主要活動為掃墓。

了上來，大家全傻呼呼地看著我。旁邊電器行的立體音響開得震天價響，喇叭為全裸俱樂部拉生意，我不得不提高聲調，與之抗衡，讓大家聽聽我的優雅衣著品味。我一告訴採訪記者我的名字，她就像大部分人一樣，堅持叫我亞蘭・德倫。

「你們屬於同一類型。」她發出嬌笑，眨眨眼睛。

站穩，我提醒自己，可別在五百萬觀眾前出糗。

採訪的結尾部分還是洩了氣。女記者請我獻唱一首英國歌曲。我喃喃推託，以剛走了二二五〇公里的路，累得上氣不接下氣為由，恕難從命。

「你們英國人真有幽默感！」她尖細的聲音撒嬌地說，將一枚徽章別在我臭巴巴的襯衫上。徽章上用法文寫著「這顏色是香水」。

秋分這天快接近尾聲時，我坐在高級咖啡店裡，打著黑領帶的服務生為我端來吉力曼札羅咖啡。我早早便回到旅館，將衣服洗乾淨，除掉不適合浪漫秋季的臭味。

洋人受鬼氣

翌晨，城市臭味燻天，揮之不去。清潔人員在街道兩旁用鏟子挖著排水溝，抽出髒水，整片地區瀰漫著糞臭味。這是傳統日式建築不甚浪漫的一面。在津山和這一帶的小鎮，公共下水道埋設在馬路邊，成半開放式水溝狀態，僅以混凝土板或鑄鐵板草草掩蓋，只要行人不會跌進去就好。

晚上下了一場驟雨。白天我離開津山時，仍舊細雨霏霏。經過郊區，許多人向我揮手致意，可見時尚採訪節目的播放效果有多大。爾後進入鄉野，沿途到處是墓碑石匠的工房，二或三個展示屋殷殷勸誡顧客，最好趁股票還值錢時，趕快買下一塊墓地。中國地區的另一項特產是羊羹（yokan，甜豆凍做成的甜點），但對注意體重的觀光客而言，買活鹿角鍬甲似乎是紀念品的其他選擇。舊路大部分時候與新高速公路平行。路上碰到幾個人跟我抱怨，新公路扼殺了他們的生計，許多像落合（Ochiai）的小鎮沒落蕭條，也許殯葬業者早就看準這點。

但落合鎮卻朝氣蓬勃，黃色太陽廣場購物中心熙熙攘攘。一家英文補習班號稱能啟發腦筋遲鈍的學童，提供野心勃勃的父母或「愛好語文」之士優良課程。車輛行駛於舊路上，急速迴轉，輪胎發出尖銳的吱嘎聲，充分發揮汽車廣告中的馳騁快感。對跑車的著迷，導致日本超速駕駛的案例激增，或許殯葬業者也已高瞻遠矚。但從我在舞鶴的親身體驗看來，駕駛只要「體魄強健」，便能在公路的危險車禍中死裡逃生。

遠從日本海海岸來的魚販，開著廂型車，在村莊間巡迴廣播叫賣，回音響徹山谷。晌午，我離開荒廢的舊路，開始跋涉過人煙稀少的巒峰。天氣炙熱。窄路彎彎曲曲，狹窄處有時容不下單向車通過，穿過番茄田，越過三條老舊石橋，走過村莊的商家，小櫥窗裡堆滿塑膠建築模型玩具。窄路稍後下坡，進入低矮山谷，接上巉巖峽谷，兩旁石灰岩斷壁高聳峙立，在蒼穹投下陰影。新見（Niimi）市外圍有些石灰岩採石場。我轉進一八〇號公路，花了一個小時走抵新見。我發現那天快步行軍了四十三公里，創下一天最高紀錄。

我相當困倦，累得無法在下町後巷間尋找住處，決定再冒險一次，找當地的警察幫忙。好在我進城沒多久，便看到新見警察署。我蹣跚走進署內，對著兩位值勤的警官咧嘴傻笑。一位警官身著制服，頭髮油膩光滑。另一位是便衣警官，無精打采地靠在錫製文件櫃旁，搔著下巴的鬍渣。

事後，我替他倆取了「猛哥」（Roughie）和「衰哥」（Smoothie）的渾名：很少能見到個性和外表如此天南地北的搭檔。衰哥頭髮油膩滑順，指甲剪得整整齊齊，制服鈕釦閃閃發光，辦公木桌桌面光可鑑人。衰哥打從第一眼就討厭我。猛哥身上穿的夾克皺巴巴，一個口袋的襯裡翻了出來，怒髮衝冠，雜亂不堪。好在猛哥的階位比衰哥高，不然衰哥一定有法子整得我生不如死。

猛哥身體用力一挺，離開文件櫃，幫我打電話給旅館。他的聲音粗重沙啞，口氣兇狠，但旅館老闆一定認得這個聲音，否則他會嚇得立刻打電話報警。猛哥廢話不說，馬上切入正題。

「聽著，你能只收老外三千五百日幣嗎？他會說日文，我們現在就在用日文溝通。他一路從北海道搭便車過來……」猛哥不斷重複這項錯誤訊息，彷彿我犯下某種滔天大罪，懇求旅館好心收留我。「是的，我想他肯吃魚。筷子？應該會用吧……」

另一頭的老闆繼續盤問了數分鐘，我百般無奈地站在一旁，還得裝出興匆匆的表情。猛哥最後放下聽筒。

「他們客滿了。」他邊說邊搔搔頭。

「碰到老外時，旅館常說他們客滿，」我解釋，無意間卻將袁哥惹得火冒三丈。

「他們是擔心你不會說日文。」

「請問我們現在在說什麼語言？」

「我是指精確度，萬一碰到緊急狀況的時候。」

猛哥打了另一個號碼，特意不提及老外的事，對我呵呵直笑，心照不宣般地眨了三四次眼睛。袁哥趁此時狠很地訓了我一頓，說我不該在皮帶上插把獵刀，更何況真會用到的機會微乎其微。

「呃，」我不甘示弱地回敬，「我一路上不知進過多少日本警亭，只有你這麼說。」

「那是因為你是老外，」他傲慢輕蔑地說，「他們知道你聽不懂。」

袁哥當場要我將獵刀取下，放進背包中，但猛哥認為無此必要，並指點我如何走到旅館。他說，他用「一個年輕男人」的名義幫我訂了房，然後又對我眨眨眼，祝我好運。

旅館人員剛開始很客氣，但到了晚上，不耐及厭惡之情漸漸浮現。我呢，早受夠了當洋鬼子得受的鬼氣，最後忍不住和旅館人員吵了一架。原因如此這般：我想打長途電話到東京，他們叫我用的投幣式電話只收十圓日幣銅板。我斥之為無聊，這太荒謬了，這等於每四秒就得投一個銅板，總共得投兩百個。我不管他們端起臭臉，堅持要用旅館的電話打給接線生，並請接線生報給我電話費數目。他們在一旁大發雷霆。我一放下電話上樓，就聽到他們打電話給接線生，查問我有沒有報錯數目。我想，他們不信任的是我的語文能力吧。

愛情在秋天到來

吃早餐的咖啡店裡，有一整面牆壁是馬特洪峰（Matterhorn）的壯麗景觀，老闆點燈將它照亮。店裡提供漫畫，以幫助早餐顧客促進消化。我翻了一本Eros（色情）：一個裸女被綁在汽車修理廠裡，扳鉗、千斤頂以及連桿等各類物品被用來折磨她，令人嘆為觀止。我上路一小時後，看到一樣東西，讓我想起幼時看過的漫畫。一座佛陀雕像安坐在路旁，雙手合十祈禱，看得出年代久遠，原先的頭顱被砍掉，一塊蛋型小石頭黏在肩膀處充作頭部。在日本膾炙人口的鬼故事中，有一種鬼躲在拉麵攤，向顧客掀開頭巾，露出光光如也的頭部，恐怖至極。但石像讓我想起的是Eagle[14]裡，主角勇敢丹德（Dan Dare）對抗的蛋頭外星人敵軍。幼時漫畫天真無邪，沒有裸女和汽車修理零件，只有永無止休的銀河對決。

秋天的腳步來到山巒。有些樹葉轉成棕褐色。樹葉紛紛凋零，飄落在道路兩旁，飛舞進枯萎的竹叢，或靜躺於路面水坑中。道路愈攀愈高，山腳下的鐵軌和溪流綿延曲折。走至山巔，一道裂罅裡塞滿成堆垃圾。一座木製神社位於惡臭四溢的罐頭和紙板上端。我由衷地可憐起住在髒亂中的神祇。「日本有三萬個神祇，」有次，一位友人吹噓。「沒錯，」我心情惡劣地反駁，「但大概只有三位得到敬重。」

行於村莊間，經過一位鄉下祖母，她背上綁的樹葉之多，看起來有點像伯楠森林[15]。旅程第九十天下午五點，我行到巔峰密林，走出岡山縣，進入廣島縣農村的藍色霧靄。東城保齡球館是第一個廣島縣地標，屋頂的巨型瓶狀滾柱活像陽具，也像勇敢丹德的飛彈。人們在偏僻田野間燃燒樹葉，厚厚煙幕升起，飄散於東城遠處山壑中，河流上飄盪著紫灰和淡黃粉紅色的濃霧。

我在橋邊找到一家旅館，臉上皺紋滿布的老婆婆前來玄關招呼我。我倆一路嘻嘻哈哈地笑個不停，像五歲孩童。

14《老鷹》，英國男孩漫畫。
15 Birnam Wood，莎士比亞名劇《馬克白》中，蘇格蘭國王的敵軍殺至伯楠森林，將大綑枝葉綁在身上，行軍時恍若整座森林移動起來。

「喔！你不會想住在這的！」老婆婆吃吃地笑，雙手搓著圍裙。

「喔，可是我想住！」我輕笑著，將背包放在玄關地上。

「你不會想用餐吧？」

「我要在這吃飯。我餓死了！」

「喔！喔！」她繼續淺笑，急忙走到階梯上。「還是請你出去找你想吃的東西吧？」

「我一定會喜歡妳煮的晚餐。」我咯咯笑著，她拍掉我襯衫和頭髮上的灰塵，我坐下來解開鞋帶。

我猜，偉大的愛情故事都是這般起頭，難怪會以失望收場。我只能將這場戀曲歸咎於神秘的緣分，而緣分是命中注定，躲也躲不掉，如天雷勾動地火。從彼此接觸中的一顰一笑、舉手投足之間，產生靜電般的火花。那晚，我和老婆婆眼神緊緊交纏，含情脈脈，呼吸急促，淺笑盈盈。老婆婆幫我洗了所有的衣服，愛火因之燃燒得更旺。我堅持先喝啤酒再去泡湯，這股幽默感想必將常駐老婆婆的心扉。我一向和老婆婆們處得很來，我的談話似乎讓她們忍俊不禁。但那晚在東城，我和老婆婆卻無須言語，就契合地笑得打滾。

晚餐後，我閒逛進一家小酒吧吃烤雞肉串。兩位客人吃東西咂咂出聲，輪流背誦英文的十二個月份，結結巴巴。老婆婆因與我打情罵俏，笑得精疲力盡，很早便上床就寢。於是我坐在兩個蠢男人旁邊，聽他們把我當笑話看，卻因英文教育失敗，無法與我分享。

那晚我入睡時，暗自低笑，想著老婆婆迷人的黑髮和急促的呼吸。我們於睡夢中相遇時，第一場皚皚瑞雪降至富士山。

雷神之眼

西方山丘上，中國高速公路的延長工程仍在如火如荼地進行。砂石車大約以每分鐘一輛的速度，轟隆隆地從我身旁駛過，進入往帝釋（Taishaku）的窄小道路。砂石車揚起團團油煙塵土，害我差點窒息，我連忙躲進巴士候車亭避難。一位戴著錫盔的工人突然闖進來，告訴我，他們正準備炸掉我頭頂上的山坡。我快步離開三分鐘後，聽到身後傳來低沉的爆炸聲響。鳥兒們並沒有尖聲驚叫，當下一片死寂。濃煙散去的短暫空檔，聞得到苦甜的松香。棕褐的田野染上秋色的斑駁，稻架上掛著成綑稻草，排列整齊，覆蓋著燻黑的透明塑膠布。

十點半抵達帝釋村。帝釋村位於名聞遐邇的石灰岩峽谷帝釋峽的北端。帝釋天是佛教雷神之一，守護世界免於災難[16]。在紀念品商店，一個女人告訴我，幾年前，一群四

16 帝釋天原為印度教吠陀神祇，傳入佛教後成為維護秩序，討伐亂魔的雷神。

十到五十位學童來此旅行，結果遊覽船翻覆，全數滅頂。現在，校方禁止學生到帝釋峽旅遊。也許，雷神這幾年也特別擦亮眼睛，比較盡忠職守。

祭祀雷神的永明寺規模小巧，屋頂陡斜，興建於第八世紀初期。一旁的石灰岩懸崖龐大險峭，形成時間至少遠在一億年前。折好的白色紙籤打成結，繫在靠近寺廟的樹上，籤上的字飽經風吹雨打已然褪色，紙籤也變得僵硬易碎。越過朱砂色的來鏡橋，便是賽之河原。灰色峽谷的巖洞中，佇立著跟恐山一樣的祈願石塚，兩百到三百座木製墓碑，以及一碟白色蠟燭，全未點燃。看起來，雷神彷彿是心不在焉地守護著這片廣島鄉野。

吃完午飯，沿著高處的木製遊步道走去，秋陽斜照，形成道道燦爛斑紋，和煦陽光在綠色葉片上飛舞。我跑進一家酒店兼藥局的小店買啤酒（這種店我雖見多了，還是覺得非常奇怪）。胖胖的老闆娘講話喋喋不休，我在店裡坐了一個小時。買酒的客人常一坐就是一下午。老闆娘準備了花生，滔滔不絕地談著她九十一歲的母親，和住在東京的兩個兒子。兒子很少回來看她，一年能看到一次就得感謝菩薩了哪。東京實在離廣島太遠了。我呢？我在這裡做什麼？我要去哪裡？城市？我是指廣島市嗎？

「……原子彈落下時[17]，我剛好住在親戚家裡，岡山山區那邊。我聽到收音機的新聞，弄不清楚發生了什麼事，便跑到廣島去一探究竟。人們穿著工作服，一個個跳到河裡以降低體溫，都脫皮得好厲害哪。穿著制服的女學生手臂和半張臉都燒掉了。後來，戰爭結束後，她們到美國接受皮膚移植手術，將大腿皮膚移植到臉上。遠看的話，效果不錯；但近看完全不是那麼回事。街道上到處是殘壁斷垣，我漫無目的地徘徊，從頭頂上的一塊禿頭認出以前的老師。我們以前還常拿那來開玩笑呢。我趕緊跑上前叫住他，他轉過身來，下半張臉看起來像是長了蕈菇。我隨後去了東京，看見人們緊緊抱著馬鈴薯走在街上，彷彿那些是稀世珠寶一般……」

她看看坐在桌子另一邊的我。

「你相信我的話嗎？」

「是的，我相信。」

「現在的年輕人惶惶然沒有信仰，他們的父執輩卻坐在酒吧裡唱老軍歌。他們說那是懷舊。我認為是另外一回事。」

我對她引述我曾在日本雜誌裡看到的詩：

軍歌低沉鳴響，

生者瘮瘮欲聾。

17　一九四五年八月六日。

她點點頭，重複唸了兩或三次，給我三顆水煮蛋帶著上路。我走了一會兒之後，坐在馬路邊的石頭上將蛋吃光。那天下午過得特別快。

排水溝裡的死青蛙後腿張開，打得筆直，前腿在胸前交握，乍看之下很像人類，令人毛骨悚然。兩個金髮人士坐在停下的車內凝止不動，我遠遠瞧見他們的背影時，著實吃了一驚。走近後，才發現原來是一對真人大小的人偶，用來示範安全帶的繫法。人偶直直凝望向擋風玻璃前方，狀若癱瘓麻痺。道路上一片寂默，彷彿所有的廣島居民，不論是青蛙、金髮人偶、學童，或老師，都悄悄躲進雷神的法眼瞥不見的闃闇地域。

我在一家餐廳喝咖啡，裡面有本漫畫是身著制服的女學生遭到體育老師、看病醫生、叔伯或姑嬸強暴的各種畫面。我看得懂菜單，讓女服務生嘖嘖稱奇，「喔！」她柔聲說道，「你看得懂呀？」但她後來拿給我的帳單才是考驗，因為菜單是日文，而帳單上印的是想像中的英文。帳單上註明ko-rudorink（cold drink，冷飲）和hott dorink（hot drink，熱飲），消費全額潦草地寫在aum之下，我想，應該是sum（總數）的誤植，而不是指什麼密教教祖[18]。我走出餐廳後，經過一位在打電話的男人，他正對著話筒喊：「『呼』囉！『呼』囉！」也許，那對人偶終於開口求救。

那天，我沿著公路走完最後一段路，車潮洶湧，頭燈閃亮地像曳光彈，我幾乎張不開眼睛，很晚才抵達旅館。我頭昏眼花之餘，顧不得街上滿地的菸屁股。疲倦異常，一隻貓坐在外面窗沿，喵喵哀叫了一整晚，也沒力氣抱怨。

廣島的媽媽桑

戰場上，坦克車車軌縱橫交錯，迫擊彈轟擊的彈坑累累，烏鴉在日軍屍體上大快朵頤；扯出眼窩中的眼珠，頭部肌肉被片片撕開，只剩骷顱頭。不遠處，一個臨時戰俘營中，兩個日軍被鐵絲網綁在木樁上，一位美國海軍中士帶著獰笑，檢閱執行火刑的小隊。這位美國中士剛剛才在軍營裡，用嵌著鐵釘的皮鞭，狠抽兩個日本女人的臀部。女人們哀嚎不已。兩位日軍臨死前大呼口號。一位狂叫：「俺是日本人！」另一位則高呼：「天皇萬歲！」子彈在他們的胸膛上打出拳頭大小的坑洞。他們死後沒幾分鐘，烏鴉紛紛降落在屍體上，先挖掉眼珠，然後是舌頭。

我默默將漫畫放回原處，邊吃早餐邊研究地圖。汽車餐廳大而空蕩，老闆一見我放下漫畫，便過來和我聊天。老闆已屆中年，看起來比實際年齡年輕許多，嘴裡鑲著幾顆金牙，身穿連身圍裙。我們的話題是日本經濟。

他告訴我，美國、英國和西德都大勢已去，面臨嚴重衰退。相反地，日本是世界上唯一一個國家，能做到食品式樣和包裝統一，加蓋日戳以保證新鮮度，並同時在小村或大都會上架販售。方便是很方便，什麼都唾手可得，但他認為這便是年輕一輩喪失工作

---

18 AUM，奧姆真理教，教祖麻原彰晃曾於一九九五年九月二十日，發動東京地下鐵沙林事件。

價值觀的主因。十五年前，日本人懷抱遠大理想，工作勤奮，未來目標明確，無限寬廣。現在，未來變得模模糊糊，極為有限。然後他開始重複那些老話：日本太小、缺乏自然資源、遭到全球誤解……

老闆和藹友善，相當誠實地表達讓他印象深刻的一些事物：

「有時候，外國人，大部分是美國人，從岩國（Iwakuni）經過這裡到大山（Mt. Daisen）滑雪。如果他們點『早餐服務』（morning service，一片吐司和咖啡，加上免費的蛋），我常常忙不過來就會花不少時間，但他們總是安安靜靜地等到端來為止。日本顧客呢，不到五分鐘就窮吼起來。外國人真是有耐心哪。大概是外國什麼都不方便，培養出來的哪……」

汽車餐廳裡的電視開到最大聲，一件號外新聞陡地打斷我倆的交談。新聞播報員報導，九位日本赤軍成員剛劫持了一架日航飛機，飛往達卡（Dacca，孟加拉首都），並要求六百萬現金贖金[19]。老闆尷尬地咳嗽一聲，走回廚房。我轉進窄路，沿著地方鐵道經過通勤地帶，往廣島市而去。

雖然是通勤地帶，這一帶的低矮山丘和壑谷卻是我旅程中所經過最翠綠和賞心悅目的山巒。廣島縣整齊清潔，規畫精良。儘管汽車餐廳老闆強調廢寢忘食式的工作倫理，廣島人似乎待人溫和，處事不疾不徐，願意騰出時間閒扯。商店中，掛鐘裡嵌著王貞治打出那隻破紀錄全壘打，將美國棒球打得落花流水的照片。從攝影機到鐘錶製造商到運送至廣島縣鄉下，總共只花了二十六天。多方便呀。這才叫工業！

漫長陰鬱的一天就快結束，抵達向原（Mukaihara）。三個小女孩問我來自何方。北海道，我告訴她們。她們尖叫著逃開。我在破舊簡陋的街衢中尋找旅館，四個小男孩追上來（可能是小女孩們叫來的），排在我身後，背誦著「I-me-my，You-your-yours」。這場鬧劇大概持續了五分鐘，直到我耗盡自制修養，厲聲命令他們閉嘴為止。不可思議的是，他們竟然乖乖聽命。向原沒有旅館，好像也沒有警察。車站堪比倉庫。一位打瞌睡的老先生告訴我，沿著藝備線鐵道而去，下個站井原市（Ibaraichi）站附近就有一家旅館。多遠呢，我問。

「五十公里。」

我心頭緊緊揪了一下，忽然想到老先生可能弄錯公里數。

「多少日本里？」

「一里多。」

「那是五公里，不是五十公里。」

「是的，」他同意，「應該是吧。變來變去，我都搞不清楚囉。」

19 一九七七年九月二十八日，日本赤軍劫持航機至達卡，日本政府後來釋放六名赤軍成員，付出十六億日幣以交換人質。

夜幕低垂，旅程中第二次，九點才走到旅館。旅館一片黑暗，隔壁的小酒吧亮著燈，我打開酒吧後門，滿心希望兩家店同屬一個老闆。我沒猜錯。兩位公關小姐熱情歡迎我，酒吧媽媽桑就是旅館老闆娘，相當活潑。我吃晚飯時，老闆娘在旁伺候，一逕兒叫我「大哥」（O-niisan，禮貌親切的稱呼）。

「井原市相當古老，大哥。五或六年前才納入廣島市。我們有傲人的悠久歷史哪。這家旅館已有七十年，對街的寺廟裡埋著一位毛利[20]領主。荻（Hagi）離這有一百二十公里遠喔。那裡有個八十幾歲的老頭，一頭白髮和長鬍鬚，每年春天都會來我這住一晚，隔早爬上寺廟後的山丘去祭拜祖先。」

媽媽桑熟知當地歷史。毛利輝元在一六〇〇年的關原戰役中投靠西軍，與德川家康旗下的東軍激戰，結果西軍大敗，德川確立其將軍地位。事後，毛利原本想手刃親子以示謝罪，但被將軍阻止，下令削減毛利的封地，將廣島轉封給親信福島正則[21]。晚餐中，話題自然而然地轉到廣島的現代史。

「你知道御見合（omiai，相親）嗎，大哥？」

「知道，男女雙方由家長陪同，安排會面，以結婚為前提交往。」

「沒錯。你懂得真多呢，大哥。戰前，只要男方在相親時覺得滿意，可不管女方願不願意，喜不喜歡，就得結婚喔。我就是這樣哪。我跟外子相處時間極短，根本不知道愛不愛他。我們結婚一年半，就有了孩子。外子是廣島的軍人……」

我沒吭聲，等著聽她傾訴，將酒杯轉了又轉。

「……我記得那天天氣特別晴朗。我們住在離市中心約兩日本里遠。外子駐紮在造船廠附近。早上八點十五分，紙拉門和紗窗全部轟地炸開，碎成片片。隨後，大家不由得閉上雙眼，因為太陽突然變得非常非常耀眼。我原先看到兩架美軍飛機飛過，等再抬頭時，飛機還在上空。一架轉彎攀高離去。一架繞著一朵伸向天際的巨大蕈狀雲層打轉。我們不知道它們在做什麼。兩天後，我接到外子的死亡通知……

「我在街道上失神地徘徊。有些女人全身都是灼傷，原先的和服燒到只剩腰帶。也有些人外表毫髮無傷，皮膚狀況正常，但體內就是哪裡不對勁。醫生們說是缺乏維他命C，給他們打針。十天後，他們的頭髮一直掉一直掉，七孔流血，然後死去。一個十四歲男孩用手一抓，就扯下一大把頭髮，問他母親這是怎麼回事。第二天，他胃痛得要命，他母親帶他去看醫生，醫生覺得可能是盲腸炎，連忙讓他住院。第三天，他的耳朵和鼻孔流出血來。第四天，他們將他火化。

「政府說，十到十五年之間，廣島市長不出任何植物或綠樹。原子彈爆炸中心點周

---

20 Mori，昔日統治中國地區的封建武士家族。

21 毛利輝元，一五三二至一六二五年，稱霸中國地方的戰國武將毛利元就之後代。德川家康，一五四二至一六一六年，德川幕府創始者。福島正則，一五六一至一六二四年，豐臣秀吉之表兄弟。

園的土地，一坪（大約兩張榻榻米大小）只賣一塊半日幣。但才第二年，地上又長出青草，樹木依舊攀滿綠葉……」

一位老女人白髮蒼蒼，梳得非常整齊，搖搖擺擺地走到房間門柱旁，抓著紙拉門支撐身體，偷偷地端詳我。我仍坐在飯桌旁，手中握著酒杯。

「歐巴桑呢？」老女人問我。

「在這。」媽媽桑回道，吐口大氣起身。

「我的晚餐呢？」老女人訴苦，「我一直等一直等……」

那晚的枕頭裡面塞滿堅硬的稻殼。九月二十八日的秋夜帶著些許寒意。

翌晨，媽媽桑替我做了便當，心情開朗地咯咯輕笑，猛叫我「大哥」，指引我到廣島的捷徑。那座交織著她人生悲喜的城市。

秋陽遍灑，山區清新涼爽，厚厚積雲籠罩峰巒。沿著鐵軌通往廣島市的村莊充滿鄉野情趣。在村莊的窄隘主要街衖上，一個女人推著嬰兒車，停下來對我揮揮手，綻放出可愛的笑容。那天，大概有十餘輛車要讓我搭便車。

下午三四點，從山巔處第一次望見霧濛濛的廣島。廣島東部是連亙起伏的高山，再過去，瀨戶內海諸島蒼蒼茫茫。煙霧中，依稀可辨起重機成群矗立於島嶼上。高空處，一道彩虹掛在卷雲邊緣。穿過西北方郊區，走進一片迷宮，街衢和鐵道複雜交錯，迅速迷失於其間，只好以偶爾瞥見的NHK廣播塔作為指標前進。最後，我眺見遠處，子彈列車緩慢行於逶迤的上坡鐵道，藍白相間的車身閃閃發亮。我即將抵達廣島車站，並在此市休息兩天。

街道上到處是想和我攀談英文的路人：老爹坐在角落說「哈囉」；一個戴草帽的菜販說「How are you？」；穿運動衫的年輕男人問我「你要上哪去」？

「找旅館。」

「我要去打小鋼珠。」

一位灰髮美國人指指我背包，問我要爬哪座山。

「讓我幫你吧。我對廣島很熟。」

「那也許你可以推薦一家旅館。」

「一家什麼？」

「旅館，日式旅館。」

「得了。不，我都住真正的飯店。」

鐵製人行橋長而空蕩，當我穿越最後一個轉轍場時，四個小鬼原本對著運煤卡車扔石頭，見狀立即改扔鐵橋。一塊石頭打到橫梁後彈開，擊中我的背包，離我頸背大概僅六吋遠。我對著小鬼們怒吼，他們倉皇奔逃，匆匆跳過鐵軌的碎石堆和生鏽的轉轍器，消失在一間倉庫後面。夕陽西沉，宛如淌著紅色鮮血的眼珠。

第八章 千羽鶴，千烈陽

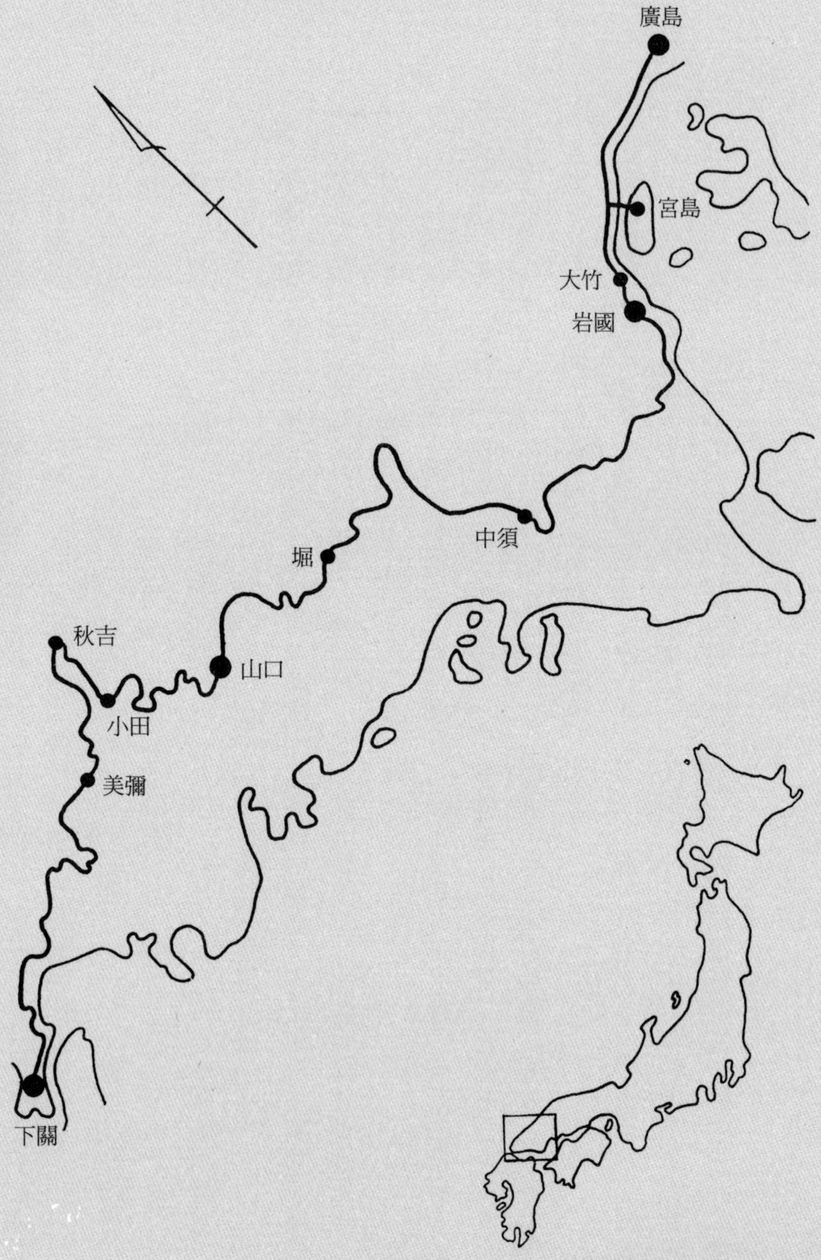

當年投下原子彈之地，現在是廣島和平紀念公園，裡面有一座和平紀念資料館。我在造訪前，便深知此段難以下筆，而了解亦將極為有限。三個小時中，我強迫自己瀏覽每件展覽品，閱讀所有日英文說明，惶恐的心情轉為深沉的震撼。

摧毀程度的龐大，多少是種抽象概念，真正具體而撼動人心的是一般遺物和遺跡：融化的佛像、燒焦的手錶、十三歲男學生燒爛的運動衣。原子彈落下當時，六千餘位學生正在戶外參加防空演習，因此毫無遮掩地暴露其中。照片中，一位小女孩頑固異常，說什麼也不肯喝口水，痛苦地死去；一位年輕士兵七孔流血，在照相後兩小時去世；青少年臉上和全身冒出瘢瘤組織，頭髮掉得精光；戰爭接近尾聲之際，年輕少婦穿了件夏季和服，輻射線循著豔麗的染線，在她背部、頸部和手臂上烙印出圖案樣式。她死時，宛如身披格子花呢的娃娃。

兩或三個百貨公司人體模特兒穿上襤褸碎布，抹上橡膠乳液，模仿剝落的皮膚。他們穿越一片地獄煉火（以黃色硬紙板搭成），皮膚腫潰，肌肉腐爛；噁心的程度如同漫畫畫面重現，令人不忍卒睹。三個小時中，我的眼神常不由自主地飄向窗外，看著噴泉高湧，在燦爛陽光下泛著銀洸，感覺恍若隔世。

館內，老師帶領前來參觀的學童人數之多，令人吃驚。他們仍在懵懵懂懂的年紀，戴著小黃帽，跟著隊伍默默前進，表情驚駭。有些學童彼此牽著手，有些則指著展覽向老師提出疑問，而老師的回答往往低得幾乎聽不見。沒有任何學童嬉鬧，嚴肅的表情讓他們看起來比實際年齡要大，也更成熟。許多學童經過我時，困惑而緊張地盯著我。我站在一個男孩身後觀看展覽，他轉身陡然發現我時，本能地舉起手臂，似乎要擋開一個巴掌。不若以往，沒有學童嘲笑我或跟我打招呼，只有數位細聲地對彼此低語，「看，是個外國人。看，是個外國人。」我緩緩朝向出口走去，臉上戴著太陽眼鏡，就快離開時，頓時覺得呼吸輕鬆起來。但接下來發生的事讓我猝不及防。

我正在看最後一批展覽品；屋瓦和瓶子在一萬兩千度高溫下溶解在一起。這個溫度亦足以融化人骨。我的手肘被推了一下，我轉頭一看，一個三十出頭的男人（我想，他這年紀應該對原子彈沒有親身體驗）穿著工人服，滿嘴酒味——也有可能是我聞錯了。

他說：「這是你的國家幹的好事。」

我在太陽眼鏡掩飾下的眼神一變，不發一語地繞過他，站在一張大型照片前，裡面的初中女生半張臉被燒掉。我的手肘又被推了一下，男人咧嘴而笑。

「你喜歡這張照片嗎？」他問，「覺得有趣嗎？好玩嗎？你覺得好玩嗎？」

霍然間，我們這一帶的展示區變得死寂，人們紛紛走避。一個拿著相機、像是學生的年輕人悄悄上前，擋在我和工人中間。他對工人說：「請住手。請住手。拜託您，不要打攪他。他不是美國人。請您住手。」

但工人不肯罷休，還扯高喉嚨。

「他很沒禮貌，」他大聲說，「我跟他說話時，他卻轉過身子。他不能這樣做。我是日本人！」

我走向出口。另一群學童們靜靜地盯著我，老師中斷回答，空洞的眼神不自在地瞅著窗戶或牆壁。室內仍然聽得到工人和學生的爭論聲。我特地在紀念品店裡待了好一陣子，買了些書；一本是倖存者的詩集，另一本有那張臉孔燒爛的女學生照片。包好書付完帳後，我赫然發現那位工人站在店門口等我。

我起初假裝沒看見他，想從其他訪客身邊繞過他，進入恍若隔世的噴泉世界。但門口狹窄，我經過時，他戳了我一下，我用力倒抽一口氣，忽地轉身，直視著他的臉。

「我很抱歉。」他說。

「沒關係。」我訥訥回答，「我剛才很失禮，抱歉。」

「我為我的無禮道歉。」他說。

「不，」我像白癡般說著，「我很抱歉。我很抱歉。這是和平公園。」

「我很抱歉。」他又說。

「不，我才覺得抱歉。」我說。

我離開門口，拿著包裝好的書，走到公園的長椅坐下，看著秋陽照耀在廣島樹枝上。

像今天一般，原子彈落下的那天萬里無雲。目睹爆炸的人形容，「比一千個太陽還要明亮。」二十或三十分鐘後，城市的北和西方上空為一片暗雲籠罩，降下大滴「黑雨」[1]。哀鴻遍野，死者痛苦，傷者遭受巨大折磨。倖存者則震駭莫名，驚愕不解：人類歷史中，從沒記載過這般的烈陽，這般的黑雨。

我坐在樹下，看到一位老頭掃起色彩繽紛的垃圾，仔細地排放在一座「原爆之子」石座雕像旁邊。我經過石像要出公園時，發現那不是垃圾，而是成千上萬隻紙鶴。

戰後，有很長一段時間，日本醫界對「原子彈疾病」（A-bomb sickness）的了解甚微，所能提供的治療物資和效果皆極有限。而黑市中暗中流通的西藥叫價頗高，大部分放射線被曝者（暴露在放射線中的受害者）無錢買藥，歷經折磨而死。傳說，一個小女孩在爆炸二或三個月之後，生了重病。小女孩的母親堅強勇敢，鼓舞著小女孩，依照古老習俗，只要折千隻紙鶴並將它們串成念珠，她就能不藥而癒。小女孩開始折紙鶴，但手指日漸無力，母女兩人日日承受煎熬。母親始終相信，千羽鶴能帶來奇蹟。小女孩後來不幸去世，她折到第九百六十四隻紙鶴。而現在，石像下掛滿祈願者帶來的上百萬隻各色紙鶴，以祈求世界和平。

這段廣島的描寫對我亦是場困難抑鬱的試煉。許多人做過比我更加痛苦的嘗試。峠

1 原子彈爆炸後形成的蕈狀雲，夾雜著泥沙、灰塵、煙渣和放射性物質，成為黑色雨珠落下。

三吉[2]的一首童詩相當感人。原子彈爆炸時，峠三吉二十八歲，八年後死於放射線疾病。公園的〈還我爸爸〉詩碑上便是這首詩：

還我爸爸，還我媽媽。
還我老人。
還我孩童。

還我自身，
還我所有人屬於我的那一部分。

只要這世間仍是人性世界，
還我和平。
還我永恆的和平。

經過噴泉、石像和紙鶴，走出和平公園時，秋陽晃朗。今天是頗為沉重的一天。我旅程的第九十五天，廣島原子彈落下後第一萬一千八百九十天。時光飛逝，記憶淡薄。總計有二十萬人死於全世界第一場原子彈屠殺，他們的名單安放在一座石箱（奉納箱）

中。原爆慰靈碑下的石箱簡單肅穆，刻著二行發人深省的句子。歲月遞遷，我不禁納悶，這份言猶在耳的保證，是否已變成行將窒息的祈禱：

汝等安眠。
永不重蹈覆轍。

老友來訪同徒步

離開和平公園，沿著廣島市栽植路樹的寬廣大道走去，穿越刺耳吵雜的本通、中央通、並木通和金座街等商店街，咖啡店充斥，一片繁榮富庶景象。年輕情侶排在肯德基炸雞店櫃檯前，將店裡擠得水洩不通。一位女性員工刷洗店前的桑得斯上校[3]雕像背部，彷彿女兒替坐在澡堂磁磚地面的父親擦背一般。

秋陽遍灑，修鞋匠蹲在商店街外的人行道上，我找他裝了新鞋跟。他看到我時，將原本扣在手腕處的袖子捲起，露出下手臂的紫色燒痕。三個美國人在巴士站向一位歐巴

---

2 Toge Sankichi，一九一七至一九五三年，作品有《原爆詩集》等。
3 Colonel Saunders，一八九〇至一九八〇年，連鎖店創始者，即商標那位白髮紳士。

桑問路，隨後揮手致謝，笑容誇張，彎個大腰鞠躬，狀至荒謬。書店裡放著成排外國人寫的英文書，都是《和服心理》或《日本人如何思考》之類的書，我碰都沒有碰。我買了一本理查．霍格[4]的散文集，因為他是我的同胞。我不需要和服心理，我受夠日本人的思考模式。我買牛仔褲的店裡有張海報寫著：「適合符合美國精神的人們穿著……」

我回到旅館。下午三四點，躺在榻榻米上休息，花了三小時閱讀理查．霍格。晚上，我到廣島工人買醉的居酒屋，喝得爛醉如泥。

翌日，同樣烈日當空，我在商店街中閒晃，經過出來吃午餐的工人們。和平紀念資料館樓上有座小電影院，我想去觀賞一場影片。我走到和平公園門口三次，每次都轉身走回商店街。下午兩點左右，我躺在旅館裡看理查．霍格，他的約克夏式冷靜筆風，聊慰思鄉情緒。晚餐時，碰到一對中年美國夫婦，剛從中國親善訪問旅行回來。他們滔滔不絕、不厭其煩地跟我解釋，（據他說）日本人應該學中國人，放棄他們的書寫系統。這對夫婦對日文一竅不通，還即興模仿英式英文。

「你的英式英文說得真棒，」先生向我保證。「Wash yer faysin the baysin。」夫婦倆樂呵呵地笑將起來。

晚餐後，一位老朋友從東京跑來找我，我著實吃了一驚。誠一郎（Seiichiro）從內人那得知，他和我可能會同時在廣島。我在火車站的旅館資訊中心訂房，因此他不費吹灰之力，便查到我的下榻處。他站在門廊處皺著眉頭，表情茫然若失；自我和他認識以來，他都是這副表情。

我們到一片窄衖裡亂逛，酒吧、上空俱樂部沿街挨擠，霓虹燈閃爍不已。電影院看板上貼著〈伊薩，石油酋長的後宮太監〉，演的是金髮美女被各種新奇花招折磨。公關小姐穿著天鵝絨洋裝，在衖衢裡上上下下，高跟鞋咯噔咯噔地響，向路人叫價，或拉住他們的手臂，拖往俱樂部和酒吧。一家酒吧外立著標示價碼的看板，霓虹燈一閃一閃，但小姐們委婉地擋住我和誠一郎。

「啊，別來這裡啦，大哥。你們在這不會玩得開心的啦。這價碼不是真的啦。」一位穿西裝的生意人踉蹌走過：「哈囉，社長桑（Mr. President，董事長）！請進！您真會挑！包君滿意喔！」

「還要加稅，」誠一郎蹙緊額頭解釋，「然後是服務費和最低消費額……」

我們在居酒屋安靜地喝了些酒，工人那晚都不知道跑哪去了。誠一郎要送我一本書，一本精裝本小說。我看了一眼便還給他。

「你看過了？《黑雨》[5]描寫廣島原爆故事。我剛看完，你想看的話不用客氣。」

「不了，」我推託，「會讓背包太重。」

4 Richard Hoggart，一九一八年出生，英國自由左派評論家。

5 *Black Rain*，獲第十九屆田野間文藝賞，作者為井伏鱒二，一八九八年至一九九三年，曾獲直木賞。

「這本書有平裝本，附近書店可能買得到。」

「不必麻煩了，不急，」我說，「等我回東京時再看。」

我們晃回旅館，誠一郎也訂了間房。深夜，豪雨驟下，劈哩啪啦地打在街道上。翌晨，在餐廳吃早飯，隔壁桌的客人低頭死盯著飯碗，脖子漲得通紅，旅館經理站在他身旁，連珠砲般地開罵：

「回房間去看看你做的好事！起來呀！給我回去看看！我能把那房間給別的客人住嗎？你有什麼藉口？你說！」

誠一郎進門來，全身滴著雨，他特地出門去買三百日幣的塑膠雨衣，和一頂透明塑膠帽。他今天要陪我走一天。我好說歹說地警告他，柴煙濃得令人窒息、車流壅塞和濕淋淋的二十二公里高速公路，絕對不是長途步行的入門之道，更遑論體會其樂趣。他當耳邊風，執意套上雨衣戴上帽子。於是我們緩步邁出廣島縣中部，越過水位暴漲的溪谷，奔流的灰色溪水潺潺作響，然後進入荒涼陰沉的工業郊區。

誠一郎裝備齊全，打定主意要快樂冒險一番。除了塑膠衣帽外，他還帶了朝日Pentax相機、佳能八釐米攝影機（伸縮望遠鏡上附加麥克風）和（肩上背著）新力錄音機。一整天下來，他興匆匆地輪流使用這些器材，有時跑到我前面，拍下我將風帽在臉旁拉緊，苦著臉踏過水坑的畫面，要不就是將伸縮麥克風伸到離我鼻子三吋遠，錄下我坐在咖啡店的鏡頭。他先開口錄下日期、時間和地點，然後將攝影機瞄準我，按著按鈕低聲催我：「快呀，快說些什麼呀！」

「我實在想不出要說什麼。這樣吧，你問我答。」

「你感覺如何？」

「爛透了。」

「今天很漫長嗎？」

「不，算是過得很快的。」

「我們穿著什麼裝備？」

「倒帶。」

「你感覺如何？」

「爛透了。」

老實講，那天是最糟糕的一天之一。大雨雨勢毫未稍歇，我們啪喳啪喳走過泥濘，心情煩悶，無聊透頂。卡車疾駛而過，將泥水噴濺到我們的大腿，我們只能喃喃咒罵。公路順著西北海岸彎去，灰色工廠間的空地上，可遙望籠罩在臭氣中的瀨戶內海，及海灣中星羅棋布的小島。傍晚，抵達遊樂場附近開往宮島（Miyajima Island）的渡船棧橋。遊樂場的巨大摩天輪慢速旋轉，空無一人，隱約映襯著低沉暮靄，宛若地獄雨魔的鬼魂。我們在渡船櫃檯前排隊，誠一郎買了兩個紙盒裝冷清酒，我們三大口便喝下。

暮色迷茫中，嚴島神社（Itsukushima Shrine）空空蕩蕩，馴良的鹿群三三兩兩，聚集在歇業的紀念品商店門口，或蹲在混凝土前睡覺。漲潮已退，走過島上淌著爛泥的沙洲，經過神社前溜滑滑的石板路，抵達公營國民宿舍。誠一郎體貼地為我們在此定了房。隨後，我們玩了好幾場電子乒乓球，努力相互殘殺，我被痛宰得潰不成軍，輸得很慘。晚餐時，碰上一群麵包師傅，來宮島做公司二日遊。他們仔細盤問誠一郎，以了解他挑寵物的古怪品味。

「牠叫什麼名字？」

「亞蘭．德倫。」

「牠從哪裡來？」

「倫敦，英國。」

「我們想跟牠玩一下，牠會不會咬人呢？」

輪到寵物上場。

我知道義理和人情是什麼嗎？不可能，只有日本人才搞得懂。我知道日文是全世界最困難的語文嗎？我知道日本人的血液溫度跟其他種族不同嗎？日本人的腦部構造也和別人不一樣？日本麵包是全世界最棒的麵包？日本啤酒是全世界最棒的啤酒……？

我自己跑去玩電子乒乓球，然後坐在西式洗手間裡，試著研讀釘在廁所門上的指示。指示上說明，外加圖解，男人在小解前要先掀開馬桶蓋，而女人要放下馬桶蓋再坐上。牆上有一大面鏡子，好供您觀賞自己表演這個異國儀式。我們房間窗戶外面，清潔女工用拖把趕跑垃圾桶旁的鹿。豪雨已歇，皎月高掛，誠一郎恭謹地端出攝影機拍下最後一段。

「禮拜一，十月三日，晚上十點三十分，宮島公營國民宿舍。你現在感覺如何？」

「有好一點。」

「旅行幾天了？」

「九十七天。」

「還有幾天？」

「一個月吧。」

「你想，旅程結束時，你會有什麼感覺？」

「疲憊，鬆口氣，沾沾自喜，空虛。」

整晚，麵包師傅在我們房外的樓梯又上又下，砰咚砰咚。清潔女工睡著後，鹿跑回來將垃圾桶弄翻，垃圾桶哐噹哐噹滾下坡，草地上的小樹被撞得東倒西歪。

嚴島神社

早上陽光溫暖，晴空無雲。誠一郎將水泡一一刺破，跟我說他玩得相當盡興，便搭渡船回到廣島。我則花數個小時，流連於宮島主要觀光景點。

如同天橋立，宮島被視為日本三景之一。自古以來，宮島便是三位女海神棲身之所。日本本土宗教神道教[6]儀式注重個人淨化齋戒，和保持聖地的神聖。直到一八六八年，明治元年，生產和死亡因被視為不潔，在宮島遭禁。就是在今日，島上仍不見火葬場和墓地的蹤跡，死者送往本州埋葬，而送葬者必須在回宮島前，接受淨身儀式。

日本人往往自吹自擂，大言不慚地說，日本歷史中無宗教迫害一事。的確，佛教作為外國宗教於第六世紀傳入日本時，許多日本人揚棄本土泛神泛靈信仰（後來演變成今日的神道教），皈依新教，當時兩教確實和平相處；不像天主教與新教在歐洲挑起長達數世紀之久的宗教戰爭。但，必須指出的是，日本曾有超過兩百年的基督教禁令，而迫害教徒手法之新穎奇特，堪稱空前絕後[7]。佛教與神道教並存並榮，寺廟和神社在同一城市地點或山巔興建。佛教從未阻止日本人於神社舉行婚禮（神前結婚），或進行元旦初詣參拜等等儀式。而這些儀式關乎的是國家認同，而非宗教信仰。

歐洲教堂儘管教派繁多，建築模式卻大同小異。但從同樣觀點觀之，佛教永平寺和宮島嚴島神社的建築可謂天南地北。永平寺色調清淡；嚴島神社白與朱砂相間，纖細華麗。永平寺建築群布局只見隨心所欲，而神社追求絕對對稱，各殿間的迴廊以直線鋪造。神社色彩鮮亮，與十月暗綠深褐的山巒密林形成強烈對比。社殿迴廊組成算計精確的長方形布局，恢弘莊嚴，散發出聖潔氛圍，山巒與之相較之下黯然失色。永平寺禪僧的生活嚴謹舒適，但嚴島神社是座帝皇宮邸，不適合謙卑的僧侶居住。我想，我只能忍受二十五分鐘。宮島上，璀璨的楓葉紅林中，想必有歡樂的神祇悠遊其間；而在聲勢嚇人的神社裡，恐怕連神祇都得畏畏縮縮[8]。

海洋在日本三景中扮演重要角色。嚴島神社屹立於淺灘，漲潮時，整座建築物彷彿漂浮在海峽中，波光粼粼，燦爛斑斕。神社最著名的景點是海中那座朱紅色大鳥居；它是日本最大的鳥居。日本旅遊宣傳照片中，往往可見它的風姿。清晨，我於神社裡徐徐漫步，由於正值退潮，沒看到期待中的海中龍宮景致。只見建物支柱裸露於爛泥之上，淺灘海草塞滿迴廊間的庭池，鳥居的混凝土支腳被鹽分嚴重侵蝕，朱漆褪色，挺立在軟泥中，狀若深陷泥沼的巨人。

但退潮後的爛泥沙灘卻是舉行日本神道教，最重要儀式的最佳地點。亂逛落單的觀光客、手拿麥克風的導遊、數以千計的學童被領來領去，以及攝影師等，排排站到海床中精心鋪設的木板看台上，舉行這項儀式——拍團體紀念照。攝影師喝令學童跑東跑

---

6 受佛教、儒教和道教影響而成。

7 十七世紀初，基督教影響所及，半數九州藩主改信基督教，日本全國有近一百萬名基督徒。一六一二年，德川幕府深覺事態嚴重，敕令嚴禁基督教，風聲鶴唳。德川家康處置基督徒手法如：將信徒綁在稻草袋裡，只露出頭，層層堆疊，肯開口改宗，便立刻釋放，不然便燒死；或吊在洞中，逼迫改信。

8 嚴島神社由平清盛於一一六八年整修重建，之所以講究左右對稱，是因建築採平安貴族的「寝殿造」式布局鋪排。

西，幾至吹毛求疵的地步；反正只要每位學童的腦袋瓜確實背對神社，不管神社是沉是浮都好。小型觀光團自行拍攝創意團體照。一位生意人西裝筆挺，站在古老的高舞台前，拿著雨傘，擺出高爾夫揮竿姿勢。另一位則撕下漫畫內頁，餵食鹿群。

我走過神社的優雅迴廊時，不由得注意到參拜人們的態度；那份熱鬧哄哄和漫不經心，剛好反襯出基督教堂的矜持做作。教堂裡，人們道貌岸然，細細低語，好似教養十足。而眼前的商人相互囂叫，渾然忘我，似乎置身空曠的高爾夫球場。

「喔伊，喂，看這個！」

「本田跑哪去了？又喝醉了嗎？」

「我的相機在你那裡嗎？」

「去巴士站得走哪條路？」

販賣部賣著紙籤和旅遊平安符，神官坐在櫃檯後方，從未出聲要求大家小聲點。除了金錢交易外，他們對觀光客根本視若無睹。

「神社的另一邊是不是和這邊一模一樣？」一位商人買平安符時問道。

「嗯，差不多。」神官打個哈欠，將銅板丟入錢箱中。

「那就不必特意繞過去看了，對不對？」商人馬上下了決定，大步走回原路。

從神社到渡船棧橋間是表參道商店街，紀念品店櫛比鱗次，最常見的紀念品是鹿；各式各樣的鹿，木鹿、磁鹿、塑膠鹿和吹氣鹿娃娃。我逛進一家蠟像館，大廳陰暗幽深，依稀只能辨出兩座真人大小的蠟像：一位宮廷舞者戴著華麗的漆製獅面[9]；另一位是揮棒的王貞治，大部分觀光客會買他的複製品。

搭渡船時開始漲潮，無垠的海水吋吋升高，掩蓋住爛泥、剝落漆面，和磨損嚴重的地面支柱，逐步淹沒木製看台。等我抵達乾燥的廣島土地，沿著公路出發時，嚴島神社已經漂浮在海水上。海面如鏡，宮殿倒影隨波載浮載沉，一片虛幻飄緲。

拜訪海軍基地

就某種程度而言，中國地區是本州的縮影。東海岸沿岸人煙過於稠密，發展過度。往昔，浪漫一時的瀨戶內海，如今岸邊遍布工業垃圾。岸邊代表日本文明的煙囪如春筍般峙立，既使漆上紅白條紋，依舊醜陋無比。而為日本海所沖刷的西海岸，在中國地區仍如東北一般，受到的污染相對甚微。旅程第九十八天，我即將健行走過中部山巒。山勢崎嶇綿亙，人口稀少，主要鎮市幾乎聚集於東部沿海。

日本公營企業的驚人鉅額虧損，與私營工業的管理效率之高，同樣令人咋舌。日本

9 奈良時代，從印度和中亞，經中國唐朝或朝鮮新羅、高麗傳來之宮廷舞蹈，稱為「舞樂」，此為「蘭陵王」唐朝大曲造型。

國鐵的無能管理特別受到眾議（但這份「無能」幾乎從未影響到火車的準時性）。人員編制浮濫便是原因之一。我順著山陽本線緩步走出廣島市時，碰到好幾組工人在撤換枕木。每組工人都有二到三位守望員，彼此站得頗近，距離不到四碼，而守望員的工作只是在火車來時，拿起麥克風大聲警告。大竹（Otake）的主要街道上瀰漫著一股嗆人臭味，禍首似乎是四國銀行，但當地人絲毫不以為意。年輕汽車推銷員染紅頭髮，老菜販小心翼翼地清洗和擦亮一塊破木頭，十幾位長途駕駛跑進咖啡店吃咖哩飯，就讓汽車引擎開著，毫不在乎。銀行的臭味加上卡車的濃霧，讓我迅速逃離大竹。我納悶，公營或私營醫院，不知哪個願意提供換肺服務。

幾分鐘後，走出廣島縣，進入本州最後一個縣，山口（Yamaguchi）縣。我在廣島縣閒晃小歇了一會，十月第一個禮拜就快結束。臭氣和煙囪迫使我健步如飛。經過一間倉庫，一個女人正在做粉紅色人體模特兒模型，卻沒有頭部。五點時，走過喧鬧吵嚷的岩國市郊區，在一家髒兮兮的小旅館找到住處。老闆娘才剛認識我，便對我掏心掏肺。她姊姊嫁給美國海軍呢。好像怕我受到的驚嚇還不夠似的，隨後便說起原爆時，她正巧住在廣島。醫生告訴她，她將終生不孕，因此她收養了兩個小孩，自己後來又生了四個。晚餐時，大概想誇示她家族的國際性，拿來一對刀叉好讓我吃拉麵。

吃完晚飯後出去散步，老闆陪我走到街角，警告我不要去某些酒吧，總數大概占了岩國四分之三。但賣墨西哥漢堡的快餐店，或附近販賣機所賣的《下流女孩》（Nasty

Gals）刊物則不在禁止之列。一家俱樂部門外貼著公關小姐的大頭照，八成是服務不周，被心有不甘的顧客用毛筆將照片中的牙齒，全部塗得漆黑，以此洩憤。這家想必亦不在老闆的禁止名單中。但我決定潔身自愛，踱進一家普通工人光顧的居酒屋，不料反倒引發了這趟旅程中，最稀奇古怪的插曲之一。

話說，我差點被轟出門，因為這家居酒屋不招待美國海軍。岩國有一座美國海軍基地[10]。我正氣凜然地解釋，我既非海軍，更不是美國佬，此言一出，我進門後的尷尬死寂，立刻轉變為譁然叫喊和猛打飽嗝，氣氛恢復正常。坐在我旁邊的兩個男人二話不說，馬上請我喝一杯啤酒。其中一位是日本海軍自衛隊士官長，他從口袋掏出一團美鈔和零錢，將它們嘩啦啦地扔到混凝土地面。

「這是我們在基地用的錢，」他咆哮說，「你看！這裡是日本耶！」

美金一角和一分硬幣靜躺在地面。他後來臉上稍帶愧色，彎腰撿起銅板，塞進口袋裡。

「這裡為什麼不招待美軍？」我問道。另一位H君（我最好保留其真實姓名，他也駐紮在岩國基地）略顯侷促，跟我解釋事實並非如此。許多日本軍人來此就是為了喘口氣，換換氣氛，老闆因此主動請不速前來的美軍離開。

10 海上自衛隊岩國基地，為日美共用。

「我真的很抱歉，」H君認真地說。士官長端來第二杯免費啤酒。我藉著微醺壯膽，問起參觀基地的可行性。

士官長變得沉默。H君想了好一會兒，然後跟我說可行性很高，他願意帶我參觀。

「你想什麼時候過來？」

「明早，如果可以的話。」

「喔，沒問題。你走到大門後，會看見兩個檢查哨。第一個是美國海軍站崗，不用理他，直走過去，走到第二個檢查哨，然後要在那站崗的日本士兵打分機號碼給我。」

燈籠裡的燈火搖曳生姿，居酒屋裡一片歡樂熙攘，第三杯啤酒下肚後，我已經分不清東西。聽起來非常簡單，也沒什麼不妥。直走過美軍的檢查哨……當然啦，不然要幹嘛？然後叫日本阿兵哥打電話給H君。簡單透頂。再喝一杯啤酒吧……

翌晨，天氣陰沉，秋風凜冽，我竟然沒打退堂鼓，興致勃勃地走了四公里抵達基地大門，快步晃過身穿迷彩裝、手揮警棍的美國憲兵。我那天穿著牛仔褲，補綻處處的棉襯衫，背包則沾滿灰塵。我用青森方言跟日本阿兵哥打招呼（我常用這招來緩和緊張或危險情況），他的表情霎時呆住。我請他打電話給H君。

軍營氣氛開始嚴肅起來。

「H君？」

「是的。」

「他的軍階？」

「不知道。」

「他的名字呢？」

「不能告訴你。」

日本阿兵哥呻吟一聲，開始打電話。那位美國憲兵也已回過神來，一位英國佬竟敢以此方式，無視他的軍威，跟他宣告獨立。他踩著大步咚咚走到日本檢查哨，要我出示身分證。

「我沒有身分證，抱歉，」我說，「我來拜訪Ｈ君。」聽到Ｈ君，日本阿兵哥嘟噥地更大聲。

美國憲兵命我面牆趴著站好，準備搜身。日本阿兵哥無奈地撥著我給他的分機號碼，將咳嗽的時間拿捏好，開口問道「啊挪……啊挪……Ｈ君，對，他認識一位外國人。」

Ｈ君一下就過來了，開著一輛黑色大轎車，軍禮服袖口上有好幾條（數不清的）金槓。我目瞪口呆。那兩位士兵大概差點心臟病發，立即立正，對我們行軍禮。Ｈ君熟稔地拍拍我的手，又撫撫我的背，請我上車，將背包塞進後車廂。我們隨後就展開參觀，離開懊惱不已的士兵。

一萬二千名日本軍人駐紮在岩國基地，操作十七架ＰＳ１水上飛機（最高機密：你已命在旦夕[11]）。原來，他們的任務是每天打兩場棒球。士官長後來加入我們，連說他搞不懂，美軍為何不肯這般效法。

越戰期間（一九五四至一九七五年），某些反戰人士，包括珍芳達和她先生在內，曾要求日本政府搜查岩國基地，以確保其中未暗藏核子武器。日本政府加以婉拒，與美國一搭一唱地重複雙方簽訂的「三點原則」：即日本國境內不生產、不保有、不輸入核子武器。以此類推，最後一點應擴及經常到日本港口參觀訪問的美國核武軍艦。我猜，於到日拜訪期間，美國海軍會依約卸下核武裝備，將之放在橡膠登陸艇中，任其於公海漂流。我跟H君講了這個理論，他哈哈一笑，但拒絕討論此敏感話題。一艘美國大型運輸艦於昨晚靠岸，我們順道去看它卸貨，還攀爬到一艘停泊的後勤艦甲板上。H君和士官長笑得很開心，輪流和我拍了幾張紀念照（我苦苦哀求他們寄照片給我，但毫無下文）。

轎車繞著基地緩緩行駛，經過一群慢跑的美國佬，個個都需要好好減肥。H君向我坦言，他不喜歡開車，但在美軍設計的基地裡行動，沒車等於沒腳。他討厭軍官俱樂部，那裡的美軍軍階都比他高，不將他放在眼裡。美國憲兵的小題大作更讓他火大：比如，核准的計程車司機通行證過少。他不喜歡美軍基地的氣氛，很想調到別處。

我們在大門口告別，兩位士兵這次馬上對我立正行禮。H君的臉上掛著滿足的笑容，揮手道別。我停下來一窺裁縫店的櫥窗。這一帶，裁縫店、當鋪和酒吧（取著像

Linus〔花生族卡通人物之一〕和大力水手的名字）是美軍出沒的場所。只有美軍基地附近才看得到這類裁縫店：店裡展示著俗麗的中國旗袍，老闆稱之為和服，顯然是惡作劇。還有色彩鮮豔的絲質夾克，背上繡些討好美軍的文句。以岩國裁縫店的為例：

神說「要有海軍」，
死亡之門跟著敞開。

我死後將在地獄邊緣徘徊，
因為我不夠格進天堂，
而地獄怕我變成老大。

夾克上，壯碩的美國海軍身穿迷彩裝，面帶冷笑，身邊圍著正義之火，大手狠狠抓起東方男人的頭髮。東方男人長著大暴牙，個頭矮小，拳頭在半空中無力地揮舞，雙眼淌著血淚。

而最符合美軍心理的應該是這件夾克的詩句：

11 seaplane，水上飛機是種雙引擎交通工具，可直接在水面起降。

蕈狀樹漸次開展下，
世界冷漠地旋轉。
飛機於頭上的呼嘯，
為迪斯可舞廳掩蓋，
如果因看透對方的意圖
而按下秘密按鈕，
誰敢出聲回答？

美國憲兵的警示牌則乾脆俐落：「本基地外的馬路是全世界最危險的路段之一。請捍命駕駛（Drive Defensively）！」

接受陌生人的招待

一整天在山口縣山區行走，經過大驚小怪的人們，和在秋日熱浪下懶洋洋的蛇兒。地圖上畫了一條三七六號公路，但離開美國憲兵警示牌三十公里後，公路就變成灰塵撲撲的泥土徑，突然在林間形成岔道，岔口毫無指示標示。經過一或兩座小村莊，瀰漫著烤栗子的香味，傳來豬仔臨死前的哀嚎。詢問方向更是枉然。我站在店裡，向卡車司機後才開口。

和單車騎士問路；一位叫我走左邊，一位叫我走右邊。老闆娘對他倆眨眨眼，等他們走

「我不想跟他們辯，」她說，「但你要是聽他們的，晚上就得跟狐狸睡覺哪。」

我蹣跚走進小村中須，最近的市鎮離此只有八公里遠。正逢下班時間。太太們急忙趕回家煮晚飯。先生們悠閒地站在街上，或在雜貨店外啜飲清酒，互相比較下午從蓄水庫抓到的魚兒。夕陽迅速下山。我停下來買些東西充飢，還有兩小時的腳程等著我。

我在雜貨店外放下背包。一個中年男子短小結實，白色背心污跡處處，從凳子上起身，眼裡閃著興奮的光芒，連連大吼：

「英國！英國！英國！英國！」

我點頭示意，進入雜貨店，那位男子好奇地跟在身後。

「你要去哪？」我倒啤酒喝時，他興高采烈地問。

「我想走到下個鎮。」

「今晚？」

「今晚。」

「幹嘛那麼趕？」

「得找到一家旅館。」

啤酒喝到一半，男子拿過酒瓶，替我斟滿。滿出的泡沫流到混凝地板上。

「你不需要找旅館，」男子說，「來住我家。」

雜貨店老闆在櫃檯後打個噴嚏。

「謝謝你的好意，」我說，「我不想叨擾你。」

「一點也不麻煩，」他轉身對擦著鼻子的老闆說，「那是我的榮幸，對吧？」

雜貨店老闆審視他的手帕。

「應該會……呃……很有趣。」他附和說。

「來吧，」男子說，「一點也不麻煩。」他還替我付了啤酒錢。

我背上背包，爬上雜貨店後的山坡，經過兩隻狗兒，淌著唾液，錯把我當成晚餐，然後穿越矮樹交纏的後院，走到他家前方。那是一棟木屋。他開開心心地拉開前門，屋內之凌亂程度簡直難以想像。若是你看過宣傳日本室內設計的優雅照片，打死不會相信眼前這一幕才是現實。紙盒、錫罐、書籍、報紙、盤子、茶壺、碟子、相框、酒瓶、水果、菸灰缸、待洗餐具，和十幾個大型橘色方塊海綿隨意置放在客廳地板上。彩色電視機上方牆面上掛著〈蒙娜麗莎〉。客廳中央有一座龐大的黑色腳踏縫紉機，六隻貓咪圍坐在旁邊。

高橋（Takahashi）先生掃開一疊報紙，空出矮木桌，挪開一些紙盒，我們終於能坐在海綿上。

「英國，」他自言自語，迅速翻著一大本世界地圖集。「這是日本，你瞧，他們又印反了。這個島，」他指著冰島，「是蘇格蘭，但大家老叫它愛爾蘭。而這個粉紅色國家，」他指著蘇格蘭，「是愛爾蘭，他們老是弄錯。」

「你去過英國嗎？」我提出這個愚蠢的問題，沒話找話。

「喔，我去過，」高橋先生回答，「我去過。泰晤士河。也去過澳洲。他們把我送來送去。事實上……」

他緘默良久，一隻貓咪舔舔腳掌，我頓時恍然大悟。

「……我是戰犯。在緬甸被抓。」

「真的？」我回答，數了十下掛鐘的滴答聲。高橋先生闔上地圖集。

「是的，我喜歡英國人。」他說。

他拿出啤酒，這時他太太回到家。她相當豐滿，眼神俏皮，臉上沒有任何皺紋，手上提了好幾個重巴巴的購物袋。她負責附近學校的午餐。她解釋說，她從學校回來經過雜貨店時，老闆急忙追出店門口，跟她說今晚將發生的「趣事」。所以她買了好些肉、水果和蔬菜，還定了一箱啤酒。她接著花半小時打點我的一切，找到她獨子的一件和服，指點我正確穿法，並將貓咪介紹給我。其中三隻貓咪叫男爵、傑利（取自〈湯姆與傑利〉卡通）和朱利安．梭荷（Julien Sorel，史湯達爾[12]小說人物）。我不記得另外三隻

12 Stendhal，一七八三至一八四二年，法國寫實主義文學家。

的名字，但應該是韋特・爾波、奧莉薇和克雷田・德・特羅窪之類[13]。牆上的蒙娜麗莎繼續傻笑，電視裡泰利・沙瓦拉正在廣告Master Blend酸苦味咖啡。高橋先生領我到壁龕的五斗櫃前，給我看一本手印的十一世紀經典名著《源氏物語》[14]。

「我讀得懂古文版呢，」高橋先生驕傲地說。他太太在一旁嘆口氣，挑挑眉毛。「能看懂的人不到千分之一，不，我賭不到萬分之一。」

他太太煮著晚餐燉牛肉，我和高橋先生去泡澡。我們喝了不少啤酒，交換地址電話，替彼此刷背，還唱了民謠。這對夫婦兀自守著老房子，房間櫃子裡塞滿獨子的東西，寂寞之餘，逮住我好好招待一番。這情況在鄉下很普遍，老一輩留在村裡，兒子女兒們則跑去大都市謀生。

今天是旅程第一百天。我在洗澡時，提到今天是我的結婚紀念日。高橋先生聞言馬上爬出澡缸，將身子擦乾，離開浴室。我又泡了十分鐘，哼著歌兒，享受山口縣的溫馨。我穿回和服走回客廳，驚訝地發現他們打了電話給我內人。我已有三個多月沒見到她。內人等在線上要祝我結婚紀念日快樂。

晚餐時，高橋先生灌了更多清酒，開始問起古裡古怪的問題，比如，我有沒有帶護照。

「萬事難料，」他斜著眼瞥瞥窗口。「這裡的人不能信任哪。今天有很多學童看到我們。如果他們回家告訴爸媽，他們的爸媽打電話給警察……」

「別這麼神經質！」他太太不以為然。

「……警察可能拿著警棍過來……」

「別管他，這傻瓜！」

「……用力敲門，又沒後門可逃……」

「說什麼瘋話嘛！」

「……然後我們就得給警察看你的護照。」高橋先生草草結束，按捺住一肚子的話。晚餐後，我們玩將棋（shogi，日本西洋棋）。高橋先生輸掉第一盤棋後，便抱怨眼睛痛，害他看錯棋子的位置，大聲嚷嚷著要上床睡覺。

「你不能等十分鐘嗎？」他太太正看偶像劇看得入迷。

「啊啊啊！」高橋先生發著牢騷，抹抹額頭，用力跺著榻榻米。

「他老是這樣。」他太太邊扶他躺進臥墊邊解釋，然後坐回矮桌旁，告訴我，等她十年的養老保險金限期一滿，她就要買件貂皮大衣，再自己去巴黎、埃及和土耳其玩。

---

13 Wyatt Earp，一八四八至一九二九年，一位英勇的美國西部警察，生平故事曾拍成連續劇。Olive Oyle，大力水手之女友。Chretien de Troyes，生卒年不詳，十二世紀法國故事詩作家。

14 作者紫氏部，九八〇至一〇一四年，描述主角平安貴族光源氏多采多姿的一生，所用之古日文艱澀難懂，日本人大多讀白話版。

她為此學了法文。

「不是英文？」我納悶。

「不，」她堅定地說，「我不喜歡布朗蒂姊妹，我喜歡福樓拜[15]。」

翌晨，我在他們獨子的房間醒轉。高橋先生已經上班去了。早餐後，我繫上鞋帶，準備和高橋太太一起出門。她要去學校煮午餐，我則有四十三公里的路程得走。我想付房間和飯菜的錢，高橋太太假裝很生氣，說要打我耳光，始終不讓我付錢。我們在中須的主要街道鞠躬告別，鄰居們睜大眼睛，看得一愣一愣。高橋太太從和服袖口拉出手帕，擦擦雙眼，再塞回手提包。我帶著感傷的心情，邁著大步離開村莊，知道永遠也無法報答他夫妻倆的好意。

漫長的一天

三七六號公路蜿蜒在偏遠的梨園中，逐漸消失。我只好另尋他路。沿著水勢洶湧，湓湓作響的河川前行，一小時後，烏雲密布的天空降下冷凜的大雨。泥巴路旁，一隻青蛙缺了一條腿，內臟濺得到處都是。我用獵刀割開牠的喉嚨，牠的身體一下子扁下來，死前掙扎了許久，我看了極為不安。

罕見文明的跡象。一個小型初中外面立著羅丹的「沉思者」複製銅像，頭上戴著讀賣巨人隊的棒球帽。再遠處，樹梢上的擴音器歡迎我去森林遊樂園[16]玩耍。園內的鞦韆、兒童攀緣架和障礙跑道全部掩埋在秋天的棕色落葉中，杳無人跡。

今天過得漫長。六點，夜幕和暮靄籠罩大地。河流堤岸遠方，木屋升起裊裊炊煙。一位老爹顫顫巍巍地走到澡堂火爐邊，將樹枝放進爐內。我打開手電筒，卻發現沒電了，只好藉著房舍窗口透出的些許微光，摸索進小鎮堀（Hori）。我在雜貨店買新電池，老闆娘告訴我兩家旅館的地址。第一家客滿。第二家的女服務生跑來玄關招呼我時，差點魂飛魄散，我連問她四次有沒有空房，她最後才鼓起勇氣點點頭。

隔壁房間裡，工人們以為我用刀叉吃生魚片，正在哄堂大笑。晚餐時，老闆娘在旁伺候，告訴我，今晚的住客只有我和那群工人。堀往昔有個小火車站，但十四年前鐵道封閉，從此少見觀光客足跡。中國高速公路的興建工程帶來一批批的築路工人（另一家旅館便是被工人住滿）。一旦公路完工，沒有工人上門的這兩家旅館恐怕就得關門大吉。吃到一半時，老闆娘的母親打電話來，通知新米已經碾好。老闆娘說，每年這個時候，旅館儲存的舊米就會失去風味。

15 Brontes，夏綠蒂、愛蜜麗和安妮布朗蒂，三位均為十九世紀英國小說家，著名作品有《簡愛》、《咆哮山莊》等。Flaubert，一八二一至一八八〇年，法國寫實主義小說家，著有《包法利夫人》等書。

16 Woodyland，Woody另意勃起。

晚飯後，一位一頭灰髮的高個老頭跟我聊了一小時，提起這片山谷的歷史。他說，十二世紀末，平家（the Heike）戰敗後，殘族最後藏身定居之所就是這一帶。當年，平家慘遭滅族，但叫人吃驚的是，傳說殘族藏身之偏遠地區就有好幾處，而且遍布全日本：四國中部、本州中部信州（Shinshu，長野縣）山區、九州南部僻遠村落，和長崎外海的五島列島（the Goto islands）。根據史實，平家於壇之浦合戰（the Battle of Dannoura）中全軍覆沒，應該是一個也不剩。但如果這些地方傳聞全部屬實，當年平家逃過追殺，苟活下來的族人，似乎多到足以繁衍日本半數人口[17]。

翌晨，離開旅館時，天色慢慢轉成一片湛藍，吹起陣陣秋風。走出堀，經過一家叫肝臟的咖啡店，翻過陡峭荒蕪、被推土機碾平的公路，朝山口縣縣都而去。我穿著長袖襯衫，築路工人則將雙手插在工作服口袋中，晃來晃去。四點左右，抵達山口市，在第五家旅館定到房。我花了一個小時清洗衣物，在前面樓梯又上又下，數次往返走廊之間。一位老爹身材瘦削，每每跳出房間，對我狂叫：「威士忌！威士忌！」最後，老闆娘總算有點同情心，指點我抵達洗衣機的另一條路線。

那晚，我找到一家烤雞肉串店，唯一的另外一位顧客是歐米茄錶店老闆。他將兒子送去瑞士留學。

「我們日本人必須成為國際人（kokusaijin），」他告訴我，提了這個在當時十分流行的字眼。他穿著黑色條紋西裝，紅色條紋領帶，襯衫袖口裝飾著袖釦，頭上斜戴霍姆堡氈帽（Homburg）。他一分鐘至少重複「國際人」三次。我在數瓶啤酒下肚後，便老實不客氣地問起那個字眼的意義。

「你是指日本人得變成阿拉伯人？」

「什麼？」

「或是像索馬利亞人或衣索比亞人？」

「當然不是。」

「高棉人，印尼人？」

「不是。」

「韓國人，秘魯人，匹克米族人[18]，愛斯基摩人？」

「……」

「你的意思是，」我怒吼說，「他們得變成美國上流白人，住在有草地和按摩浴缸的別墅裡，午茶時間喝著立頓。」

17 日本皇室由於後裔眾多，遂將庶出子孫降為臣籍，賜姓平或源，數百年下來成為兩大武士豪族。十二世紀，源賴朝崛起自立鎌倉幕府，與在宮內任職的平家貴族展開數度激戰，平家節節敗退。一一八五年，源氏終於在下關的壇之浦合戰中，殲滅平家軍。

18 Pygmies，住在非洲赤道附近的矮小黑人。

錶店老闆竟然沒有生氣，一臉嚴肅地頷首，好像我點醒了他。

「非常謝謝你，」他說。

「怎麼不乾脆把你兒子送去西藏？」

「真的非常謝謝你。」

我們和和氣氣地分手。秋晚涼爽。聖沙勿略教堂[19]的綠色雙塔高聳入雲，宛如投降敵軍高舉的手臂。

秋吉台準國家公園

禮拜天，穿軍服的日本大兵流連在山口街道，不少大兵衝著我的背，說著類似「李叫則麼民字？」的英文。商店流露中產階級氣氛，就像遙遠的富山縣一般。一家理髮沙龍提供數款髮型，全以法文命名：慾望、漂亮費兒、嫩牛肉片（Mignon）和紅砂石（Ambre）。隔壁商店櫥窗裡，人體模特兒有著漆黑頭髮和亮藍眼珠，呃，不折不扣的國際人。

山口是個小城市，大概是富山市的三分之一；富山市也不大。我輕快地走出山口市，折回岡陵，沿著一條人跡罕至的山徑，愈走愈高，往秋吉台（Akiyoshidai）準國家公園的石灰岩高原和石灰岩洞而去。山徑逶迤曲折，路旁的警示牌警告此路段在豪雨時至為危險。天氣晴朗乾燥。走了一個多小時後，於高處俯覽山口市全景，乾淨整齊，鄉氣濃厚，位於窄狹的山谷間，在銀色秋陽下閃閃生輝。

走到更高處，秋風乾爽宜人。車輛隨意停在路邊，駕駛呼呼大睡，鼾聲連連。孩童們自個兒玩著堆黑色碎石，或瞪著嘴裡爬出蛆來的貓咪死屍。我在雜貨店買啤酒。一位老工人滿臉鬍鬚，穿戴黑色靴子和破爛草帽，一臉狐疑地死盯著我不放。我開口買第二瓶時，他蹬一下椅腳，咒罵一聲。

小田（Oda）鎮外交通阻塞。從秋吉高原（Akiyoshi plateau）方向駛來的車輛和巴士連綿不絕。我忽然想到可能訂不到房。明天是禮拜一國定假日，數以百計的家族一定會趁這個連休假期到公園旅遊。我在加油站向一個男人詢問旅館的事，他跳進廂型車，要載我去。他聽我解釋我的徒步旅行後，便慢慢開在我前方，轉進小田主要街道，等我追上他時，他發現原本想介紹的旅館已然客滿。他領我到第二家旅館。這家也客滿，但老闆叫兒子那晚睡在樓下沙發，將房間空出來給我。趁我放下背包的空檔，老闆一家將兒子的成堆塑膠摩托車模型，全丟到外面平台上（可憐的兒子）。我在廚房用晚餐，女服務生們一個個溜進來偷偷抽菸。晚飯後，我跟老闆一家坐在起居室裡，屋內氣氛像守

---

19 St. Xavier，Franciscode Xavier，一五〇六至一五五二年，西班牙耶穌會傳教士，一五四九年登陸鹿兒島，兩年間，於九州和京都間傳教。另，此教堂興建於一九五二年。

夜一般凝重。

原來，今天老闆夫婦帶著女兒到山口市去相親。所謂相親，是由家長帶著成年子女共同出席頭次聚會，偷偷估算結婚的可能性。通常會先交換照片，由一方的老友擔任媒人，找到適當對象並安排會面。男女雙方和家長在高級飯店餐廳或咖啡廳碰面，聊的話題毫無內容，不時面帶微笑示禮，暗地秤秤對方斤兩，條件好壞。話中千萬不能提到婚姻兩字，以免顯得行情低落，但一定得討論彼此的工作和嗜好。之後由男女雙方自行決定想不想再碰面，如果兩人都不嫌棄，便可以開始約會。

女兒開開心心，忙裡忙外地端清酒給大家。而其他人呢，父母和媒人全都愁眉苦臉，瞅著地板。媒人小林（Kobayashi）先生是當地報社記者。

「相親結果如何？」我聽說他們下午的活動後，不識相地問起女兒。老闆夫婦猛然望向我，殺氣騰騰，如果眼光能夠殺人，我早已死無葬身之地。

「失敗了哪。」女兒笑咪咪地回答。我為彌補我的失言，連忙替女兒斟了一杯清酒，喃喃安慰道，下次的對象一定會更好。

所幸氣氛後來變得開朗，連媒人小林先生都展開笑顏，壞就壞在我不該跟小林先生玩將棋。旅館客人圍觀鼓譟，不斷交頭接耳，簡直當它是場國際比賽。眾目睽睽下，小林先生不幸大敗，一天連遭兩次沉重打擊，難怪承受不了。他騎著腳踏車搖搖晃晃，垂頭喪氣地回家。女兒倒是神采奕奕地獨自出門閒蕩。她出生以來可能第一次這麼開心。

翌晨，我問一位值勤的交通警察，往秋芳洞（Shuhodo cave）的路。警官花了兩分鐘，仔細交代細節，一直指著右邊的路。我才剛跟他道完謝，邁步離開時，他趕忙從後面將我叫住，說他想到更近的路。於是他指點了另一條完全不同的路，這次指著左邊。

今天是十月十日體育節。根據日本國家觀光振興會說明，今天放假的目的是「為了促進人民身心健康」。頭一公里半的路上，車潮壅閼，巴士和房車繞著尋找停車位。秋芳洞是世界上最大的鐘乳石洞之一。人行步道上人潮洶湧，彷彿東京車站早上的尖峰時刻。烏壓壓的一片度假人潮，手腳和肩膀並用，推擠前進，超來超去，個個似乎決心促進身心健康。秋芳洞的特別景點，也就是那些鐘乳石柱，被取了些稀奇古怪的名字：南瓜石、大蘑菇、稻草包柿。導遊穿著藍色夾克，拿著麥克風，大聲說明鐘乳石的各種尺寸。洞裡的擴音器間歇播放派西費司交響樂團（Percy Faith Orchestra）演奏的〈我將我的心留在舊金山〉。我訝異地發現，一個古生代洞中竟然有部電梯（就像數年前，我在大阪城裡撞見一座一樣）。沒有腳的三葉蟲（trilobite，古生代節足動物）也許會感激這份德政。我走到洞的另一頭時，告示板上說，走回巴士站要花三十四分鐘。我馬上出發，幾個日本人沒搭電梯，萬分不情願地踱回原路。

從秋吉高原緩緩下坡，路上車流通暢。一個男人衣冠整齊，失去知覺地躺在某個鎮公所大門外。我不知該不該伸出援手，杵在對街，看著數輛汽車進出大門，駕駛根本瞧都不瞧他一眼。我想，這大概表示他死不了，便順著路走進美彌（Mine），找到旅館度夜。

美彌是日本第二小的城市（居民暱稱它「迷你」〔Mini〕）。二十多年前創市，當時此地礦業繁榮興盛，人口大約四萬，但近年來逐漸蕭條，目前人口剩不及一半。美彌仍舊是個城市，連當地人都覺得稀奇。這地方真是小；我飯後出來散步，花六分鐘便從城東走到城西。

體育節晚上，我坐在酒吧裡。兩小時中，我是唯一的酒客，聽著保羅．安卡大唱〈黛安娜〉。一百零一天前，我在遙遠的北海道酒吧裡也聽到這首歌。那時的媽媽桑穿一身亮麗的橘色和服，坐在我旁邊喝啤酒，讚美我的眼神「深沉迷人」。

河豚之都

十月十二日，旅程第一百零六天，抵達本州最西南端的下關市。從沿海公路遠方，就可望見車輛和貨櫃車轟隆隆不斷駛過關門橋（Kammon Bridge）。關門橋連接本州和日本最南端的九州島，為亞洲最長、全球第十長的吊橋，於一九七三年通橋。我滿心期待著走過關門橋。後來發現，通橋後數月間，由於專程來跳橋自殺的人數過多，市政府立即決定，禁止行人通行。

海洋的潮濕味道中，摻雜著原油、鐵鏽、輪胎焦味和一氧化碳乾澀臭氣，整天不散。二號國道高速公路尾端交通繁忙，路旁草席上堆滿小隻死河豚，沾滿灰塵，狼狽不堪，內臟溢出，模樣甚慘。

下關是日本的河豚之都。秋分和春分之間的六個月期間，大約可以魚網捕到三萬噸河豚（占全國獲量一半），在市場依傳統方式拍賣，買主將比劃數目的手指頭藏在帆布袋裡，不讓別的買主看到。河豚雖美味，卻也惡名昭彰，因為牠的卵巢、肝臟和其他器官含有河豚劇毒，據說這種毒素在最精純的情況下，比氰化物毒上千倍。餐廳的河豚師傅必須擁有政府執照，保證他們能取出內臟，將河豚切成薄生魚片擺飾好，安全上桌供顧客食用。儘管如此，每年平均仍有三十位日本人死於享用河豚。一九七五年一月，已被指定為「人間國寶」的歌舞伎演員，阪東三津五郎（Bando Mitsugoro）之死，轟動一時。他和五、六位同僚一起到京都的餐廳用餐，由於只有他嗜食這道珍品，整盤河豚生魚片都被他囫圇吞下。當晚操刀的河豚師傅以業務過失罪被起訴，並判緩刑八年。

松尾芭蕉曾為河豚寫過一首俳句：

不可置信——仍然健在！
昨日已逝，河豚湯亦已下肚。

但另一首詩則描寫了兩位好友共饗河豚大餐，翌日，其中一位替另一位抬棺，這類世事無常轉頭空的心境。關門橋不准行人通過，以防他們跳橋；但上有政策，下有對策。而下關仍有三十五家河豚餐館。

關門橋下的關門海峽是日本歷史中的重要海域。八百年前，狹隘的關門海峽是兩大武士豪族激戰之所。源氏的勝利改寫日本歷史。平家慘遭滅族，八歲的安德天皇（emperor Antoku）投海溺斃。這段壯烈的史實成為往後日本藝術、戲劇和文學取之不竭的題材，鋪陳人生的哀愁和過往雲煙。壇之浦合戰後，日本的政治實權首度從關西京都朝廷轉到關東東京周邊三十哩之內。幕府將軍比聊備一格的天皇重要，而日本國內從此亦戰爭不斷，紛紛擾擾。

小小的阿彌陀寺（Amidaji）中，一道石牆塚上豎立著平家一門之墓，總共十四位。古老的墓碑長滿苔蘚。阿彌陀寺位於赤間神宮（Akama Shrine）內，神宮龐大，鮮橘奪目，坐落在國道九號上。站在墓碑前讀著銘文，感受到歷史與傳說交織的力量。墓碑上刻著真實人物，如平知盛、平經盛、平有盛和平清經等平家公卿將領，但由於他們的故事一再被搬演和渲染，反而在人們心中變得虛虛實實，成為像羅賓漢一般，半真半假的角色[20]。

阿彌陀寺也是日本最著名的鬼故事之一無耳芳一（Hoichi the Earless）的背景舞台。此故事出現於十八世紀的《臥遊奇談》（一七八二），若不是經由小泉八雲[21]編收在其所著之《怪談》之中，極有可能早已佚失。小泉八雲於一八九〇年初抵日本，一直待到一九〇四年去世。小泉八雲的文筆精湛，優雅的英文更見洗鍊，讀來讓人毛骨悚然。神宮的老神官給我一份手寫謄版印刷的英文版小冊，翻譯之優美，不輸小泉八雲的版本：

無耳芳一

盲僧芳一為阿彌陀寺佛僧，擅彈琵琶，平家戰將幽靈某晚潛出，安坐一列，肅穆莊嚴，默待芳一彈練琵琶。鬼物命道：「此夜，佛僧何不彈琵琶乎？壇之浦合戰且從頭說起。」芳一依言唱將起〈平家物語〉，平家戰士淚潸潸墜，女眷淒聲嚶嚶啜泣。「汝之琴音感人肺腑。命汝連彈七夜，不得不從。」語既出，鬼物霎時飄忽離去。芳一得命，每夜出外彈奏琵琶。其他佛僧疑心大起，隱身藏於障後，屏氣窺之。眾佛僧匆匆尾隨其身後，但芳一蹤跡消失，返回佛寺，聞得林中琵琶鏗鏗聲響。眾僧奔至芳一坐處，見芳一神色儼然，獨坐於墓前，闇暗中琴音淒切，身陷團

20 赤間神宮奉祀安德天皇，一一七八至一一八五年，為平清盛之外孫。平有盛生年不詳。平知盛，一一五二至一一八五年。平經盛，一一二四至一一八五年。平清經，一一六三至一一八五年。四位皆在朝中任官，為祖父孫三代。

21 Lafcadio Hearn，一八五〇至一九〇四年，希臘生英國後裔，來日後與日本女子小泉節子結婚，並歸化日籍。

團燐光，鬼火四處飛舞，怨靈之姿獰惡可畏。眾僧面露懼色，不由驚覺，強偕芳一而歸。住持聞得此事，驚駭莫名。「平家怨靈心有不甘，尚待超渡，」芳一且需裸身，寫上般若心經，即可驅退眾魔。彼夜，芳一如常獨坐，怨靈依約前來，溫風乍起，足跡停於坐前。「芳一！」芳一沉默以對，鬼物厲聲急呼，「此夜，汝之琴音與形體皆不可得見。」魆魆昏暗中，僅見得芳一之白白雙耳。倏忽，冰涼鬼手猛攫，奪其雙耳，旋即消失。住持為之哽咽失神，「嗟呼！吾未於汝雙耳書上般若心經。一時忘懷之過，致汝被奪雙耳。」此後，遂被稱之為「無耳芳一」[22]。

另一本英文手冊（顯然在印刷上做了投資）解釋神宮歷史，「本神宮曾是一級國家神宮」，每年四月二十四日的獻茶式中，「妓女遊行聞名全國」。我相當懊惱，沒屈指算對日子，未能躬逢其盛。所幸，那晚我出外散步，走過一條長衢，街上排滿算命攤，還沒走抵韓國教育中心，便在碼頭附近撞見一大群阻街女郎，呃，聲勢雖沒大到遊行的規模，但拉客的陣仗卻不容小覷。

一位叫丹尼斯的美國小伙子也給我一本英文手冊。我第二天在書局裡流連忘返時，碰到丹尼斯。他隸屬於「上帝之子」[23]這個組織，在日本餐風露宿了兩年之久，身無分文，也沒工作。他正要從下關搭船前往韓國釜山。那本小冊是教祖摩西．大衛（Moses David）所著，預言摩托車和許多事物即將毀滅（「突然之間，摩托車變成馬車、車輪，和輕便馬車！」）。丹尼斯更進一步地預言了美國的衰亡。他坦承，很遺憾，他父母仍住在美國，但每次他回到美國，就得凡事謹言慎行，因為大家都比他有出息，所以上帝怎會坐視不管，祂將改變一切，顛倒乾坤。丹尼斯還說，靈魂坐著瓶子旅行。在倫敦舉行的一場中國古瓷展中，有些靈魂從瓶裡逃出，附到小心選定的英國人身上。我很快便逃離丹尼斯，整個下午幾乎都耗在咖啡店裡，和一位老工人攀談。他的牙縫很大，我總忍不住在他停下來、張開嘴巴呼吸時，死盯著他的嘴，看他有沒有被下關酒瓶裡的靈魂附身。

我們坐在角落。一位年輕公司社員原本想和我練習英文，就在那時，老工人過來問能不能坐我旁邊。老工人坐下後，年輕社員覺得無聊，不久就和我們禮貌告別，卻沒付他的咖啡錢。我幾乎沒注意到他的離去。老工人正在告訴我他的人生故事，或該說是他的死亡故事，引人入勝。

「戰時，家裡收到軍隊的電報通知，恭謹地說我已在塞班為國捐軀。死亡日期，什麼都有。我在八月十五日下午三時陣亡。」

---

22 日本古時相信，生有生靈，死有怨靈，而鬼來訪時，吹的是悶濕熱風。

23 Children of God，摩西・大衛（一九一九至一九九四年）於一九六八年創立的邪教組織，宣揚性自由和世界末日論。

老工人小心翼翼地撕下一頁筆記紙，用紅色毛筆寫上日期，一九四四年八月十五日，這樣我就絕對不會忘記。

「我在奈良法隆寺（Horyuji Temple）裡有座墳墓。做得真是好哪。我回到日本後，專程跑去看過。我的小女兒不認得我，我一靠近，就大聲尖叫。等後來她終於理解是怎麼回事後，她一直唸著『八月十五日三點；八月十五日三點』。就這麼呆呆地拚命重複。」

我們爭著付帳。老頭想付三個人的錢，但我把帳單搶了過來。走到外面街上時，他拿條紅色繩子，將一只銀色小鈴鐺綁在我皮帶上。

「可以保佑你。」他說著，他深知運氣的重要性。

我的本州之旅宣告結束。我在七十八天半中，越過十二個縣，徒步二〇四八公里，中間遭逢好運和壞運。九州等在我眼前，我計畫穿越九州島中部山巒，爬過阿蘇（Aso）火山和霧島（Kirishima）連峰，繞過櫻島（Sakurajima）周遭，抵達九州最南端的佐多。還剩五百五十多公里，三個禮拜的行程。十月一天天過去，秋晚愈見涼意。旅程就快接近尾聲，我的確需要老工人分給我的好運氣。

第九章 月球地貌

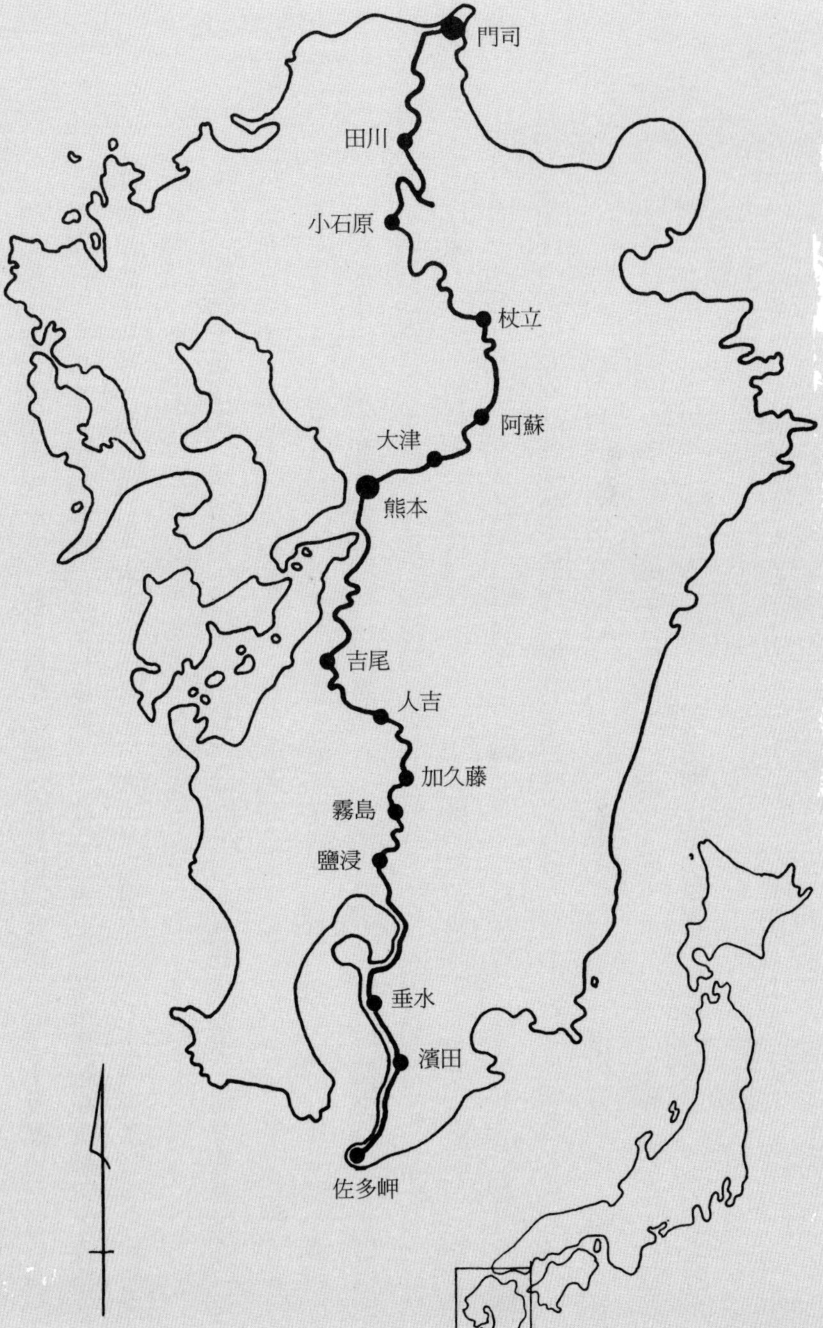
門司
田川
小石原
杖立
阿蘇
大津
熊本
吉尾
人吉
加久藤
霧島
鹽浸
垂水
濱田
佐多岬

關門海底隧道連接下關郊區與九州門司（Moji）港，下層人行步道冷冷清清，亦不受跳橋者的青睞。旅程第一〇八天的晌午，我走過全長五分之四公里的隧道。下關的電梯服務生難得碰到外國旅客，歡天喜地之餘，竟然退回我繳納的二十圓渡資。這是我旅程中，三大日本大島的最後一島。抵達九州最北端，電車沿著街道咆哮駛過，上班族在停車場玩排球，眼前是日本全國境內最繁盛的工業地帶之一，空中灰塵濛濛，工廠噹噹鏗鏘聲不絕於耳，矮小的棕櫚樹勉強帶來些許綠意。

門司曾是個獨立的城市，仍為九州最大國際港口。一九六三年，地方官僚標榜「合理化」作業（最差勁的官僚術語），將門司和四個鄰近城市，合併成北九州市（North Kyushu City）；此舉反而扼殺了各城市的個別特色。另外四個小城市[1]為煤礦和鋼鐵重工業都市。因此，北九州市環境污染嚴重，不甚適合徒步旅行。四個小時中，建築物順著關門海峽延伸，港中停泊油輪無數，蓊鬱的圓錐形山巒為煙靄籠罩。一家小五金行門口處，一個老頭身穿白色長內衣，正用粉紅色雞毛撢子清掃骯髒的鍍金掛鐘。一位工人則一身灰色工作服，頭戴黃色鐵鋼盔，當街小解。日暮時分，我仍未走出北九州市，於是在一個稍微安靜的地帶，找到一家春美旅館。館旁的溪水中飄浮著碎渣。

晚間，魚市和商店街中霓虹燈大放光明，比起下午經過的油槽和煉鋼廠，顯得生氣盎然，人聲鼎沸。我晃進一家餐館吃晚飯。服務生在客人一踏進門，就敲起龐大的鐵製銅鑼，發出一聲錚錚巨響，客人毫無心理準備，飽受驚嚇。我身旁坐了一位職業越野單車選手。他告訴我，他如同「無主的武士」般，於一個個賽車場中趕場比賽。日本全國有五十座越野單車賽車場。他問我喜不喜歡吃生海膽（下關海峽特產），我說我很喜歡。由於這家餐館沒有這道菜，他便叫人去訂。我倆坐在櫃檯旁，中間放著一大木盤的生海膽。他一再跟我說，欣賞我吃飯真有意思。

旅館溪流堤岸上，一隻棕色大溝鼠聞著一堆腐爛的紙箱。上班族穿著灰色西裝，勾肩搭背地來來回回，舉步踉蹌。值此十月中旬的禮拜五夜晚，北九州市空氣潮濕，市容一片凌亂，充斥著輕快活潑的氣氛。我在回程時迷了路，後來找到街角的「快樂」清潔公司，才回到旅館。回房時，已值深夜，不好意思將老闆叫醒，因此沒點蚊香就睡。從河邊飛來蚊子大軍恍若神風特攻隊，悄聲偷襲，在我臉上和頸部叮了十一個包，手指、手臂和手腕上則留下十四個戰利品。

強抑心中怒火

翌晨，遮掩北九州市的濃霧不知是天然晨靄，抑或工業廢氣。溪水淙淙作響，罐頭、塑膠袋，和清潔劑空瓶隨著水流載浮載沉。昨晚似乎還沒有這麼多垃圾。總算又要

1 小倉、若松、八幡和戶畑。

往南出發，讓人鬆口大氣，不久後，就能見到以前的旅行中，所看到的青山綠水。超過三個小時，蹣跚走過陰沉寥寂的建築區，在一家小店停下來喝咖啡，聽著老闆娘稱讚一位常客風流倜儻達十分鐘之久。喔，他穿的新「塞碧羅」（sebiro，Savile Row，英國知名紳士服店）「蘇嘛拖」（sumaato，smart，時髦）地要命哪，沒想到他穿上「素資」（suutsu，suit，西裝）竟然那麼「漢薩姆」（hansamu，handsome，帥），真讓她吃驚呢！我走出小店，很開心終於能離開北九州市。

道路仍是煙霧遮天，車流如織，穿出骯髒的混凝建築群，經過兩旁的木造房舍，直到接近高聳山巒時，空氣才轉清新宜人。我在一家小超市買蘋果，付帳時，收銀台店員染一頭紅髮，和排在我前面的顧客調侃我一番。

「別笑得那麼大聲，」這位顧客的警覺心算高，「他搞不好懂日文喔。」紅髮女人一聽，笑得前仰後俯。我默默走出店門。

那一天，我已走了三十餘公里，但到了曛暮時分，仍未進入鄉野。小車站外有一家計程車行，我在那打聽附近有無旅館。經理年紀很大，給我一個模稜兩可的答案：

「嗯，有是有，可是很難找得到。」

我飛快走到田川（Tagawa）這個小衛星都市，找到旅館，放下背包，出去吃了一頓帆立貝網燒（炭烤辣海扇貝）。

晚餐時，兩位公司社員同我坐在櫃檯旁，找我聊天。席間，我這洋鬼子滿肚子火，又不能發作，倒楣的是，這種事發生率高。年輕的那位先問我歲數多大，吃不吃納豆。我還沒吐出三個字，他就馬上轉身，對我充耳不聞，跟著他的前輩一起大嘆，難得有人日文說得如此流利。聽到這類稱讚，先別高興，因為日文的「流利」是pera-pera，同時意味著「呱呱叫」和「聒噪」。因此，在讚美某人的日文流利之餘，也暗刮他的臭屁愛現。他們哪是對我五體投地，而是晚飯碰上這場娛樂，正忙著佩服自己挑餐廳的眼光。他倆堅持要請我喝啤酒，直嚷著「別擔心帳單！」惹得其他顧客頻頻側目。似乎炫耀的成分居多，不是真想替我解渴。

他倆走前和我交換地址，又握手又拍背，唱做俱佳，鬧到人盡皆知，終於離去。一位歐吉桑坐在我對面，剛剛那幕全落入他眼中，這才踱過來，輕拍我肩膀說：「你人實在很厚道。」

「剛好相反，」我打著官腔，「厚道的是他們倆，他們請我喝了兩瓶啤酒。」

「我要是你，」歐吉桑嚴肅地說，「早把啤酒倒在他們頭上。」

他也是一位公司社員。一般社員總是穿西裝打領帶，他卻穿著暗紅色開領襯衫和老式燈絨褲。他坦言，他不喜歡公司生活，常請假跑去釣魚。我手背上被蚊子叮了一個大包，很癢，我不停地搔著（住在春美旅館的二十五個紀念之一）。他又說，他剛在一旁看得很生氣。

「你的自制力很強，」他繼續說，「就像邱吉爾。邱吉爾總是容光煥發，面帶笑容，就算面對的是他倆那種混帳也一樣。」

邱吉爾是五十到六十歲之間的日本男人心目中的英雄人物；這代日本男人參過戰，因此我一直頗感驚訝。我稍微深入談了這個話題，指出邱吉爾簽署的波茨坦宣言[2]，曾促請日本無條件投降，並威脅發動「迅速而徹底的毀滅」，即後來的長崎和廣島核子浩劫。

「波茨坦是他昏頭昏腦簽下的，」歐吉桑爭辯，「但即使在那時，他仍是英姿煥發。」他還告誡我，如果我想成為真正的作家，就要寫本「跟邱吉爾的小說一樣棒的書，不然也不能輸蕭伯納[3]。」

我們道別後，我起身離開。半途，我的腿部和膝蓋傳來兩陣劇烈刺痛，我不得不停下腳步稍歇。也許，我是強忍到這時，才發洩對那兩位社員的怒火。或者，十月中旬夜晚帶來的涼意、攀爬山巒、飽受蚊子叮咬，加上社員的打擊，使得我這位長途徒步者，感到一股前所未有的疲憊。

該走哪條路？

就某些方面而言，九州島和北海道一樣，充斥著「異國」情調。於九州，首批西方船隻停泊靠岸，西班牙和葡萄牙耶穌會傳教士（先驅者為聖沙勿略）首度教導西方語文，沙勿略與後繼者紛紛建造首批基督教堂。既使在日本兩百一十五年的鎖國期間，人民禁止出國，登陸的外國人遭到斬首，仍留九州西部的長崎出島（Dejima，一六四一年起）作為日本和荷蘭及中國的唯一貿易據點。經由九州，輸入香菸、油畫、醫藥和槍等外國物品[4]。

長期以來，九州亦是陶瓷中心；儘管許多地方燒陶技術源自朝鮮[5]，陶瓷仍被視為日本典型藝術。而某些日本陶瓷的特色是透過西方接觸而來。英國陶藝家伯納．李屈[6]曾住在九州小鹿田（Onta）村，傳授製陶技術，帶動九州某些鄉村地區的民俗陶藝，恢復往昔繁榮，間接使九州陶瓷在西方廣受歡迎。

---

2 **Potsdam Declaration**，一九四五年，由中、英、美三方簽署。

3 **Bernard Shaw**，一八五六至一九五〇年，曾獲一九二五年諾貝爾文學獎。邱吉爾，請參見第四章譯注。另，邱吉爾和蕭伯納皆沒寫過小說。

4 一五四三年，葡萄牙人首次抵達種子島，傳入槍枝；沙勿略，請參見第八章譯注；一五七〇年代起，傳教士於九州廣辦學校，教授神學、西方科學和語文等；一六三五年發布海外渡航禁止令；一六三九年發布鎖國令。

5 一五九二至一五九八年間，豐臣秀吉兩次出兵朝鮮，九州大名擄掠大批朝鮮陶工回日，成為九州諸窯發展之基礎。

6 **Bernard Leach**，一八八七年至一九七九年，作品深受沖繩代表壺屋燒影響。

小石原（Koishiwara）村離小鹿田大約九公里，為福岡（Fukuoka）縣燒陶重鎮。我已在此縣境內走了兩天。小石原的商店幾乎都是陶瓷店，許多兼做餐館以招徠觀光客。河流中，電力尚未發明前的公共水車仍在咚咚擊打瓷土。觀光客可在村內窄狹的陶器之里中，觀賞陶工拉坏、上釉、燒製，懶洋洋地喝得酩酊大醉，和賺飽觀光費的景觀。小石原是觀光勝地，也是外國觀光客必訪的景點，因此，我萬萬沒料到，我竟然會找不到這個著名地點。這還是我這趟長途旅行中，第一次迷路。

那天一開始狀況良好。天氣晴朗，北九州市遠遠在我身後，右邊尖聳的藍色山巒連綿起伏，映襯在灼灼秋陽下。在小鎮添田（Soeda）附近，一位親切的駕駛替我拍了張照片：我在他眼中，顯然是值得保護的野生動物。我仍舊開開心心地向前邁進，下午兩點左右，抵達增田（Masuda）村。我的地圖上標示，我必須在此離開公路，轉進通往山區的窄徑。我便攔下一位騎腳踏車、穿卡其褲的老爹，問他我該走哪條小道。

「直走到英彥山（Hikosan），」他喘吁吁地說，「經過鐵軌時，往右邊岔道走。只有那條路，標示也很清楚，一定會看見。」

既然這麼簡單，下午便在悠閒中度過。我慢慢踱往英彥山，半路，在雜貨店買了瓶啤酒，我還跟老闆戲稱這是「徒步汽油」（foot gasoline）。

「你要去哪？」老闆娘洗馬克杯給我用時問道。

「小石原。」我回答。

「你走的方向不對哪。」

我差點被泡沫哽死，急忙吐出，將馬克杯放在桌上。

「你得走回添田。大概是六公里。然後再搭巴士。」

「我不想搭巴士，我想用走的。」

「很遠喔，」她警告。「你恐怕走不來。」

我打開地圖，死盯著研究。從這裡到小石原，大約快走八公里路就到。

「真的需要繞回添田嗎？從英彥山應該走得到吧。」

「哼！」老闆娘跑進後面房間，一會後，她母親跟著出來。

「小石原？」母親吸口大氣，彷彿我要去的是庫克羅普斯島[7]。「你要去小石原？」

「沒錯，」我回答。「別人告訴我，可以從英彥山過去。」

母親的喉嚨發出咯咯怪響，半為嘲笑，半為惱怒。

「根本不需要走到英彥山，」她咳嗽一聲。「再直走一公里，有家酒店在轉角處，旁邊那條新路通往小石原。你要是不確定的話，可以問酒店。」

我現在有三條完全不同的路可走到小石原。我趕快吞下啤酒，背上背包，沿原路前進，心裡七上八下。走了一公里後，果然看見一家酒店，我頓時安心下來，探頭進去店

7 Isle of the Cyclops，希臘神話中的獨眼巨人之島。

裡問路。

「哈囉，」我開口說，「請問哪條小徑」，前方有數條小徑，「通往小石原？」

「沒有呀，」酒店老闆回答。「你得坐火車，然後在大行司（Daigyoji）換車。」

「誰說的？」一位顧客滿臉通紅，立即打斷老闆，厲聲說。「走左邊這條路就會到。」他指著右邊的泥土路。

我放下背包，拿出破破爛爛的地圖。

「麻煩你指出是哪條路好嗎？」我問。

顧客和老闆俯視著地圖，靜靜不語。

「這條，」老闆最後打破沉默。我看看地圖。他指著從日田（Hita）到小國（Oguni）的二一二號公路，離此地南方二十五公里遠。

「別蠢了，」顧客說，「不是那條。是這條。就是這條。」那條是往北，通往福岡市的主要幹道。小石原位於西方。

「嗯，謝謝。」我吶吶回道。隨後，我拿出指南針，開始攀爬險陡空曠的山徑。在我看來，這條路似乎勝算最大。

下午變得冷凜。我愈走愈高，翠綠山坳在腳下開展，燃燒穀殼的灰色煙霧緩緩飄來，形成一道霧靄，迷迷濛濛。高處的風勢轉強，我沿著乾涸河床而行。令人納悶的是，河床裡的大塊圓石都標上了號碼。我跳過第五十一號圓石，口中英文國罵連連，以紓解我的疑惑。

山徑最高處分成幾條岔路，毫無指標，不知該循哪條路。一個小女孩坐在一棟房舍外，此地前不著村，後不著店。房舍客廳兼做穀倉和牛棚。我對小女孩說：「啊挪，抱歉，請問哪條路通往小石原？」

小女孩倏忽起身，瞅了我五秒鐘，放聲痛哭，衝進牛群中。她母親趕緊奔出門看究竟是何方妖魔。我努力微笑，暗地希望不會像吃人的洋鬼子，對她重複我的問題。她渾身打哆嗦地指指左邊的路，迅速跑回屋內，砰地關上大門。

一小時後，我又回到牛棚。小徑最後竄進濃密的矮樹叢，走著走著，一塘池水淹到小腿。我發現，我的地圖好像掉在第九十八號圓石附近。我現在很樂意將小女孩和她娘一腳踢到北海道。

六點，我終於走下山，沿著上游築有水壩的綠色小溪，折進一條平坦公路。一位貨車司機停下來，想讓我搭便車。他告訴我，小石原仍在十公里外，而且要繞回山區。我謝過他的好意後，便急行軍般地上路。七點，弦月半露出臉，半藏在雲朵後方。八點，夜已深沉，經過陶窯冒出的濃煙和燃燒穀殼的煙靄，總算走抵小石原寥寂冷落的街道。我總共繞了二十公里冤枉路，一天下來，步行超過四十五公里。

「給我一罐啤酒，」我撲通坐在櫃檯邊，將背靠在酒店牆壁上，對老闆嘆口大氣。「我今天下午在山區迷了路。」

老闆端給我啤酒，好笑地看我一眼。

「你為什麼不問路呢？」他說，「直走就到了。隨便問誰都知道。」

杖立溫泉參與相撲

翌晨，小石原恢復繁華景觀。主要街衢的餐廳兼做紀念品商店，店內，生意人大腹便便，穿著帕瑪（Arnold Palmer）高爾夫球衫，圍在瓷碗和水果盤前讚美著，「嗯—啊—哈伊，是的—嗯—真美」，然後轉身，看到我時又讚嘆道，「嗯—啊—嗯——一個老外—沒錯」。昨天的健行使小腿腫痛不已。道路為濛霧所籠罩，車流稀疏，天空中有幾朵白雲，宛如點點白色風箏。今天一早就心情不佳。每個生意人手上都拎著一袋陶壺和瓷盤，猛抽香菸，白色煙霧裊裊飄散在頭頂上。我離開他們，踏著沉重的步伐往南，經過村裡最後一群窯元（陶窯），走進了渴望數日、綿延橫亙的蓊蔚山巒。

不消多久，便走出福岡縣界，進入大分（Oita）縣西部狹長鉤狀地區。一隻貓咪慘遭碾斃，內臟汁液噴灑形成扇狀。幾碼遠外，一隻狗兒剛死沒多久，鮮血從鼻孔湧出。這附近想必就是村道轉入二一一號公路之處。公路上空空蕩蕩，悶熱潮濕，旁邊是一道靜止的綠色河川，逶迤行於鄉間。

停下來買酒的酒店瀰漫著九州的地方氣息：收放式木製櫃檯、樂意讓老顧客賒帳的告示、架上放著一點八公升的燒酎[8]，其數量遠比清酒要多。燒酎是九州的主要酒種。再往南，越過熊本（Kumamoto）縣後，清酒便不見蹤跡。而在我旅程的最後一個縣鹿兒島縣，唯一的選擇往往只有其特產芋燒酎，苦澀難聞。當地人大口灌下芋燒酎的習性，被取了個「芋侍」（potato samurai，馬鈴薯武士）的渾號。

餐廳裡，剛秋收的新米嚐起來薄脆可口。晨間新聞播報著，東北第一批米正要送往東京。運米卡車車身畫滿圖畫，農夫跳著舞歡送卡車出發，農婦們向卡車司機奉上花束。秋陽重新展現威力。我順著蜿蜒在田野的河流前行，隨即發現，燒酎聞來雖有怪味，卻能讓腳踝和小腿忘卻痠痛，足下生風。今早的陰霾心境隨之一掃而空。

一座小巧的木造神社外，幾支祭戟靠放在兩座犬（守護大殿的石獅）上，木製御輿（神轎）端放於地，裝飾繁複，準備要抬過秋收稻田，進行一年一度的秋巡。從御輿放置的地方推測，神祇可能正在隔壁的「小剪Bomth」美容院燙頭髮。舉目四望，眼前只有美容院、神社和犬，沒半個人影。如果祂夠聰明的話，祂應該去果園出巡，欣賞結實纍纍的柿子樹，成串的金柿像裝飾球般，懸掛在樹枝上。看來感恩節[9]根本不需費神再

8 shochu，燒酒，以米麴或芋麴釀成的烈酒，可能是於十五世紀自沖繩傳入的泰國酒製法。

9 Thanksgiving，美加節日，美國是十一月的第四個禮拜四；加拿大是十月的第二個禮拜一，作者在此應是指加拿大的感恩節。

做裝飾。

稍遠處，一個十六歲男孩騎著本田速克達，耐心地等我走過，然後慢慢騎在空曠的路上，問我被問過不下千遍的問題：「你喜歡日本嗎？日本很棒吧？住在日本很舒服吧……？」我們在他讀的高中門口道別。校舍樓上窗戶寫著「美國佬塗鴉」（Yankee Doodle），閃閃發光。三點鐘，秋陽熾熱，汗臭聞起來有燒酎味，微醺中，我開始傻笑。跨越大山川，上游就是巨大的松原（Matsubara）水壩。一大群穿制服的女學生從冰淇淋店衝出來，就為看我一眼，口中狂喊著「他好性感哦！」「他看起來很累！」和「祝你好運，老外先生！」聲音聽來活潑悅耳，頗有感恩節的氛圍。

大山川淙淙流過水壩，在其後形成深藍綠色的水壩湖。午後四點，驕陽高照，走到東邊堤岸半途，停在一家小店買啤酒，以沖淡燒酎的怪味。呃，從我跟老闆娘相處八分鐘的臨床觀察判斷，這位年輕女性的歇斯底里症已經病入膏肓。她的症狀典型得很。首先，她問我是不是基督徒，我說不是，她隨即逼問我，為什麼我不受洗。搞了半天，她是羅馬天主教徒（九州的基督徒人口仍然遠遠高於日本其他地區）。她隸屬於當地一座教堂，會眾人數為五人。我今晚想不想參加他們的彌撒？我今晚想不想住她家？我想不想認識她妹妹，她妹妹一直認真考慮要嫁外國男人，因為他們比日本男人溫柔多了？我還沒喘好氣，好好回答這些問題，甚至還沒機會吭聲，她就突然變臉，呃，以基督徒的姿態吧，叫我這個色鬼滾出去。這個嘛，她其實沒有這般說出口，但她一直緊張兮兮地望著時鐘，皺緊眉頭，警告我說，要是給她丈夫看到我在這喝啤酒，可不知會做出什麼事情來喔。臨別時，她冒出一句，「日本是天國」。我莫名其妙地離開她的酒店，有氣無力地朝杖立（Tsuetate）溫泉勝地邁進。這趟旅程中，在大分停留的時間最為短暫。我旋即步出大分縣（毫無縣界標示），進入熊本縣。我將在此縣走上八天半。

杖立溫泉的景觀突兀。一走近，就看到一棟保齡球館，矗立在一片荒蕪的林間空地中央。飯店沿著杖立川挨挨擠擠，樓高八層，粉紅色建築正面個個骯髒不堪，中間夾著一座老舊木造旅館。我眼光一掃就看中那家旅館。我在橋上碰到一個老頭，他頭上斜戴貝雷帽，誇口說他的旅館全縣第一，領我進門。三位女服務生穿著和服，活潑開朗地站在大廳，連聲抱歉，已經沒有可俯瞰杖立川的房間了。（她們向我保證，假如我早五分鐘到，就還有好房間。）我只好委屈住進景觀較差的房間。窗前是十數家飯店的曬衣場，竹竿上晾著成批藍白相間的浴衣。我看一眼後，便到澡堂中泡湯，而且不客氣地泡了良久。

哪天我要寫本有關溫泉的書。在這瘋狂的四個月中，溫泉、啤酒和海濤是我慰藉肉體的所在。如果沒有溫泉，我永遠不會攸游在支笏湖傍晚的粉紅色湖水中；或拜訪大湯環狀列石；或認識奶頭（ＴＩＴ，東京科技）學院的自行車社社員；或八哥鳥或那位山形卡車司機；我對他鼠蹊部的印象比臉還來得深刻；也不會看到玉川溫泉的老婆婆用肥皂替彼此清洗鬆垮垮的胸部。坐在杖立的溫泉裡，身邊這位紳士白髮蒼蒼，能背誦松尾芭蕉所有俳句。他一面深深點頭，一面告訴我，某俳句是寫於哪條細道。松尾芭蕉從未到過九州。據說，杖立溫泉的歷史有一千七百年之久，因此下面這首歌可能比他的俳句年代久遠，它頌讚溫泉和其神奇療效：

杖立泉水所治癒的人們，
不用再倚賴帶來的枴杖。

松尾芭蕉也許能寫得更精彩。那位白髮紳士發誓說，此地泉水讓他的雙腿結實有力，不再顛顛顫顫。我告訴他，只要我雙腿疼痛能消，便已感激不盡。

老紳士之後到我房間來，與我共用晚膳。一位女服務生臉蛋圓潤，褪下和服，換上蘇格蘭呢短裙，前來為我唱一首催眠曲。老紳士見狀，悄然離去。時辰尚早，我一點睡意也沒。但她仍堅定決心，逕自收拾晚餐，鋪好臥墊，開始用柔軟的歌聲，唱起〈杖立民謠〉的第一段：

溫泉熱氣騰騰，散發硫磺氣味，
溪谷間櫻花盛開如雲——
溫泉家鄉縈繞夢中

成畫成歌。

這時，走廊底端的大型宴會廳傳來熱鬧喧嚷的歌聲。女服務生邊撫平裙襬，邊告訴我，小國業餘相撲協會剛輸掉錦標賽，正在開慰勞晚宴。這就是她之所以換短裙的緣故（「妳必須能敏捷地跳離那些男人。裙子越短，逃得越快」）。這段告白遠比民謠要吸引人，我馬上厚臉皮地詢問能否參加晚宴。

七十一天前，在秋田縣一個下著雨的夜晚，我曾出席松葉鳳凰棒球隊的慶功宴。我一直以為，那大概是我所參加過、最吵鬧的宴會之一。那晚後來出的洋相讓我心情鬱卒了好幾天。但我今晚即將學到兩個教訓：第一，相撲選手的吵嚷程度，簡直和他們的龐大體重一般不相上下，比棒球選手有過之而無不及。再者，別以為慶功宴才喧鬧刺耳，你該去體驗慰勞晚宴的荒腔走板。

歡迎我進門的掌聲如雷貫耳。我現在回想，那應該是因為我只套了一件浴衣，我一坐下，大概便一覽無遺。全場的相撲選手超過三十位，或坐或躺成一圈，觀賞在房間中央上演的餘興節目。我至少跟每位選手敬了兩杯清酒。一位相撲選手手拿普通擦手巾，模仿木偶動作栩栩如生，還能讓木偶進行各種驚人的交配姿勢。另外一位選手則將場內燈光轉暗，表演脫衣舞，跳到最高潮處，竟能將陽具相當技巧性地夾在大腿間，看起來彷彿他在舞蹈中，改變了性別。年輕的相撲選手當場被叫賣肉體，逐一脫個精光。三位女服務生（我注意到她們全換上短裙）大聲尖叫，喜形於色，輕快地跳到宴會廳角落。我發現，原來所有的人都只套著浴衣，底下空空如也。後來，我不知道哪根筋不對，挑釁冠軍好手，跟我來場相撲比賽。

雖然醉得亂七八糟，我仍知道我輸了。我記得我一路滾過大廳，榻榻米硬地出乎我意料之外，肥大臃腫的臉蛋圍成一圈，對我獰笑。然後我便失去知覺。不知過了多久，我在自己房間中醒轉，房內黝黑，浴衣早被拉緊，一條薄被蓋在身上，肋骨傳來陣陣痠痛。我睜開眼睛，看見那位圓臉女服務生坐在坐墊上，俯視著我，柔聲唱著歌謠，聽來令人柔腸寸斷：

別哭泣喲，鹿兒；守著你的回憶。
我只能停留一晚。
明天，天涯獨行，
我將行至遠處，遠處……

最冷的一夜

翌晨，十一點，我坐在青草堤上呻吟不已，搓揉足踝，按摩肋骨。十幾位年輕男人穿著潔白的柔道袍，赤著腳丫沿著一條窄路慢跑。這條窄路蜿蜒而上，最後抵達阿蘇山的火山口。往回看，山巒起伏如浪濤。順著路往前看，只見白色煙霧形成的薄翳，不斷從遠方火山口噴出，飄散於湛藍晴空。

道路兩旁，大約一百名學童穿著制服，或亮藍色運動服，在做寫生，畫著田野和掛曬在架上的棕色稻草。我經過時，每個學童都趕快將畫藏起來，不讓我看。除了一位埋頭用塑膠三角尺描著稻田的小鬼之外：他沒看到我。

一個女孩大約十四歲，看到我時驚聲尖叫，跳起身，噗嗤噗嗤地笑著告訴我，這帶山區只住了日本人，因此，我究竟到這裡來做什麼呢？

「你不是美國人嗎？」

「不是，我是英國人。」

沒想到她發出更尖銳悽慘的叫聲。

「你認識灣岸搖滾合唱團嗎？」

「沒有私人交情。」

「他們也是英國人耶！喔，他們是英國人！他們是耶！」

那女孩興奮地不得了，跳上跳下，幾隻手指頭塞在嘴裡，兩頰泛紅，幾乎喘不過氣來。她趁呼吸好不容易順暢時，拚命喊道：「啊，他們是英國人耶！對耶！英國人耶！」

兩個朋友上前安撫，她還是冷靜不下來。其中一位問我往英國的飛機票價。我猜，她們是病急投藥。但在上氣不接下氣，哀嚎連連的情況下，還能保持友善態度，實屬不易。我想，好在我和灣岸搖滾是同胞，祖國沒能生產林寶堅尼，似乎也不是那麼遺憾的事了。

下午兩點三十分，月亮已高掛天際，皎白如阿蘇山噴出的煙霧，蒼穹如海，萬里無雲。秋收過的稻田裡長出雜草，翠綠耀眼，為我在這趟旅程中之僅見。道路彎曲向上，愈來愈陡峻，野草更見碧綠。巨大的破火山口周邊草原不見任何學童，只有牛群揮動著尾巴，抬頭看看皎潔月亮，納悶傍晚何時來臨。乾草堆零星點綴於景觀中，樹木稀少，灌木叢形成一小塊黑點。我身後，灰棕色的九重火山（Mt. Kuju）高高拔起，秋陽輕撫，宛如畫筆，將它染成橘紅色，再幻化成金色。

三點半，我站在全世界最大的火山口邊緣。我從北海道一路走來，現正俯觀口內的平坦空洞，大到足以容納三個小鎮，縷縷輕煙由其間噴出，飄盪於午後陽光中，成為幢幢陰影，如同月球地貌。龐大的阿蘇火山矗立在中央，東方是紫色火山群。我走進洞口，幾乎感動落淚。

已近十月下旬。阿蘇溫泉占地狹小，寂靜而罕見人跡。許多旅館窗戶緊閉，玄關堆了一堆報紙，燻得潮濕泛黃。巨大彩色電視機的聲響從旅館中傳出，自早餐時間就開著，無人收看。太陽在火山口邊緣後西沉，長長的黑影徐徐爬上溫泉鎮的主要街衢。夜風襲來。

「英文的 geemu（遊戲）怎麼說？」旅館老闆夫婦的十一歲兒子問道。我們一起坐在寬敞的池子裡，學（Manabu）要我教他一些英文。他拿著鉛筆和小筆記本，寫下我的教導，就是有本事不弄濕紙張。我覺得那很不簡單。他也很聰明，英文似乎不錯，不需我的指點。

「英文的 geemu 怎麼說？」

「Game。」我告訴他。他馬上記下來。

「英文的 juusu（果汁）怎麼說？」

「Juice。」

「英文的 robotto（機器人）怎麼說？」

「Robot。」

「英文的 kamera（相機）怎麼說？」

「Camera。」

「英文的 pitchaa（投手）怎麼說？」

「Pitcher。」

他全部寫了下來。

「英文和日文一模一樣嘛！」他開心地告訴我。

秋晚轉冷。我穿上厚厚的秋季和服與木屐，在巷衖間亂逛，木屐發出尖銳聲響，於空蕩的街道上迴響，愈走愈寥寂。學的母親在旅館一公里外開了一間小酒吧，有一個小櫃檯，狹窄的後間擠一擠的話，勉強可坐下四個大人。那晚沒有客人上門。百般無聊之下，她走回旅館問我，願不願意起床去她酒吧坐坐。

後面房間的榻榻米燻得焦黑，我們坐了一個小時，邊喝清酒邊吃生魚片。酒吧裡比外面街上還冷。仍然沒有半個人上門。學的母親吞雲吐霧，從菸屁股點燃另一根香菸，一根又一根地抽。我猜，這是她取暖的方式。她怪裡怪氣，臉上帶著不豫之色，衣著差強人意，紅色染髮褪色，露出底下毛燥的灰色捲髮。她穿著老爺褲和補綻處處的短上衣，邊抽菸邊咳嗽，瞪著威士忌酒瓶，無奈地等待新年來臨，春神再降火山口。

十一點，隔壁酒吧的媽媽桑來找她。媽媽桑的藍和金色和服刺繡精美，長髮挽起梳成層層髮環，相當別緻高雅。穿和服和梳理頭髮不知得花多少時間。我納悶，過去這五小時，她獨自坐在酒吧裡，聽著收音機，心裡到底想些什麼。她一看到我，立刻欠身示禮，轉身就要走。

「沒關係，」學的母親說，「他不是客人哪。」

媽媽桑問她能不能用旅館澡堂。她倆將酒吧關好，鎖上媽媽桑的腳踏車，和我一起走回旅館。媽媽桑已換上藍色牛仔褲，但髮型未變。我暗忖，我們三人看起來是何光景，會不會讓人想歪。兩位日本女性，一位穿牛仔褲，一位染紅頭髮、嘴裡叼根菸，而中間的英國人滿面倦容，穿著過小的和服和木屐。

我雙臂盤於胸前，夜晚寒意陡峭。這是我旅程中最冷的一晚。天空中繁星閃爍，微風拂面，帶來火山的氣味，街道荒蕪沉寂。後天，我將抵達熊本市。兩週內，我將站在佐多岬的海巖上。我找著月亮，但遍尋不著，舉首只見阿蘇山的身影擋住星空。

我不是變態老外

翌晨，我到阿蘇溫泉的郵局提款，電腦從三十萬日幣中扣掉八萬，然後留給我九百萬餘額。我將交易明細單拿給辦事員看，並指出其中的錯誤。那位辦事員蹙緊額頭，尷尬地咧嘴笑笑，手指在鍵盤上又敲又打，最後用原子筆加以糾正。我始終認為，原子筆比電腦晶片可靠多了。雖然陽光明亮，今早卻相當寒冷，我第一次套上毛衣。我在一家小眼鏡行修理太陽眼鏡，換裝鏡邊的螺絲。但四十分鐘後，一邊的鼻墊竟然掉下來，我猜，這眼鏡會自動解體。

我想找一家咖啡店，火山口附近的小村莊中是有幾家，但都尚未營業。一個女人在擦洗咖啡店的窗戶，嗤之以鼻地公開表示，堂堂溫泉咖啡館怎能在早上十點半就開張。我只好拖著腳步向前邁進。秋陽依舊燦爛，煙霧從火山口中飄出（路上，每隔一段距離，就有告示牌歡迎觀光客前來「火之國」）。沿著環繞火山口的木製步道而行，直到接上五十七號公路。五十七號公路貫穿岌岌高俊的破火山口山屏，下坡往西朝熊本市方向而去，大約還有四十公里遠。整個下午，滿載著觀光客的巴士一輛輛經過，穿著制服的導遊手拿麥克風介紹景點，幾乎倒背如流。計程車插在巴士間，載著臉色肅穆的公司社長奔進火山口。社長們個個看來決心要趁仲秋好好泡湯。一隻漂亮的白狗一瘸一瘸地上前來，後腿流著鮮血，對計程車猛嘷，但看到巴士便拚命搖尾巴諂媚。

似乎沒有必要加快腳程，死命在今天趕到熊本，特別是我的肋骨、臀部和大腿還因相撲競賽而隱隱作痛。我緩步往前。下午四點，閒蕩過一家簡陋的木板屋。它位於一塊稻田邊，顛顛巍巍，廣告牌上標示，這是一家叫「螞蟻」的夜總會。轉進大津（Ozu），全鎮只有一條馬路，像座空城。毫無人跡的馬路底端，有一個叫 Guudo Doggu（好狗）的熱狗攤。我走到馬路一半時，發現一家小旅館。年輕女人跑來玄關招呼我，以非常禮貌的日文說，「可否煩請貴客稍待片刻，吾將查詢有無空房」，然後輕快地飛奔進廚房，尖聲吶喊，「是個老外！」

「不可能！」響起另一個嬌俏的聲音，原來是她姊姊。姊姊請我坐在電視機前，觀賞半小時的兒童卡通，妹妹則衝上樓，用胡佛牌吸塵器整理房間。

旅館的相關日文名詞頗耐人尋味。我坐在電視機前，觀看機器人大肆破壞宇宙，撥著柑橘皮。我從姊姊那，學到很多日文單字。比如，火之國的飯店每逢秋季，就有很多情侶（abekku）投宿。Abekku 來自法文的 avec（與），但日文化後，卻搖身變成指沒結婚的情侶。不曉得為什麼，姊姊將話題扯到別處。她說，一到秋天，附近旅舍裡便住滿了大搞不倫（外遇）的情侶。還有，如果住客跟旅館員工說，「我只是出去散步一下」的話，通常是表示「我半夜才會語無倫次地回來」。員工會自動告知住客鎖大門的時間[10]，以及後門在哪。我吃完晚飯沒多久後，也現學現賣，使出這招。

我的確只散步了「一下」。大津乏善可陳，沒啥逛頭，我沒多久便返回旅館，離兩姊妹鎖門時間還早得很。我在鎮上碰到一件好事：兩個高二男生從對街扯高喉嚨叫著：「嘿！『李』說英文？說『利』文？嘿，你，『米』國人民！」

這兩個男孩已經學了四年半的英文，我想，再用功六年，一定可以說哈囉。

回到旅館後，姊姊告訴我，她兩年前去歐洲玩了一趟（五國十日遊），語文不通，真是可怕哪。她在羅馬時，一直想說古馳（Gucci），結果老發音成布什、庫奇、肚臍……

睡覺時，腳丫微微痙攣。翌日，五十七號公路上，錄音帶帶子被扯開，到處散落，我隨後走進煙霧瀰漫的熊本。電車叮噹地經過貂飯店（Hotel Mink）。熊本城屋頂上，築巢的鴿子多得如裝飾瓦片。

那晚，我得知，生馬肉片（馬刺）是此地特產。我因此沒在旅館用餐，特地跑到熊本車站附近的小餐廳，想要嚐鮮。生馬肉直接從冰箱端出，仍未完全退冰，硬邦邦的加上纖維很多，嚼起來有點費力，不甚可口，讓人失望。我坐了良久，小口啜飲啤酒，就

10日式小旅館晚上通常會鎖上正門，有些有門限時間。

為等馬肉解凍。餐廳只有另外一位客人，跟老闆私下聊了起來。

「外國人真奇怪，對不對？我在美國時，受夠他們的鬼氣哪。毫無禮貌又堅持己見。總是要弄到正面衝突不可。我一直告訴自己，好在我生為日本人哪。」

我點了第二瓶啤酒。老闆拿過來，一語不發地放在我桌子上。

「我在紐約時，想買件風衣，結果沒有一件合身。不單是尺寸太大，外國人的骨架也長得很荒謬呢。日本人的身材比例就好看多了。」

我喝都沒喝第二瓶啤酒，馬肉也幾乎沒碰，站起身走到收銀機處付帳。那場私密談話已維持了二十分鐘，我終於聽到忍無可忍的地步。

「我不會說英文。」老闆對我說，跟那位客人眨眨眼。

「李四哪果人？」客人張開嘴傻笑。

我付好帳離開餐廳。熊本市夜晚秋意已濃。我仍處於半飽狀態，還想再喝點酒，於是沿著車站旁的馬路，踱步到二十碼開外的小店。我一在身後拉上大門，便知今晚不會和平落幕。店內櫃檯旁坐著三位客人，其中一位轉身對朋友鬼吼一句，整家店都聽得見：

「看哪！來了個變態（henna）老外！」

我坐下後，老闆遞給我溫毛巾，我抹抹臉和雙手。

「我不是個變態老外，」我說，「我是個正常老外。」

全場霎時沉默下來，老闆發出咳嗽聲。

「呃……你想……呃……喝點什麼？」

「他聽到我說的話！」那位客人爆笑。

「是的，」我說，「你那麼大聲，不聽都不行。」

一場道歉儀式隨即上演，簡直已成日本傳統。那位客人依照程序，致上深深歉意，可惜全是表面功夫，最後要請我喝啤酒。

「不用，謝了，」我說，「我自己會點。」

十分鐘內，另外兩位朋友不斷看看手錶，催促著說，「啊挪，該走了吧？」或說「去街底喝下一攤吧？」這之間，我再度拒絕讓他請酒，也不碰他推過來的那盤花生。最後，三個男人站起身付帳，櫃檯上放著三杯沒喝的威士忌加水。

「晚安。」那位客人經過我座位時說道。櫃檯後方的老闆嘆口氣，微微一笑。

「你是哪國人？」

「月亮。」

「嗯？」

「北極。火星。」

老闆鞠了兩次躬，斟滿我的酒杯。

「對不起。」

「不是你的錯。」

「真的，我覺得很抱歉。」

「我只想安安靜靜喝酒。」

「我想……」

「你知道……」

「一定很難受吧……你又這麼……嗯……這麼……」

「什麼？」

「難以相處。」

我離開那家店，走回旅館睡覺，嘴裡全是生薑味。

歐洲日本大不同

若將歐洲中世紀城堡與日本城堡相較，會發覺兩者相當類似。外廓內牆以同心圓方式建築，圍繞著中央的塔樓或天守閣（donjon），砲塔林立，城道峰迴路轉，守軍得以隱身暗處擊退敵軍。熊本城竣工於一六〇七年，為日本三大城之一。熊本城的外廓幾乎長達十三公里。一八七七年西南戰爭中，熊本城飽受戰亂，也寫下日本史上最後一次圍城攻擊[11]。旅程第一一六天，天氣溫和，我漫步於城中，注意到日本城不同於歐洲城堡之處。

歐洲城堡最頑強的據點是中央塔樓，比如，倫敦白塔[12]的城牆便厚達十二呎。但日本城的天守閣卻是守勢中最弱的一個環節。天守閣的建材往往並非石塊，而是木材和灰泥（現今的熊本城天守閣在一九六〇年以鋼筋混凝土重建）。精緻優雅的屋瓦和寺廟般的正面，模仿即將飛起的鳥兒姿態或石盔甲的羽飾。歐洲城堡的塔樓易守難攻，為圍城攻擊防禦的最後一道堅固防線。此策略主宰著從馬撒大（Masada）到阿拉莫（Alamo），從哈斯汀戰役（Hastings）到不列顛之役（the Battle of Britain）的西方軍事行動[13]。相較之下，日本天守閣脆弱得不堪一擊。建城者必定清楚，作為防禦要點的外廓內牆一旦失陷，天守閣立將不保，多半是毀於火災。

將此觀察運用到二次世界大戰，則有些有趣的理論。在歐洲，邱吉爾向全世界宣布，英國人將「不惜任何代價以保衛英倫三島，我們將在海灘、飛機場、鄉野和街道上勇敢作戰，抵禦敵軍……」。而日本人呢，卻埋首於侵略太平洋島嶼環帶的東南亞諸

---

11 Satsuma Rebellion，「征韓論」遭政府否決後，明治十年，鹿兒島支持者西鄉隆盛領導不滿之武士群起叛變，北攻至熊本城，後敗於政府軍，史稱「西南戰爭」。

12 White Tower，一〇七六年建成，為倫敦塔中最古老部分，亨利八世期間改為監獄。

13 西元六六年，羅馬兵圍攻馬撒大死海沙漠山城，三年才下；一八三六年，德克薩斯獨立戰爭中，阿拉莫遭墨西哥圍城十二天；一〇六六年，征服者威廉攻下哈斯汀防線，才得以入主英國；一九四〇年夏秋兩季，納粹德國轟炸英國不下。

國，建立遙遠的同心圓防禦體系，堅信日本本土將不會淪為最後一道防線。同盟國展開行動，攻擊日本所占領的島嶼，一一擊破，手法就像日本中世紀城堡的圍城步驟，一旦攻下沖繩這道日本最後廓牆，本土便立即潰不成軍，毫無保護，任人蹂躪，宛若脆弱的鳥兒。

熊本城四周如今是座公園。有關當局於此豎立英文告示板，介紹此城市的植物史：「熊本市擁有數類傳自古代的傳統植物。這些花朵代表熊本人推崇『潔淨』的精神……」。在附近一個鋪著碎石的停車場中，一些老人正在玩槌球，相當激烈緊張（槌球大受日本老人歡迎，聯盟和錦標賽眾多，並稱其為gateball[14]）。參賽者的前胸和後背都貼上大型數字，頗有奧運選手之姿。我經過時，恰好聽見一位老淑女正在痛罵一位老紳士，把球棍當蘿蔔來舉。

今晚的火氣沒昨晚那麼大。晚餐時，我吃了黃蓋鰈生魚片。八點就回到旅館。隔壁的數家飯店裡，住滿團體旅行的高中學生，男生住在我這邊，女生住在對街。他們吃過晚飯後，大約花了一小時胡鬧，兩方從三樓的窗口高聲打情罵俏，公然眉來眼去；推崇潔淨的當地人恐怕會大嘆世風日下。我從高處房間的窗口，瞥見熊本城天守閣位於一片屋瓦後方，一旁電視發射台高聳，襯得天守閣分外矮小。天守閣以泛光燈打亮，於黑暗中灼灼生輝，挺立在平坦的混凝土屋頂上，彷彿一隻白鳥兒今晚暫棲於此，明天將飛得無影無蹤。

兩個禮拜未曾下雨，秋夜愈來愈冷，白晝時，日光仍舊璀璨，捲雲於高空飄盪。我在九州加快腳步，離開熊本市後，眼前的黯淡峰巒越升越高，最後抵達霧島山。霧島山是我和日本海底端的最後障礙。午飯時分，一位卡車司機請我吃了一頓溫野菜[15]，跟餐廳老闆娘抱怨茶太苦，但我們還是喝了三壺。我對他娓娓訴說我的公路故事，他開了一輩子卡車，沒碰過這些鮮事，因此很是困惑不解。

在市郊的稻田裡，黃色稻草仍未秋收，被海風吹得東倒西歪。看來收割脫穀聯用機在此無用武之地。建築工人頭戴黃色鋼盔，在午後陽光中設置鷹架，開著收音機，收聽今年最後幾場棒球錦標賽。灰塵滿布的火車站外，一隻瘋狗等卡車一來，便跳到路中央。

小旅館的玄關裡，三位年事已高的旅館人員鞠躬相迎，對我微笑。他們根本不在意我是個老外，端來晚報和一碗茶，告訴我，霧島山的山徑是全日本最難走的山路。往鹿兒島的火車呼嘯駛過，離我窗口不到十碼，帶來一股古怪的安慰感。黑白電視機播放著亞蘭·德倫所飾演的蘇洛（Zorro，行俠仗義的蒙面俠）。每次火車一經過，電視就失去訊號。我早早上床，輕撫痙攣不斷的腳丫，深恐終此一生都將為此所苦。

翌晨，就像大多數早晨，我找著咖啡店小歇，一來純粹是為了拖延時間，二來是真

14 此為和製英語，gate在英式英文中是關校察看處分之意。

15 煮青菜或青菜肉類火鍋。

的得吃點什麼，來蓋掉嘴裡的醃醬菜味。旅程第一一八天，我遲遲不想上路。咖啡店的女服務生站在櫃檯後，穿著寫上Prick Up（勃起）黑色大字的圍裙，對我猛搧眼睫毛。我則為她講解英國的工會主義。這家咖啡店也很吸引我。日本才有這種咖啡店，老闆費盡心機地關注各種小節。例如，店內至少供應十種咖啡，牆上的地圖標明每種咖啡的出產地，一張圖解顯示咖啡的味道、濃淡和香味，還有兩種顏色和四種等級的方糖可以選擇。在這點「咖啡」，就像在英式酒館裡只叫「啤酒」一樣不上道[16]。櫃檯上放了一瓶口齒芳香劑叫Mouth Clean（嘴巴清潔）。日本人轉借英文的荒謬用法，比飯店暗指偷情的委婉法文，要來得吸引我。這讓我想起一家叫Money Shop（錢莊）的借貸公司，以及一位大力鼓吹男性結紮的人士，為其遊艇取名叫Pipe Cut（剪斷管子）。

一個小時後，我滿足地離開染髮女孩，神采奕奕地上路。她正對著一群空凳子吟唱著〈Scarborough Fair〉。我轉向南方的偏僻道路，前路筆直經過沼澤地，狀若為海水所淹沒。前方群峰矗立，迷迷濛濛，濃淡不一。中秋狂風直撲而來，將燃燒稻殼的十月煙霧吹進我眼睛、嘴巴和頭髮。

即使在此類僻徑上，仍可見大型電器行和沙發店。足見日本人已逐漸接受美式生活，改以車輛代步。但日本大部分道路狹隘，許多日本人又堅信國土過於窄小，這種發展的確令人憂慮。我常一走數公里，路旁空空蕩蕩，汽車餐廳卻四或五家聚集一處，透露出原始移民建立軍營、共同防禦的心態。汽車餐廳和我在北方三千公里遠的北海道所見一般，小鎮則與東北市鎮相仿，工廠排放的灰煙濃度不輸直江津。九州人民操著不同口音，和別處一樣，一部分人對我熱忱以待，一部分人當我是怪胎（freak）。有人向我解釋過，日本與外國人的接觸過少（從現代開放〔一八五八年〕後算起，不過五代），而日本人不過是天性愛追根究柢罷了，絕非無禮的表現。走過全日本：幹嘛呢？聽一個擁有兩千年歷史的國家，還在抱怨成長的痛苦？

道路折往東方，循著球磨川（Kuma River）迂迴彎曲的河道前行，河水深綠，上游間隔著數座水壩，最後匯聚成綠蔭遮天的寂靜潟湖。午後秋陽熾熱，漁夫在靜止的船舟中假寐。沿著細小的泥土路往行，孩童騎著腳踏車，默默回家。

球磨川對岸，一輛軍車沿著公路，轟隆隆朝人吉（Hitoyoshi）方向而去。公路位於山澗間，風景優美，但一到夏季，便常被豪雨淹沒。公路遠處的巒峰高處，山徑隱藏在嵐霧後方，沒落蕭條的孤村五木（Itsuki）即將為新水壩的洪水淹蓋。還在不久以前，五木村貧窮農家的女兒，小小年紀便到附近城鎮裡當女傭。我曾在八十天前的夜晚，御盆節前夕，泡在八幡平硫磺溫泉中，低聲哼唱著五木村農家女，充滿淒苦悔意的催眠曲：

如果我死了，請將我埋在路旁喲。

16 英式酒館中酒類眾多，必須直接點酒名或牌子，單叫啤酒是不行的。

讓每位過路人灑上鮮花。

該灑些什麼樣的花兒呢？
請灑些從天國降下的雨珠
所灌溉的野山茶吧。

小溫泉勝地吉尾（Yoshio）位於一公里開外，球磨川一條僻靜支流下游處。我住進一棟單層混凝土建築的旅館。女服務生領我到房間。房內四壁索然，月曆、塑膠花皆無，紙拉門破破爛爛，榻榻米、櫥櫃和牆壁帶著硫磺的強烈臭味（聞起來和八幡平火山一樣）。女服務生告訴我，現在剛巧是最忙的秋楓旺季，晚餐是一條魚蛋飽滿的淡水魚。我到燻得昏黃的澡堂泡了三次澡，只碰到另外一位住客。這位老爹住在我隔壁房，夜半鼾聲如雷，我被吵得難以成眠，一夜舒緩我的腳趾頭，皺著臉，承受我自己成長的痛苦。

秋季球磨川

濃密的白色霧靄於深夜無聲地降臨。晨曉乍現，我便醒轉，跛行至窗前定睛一看，坳峪已消蹤匿跡。我下樓到澡堂去，但一位女服務生正用溫泉水洗枕頭罩和床單，我直等到吃完早餐後，才得以再度沐浴。

十點鐘，嵐霧升起，山巒在秋陽照耀下，絢爛如晶亮的馬賽克玻璃。旅館的五位女性員工全跑到玄關處，鞠躬恭送我離去，在我越過小橋時，她們仍揮著手嬌喊著「莎喲娜拉」。我隨後轉東，再朝球磨川和公路前行。

從人吉開始，球磨川的河道彎過幾處險灘，水流轉為湍急，圓石磊磊，滾滾湍流順河床斷層而下，行過淺灘，洄旋洶湧。老舊小木舟於其間顛簸前進，一位船夫立在船尾撐竿，另一位則在船首操控方向，穿越激流。木舟中坐滿團體旅遊的上班族，穿白襯衫、西裝、打領帶，在頭際綁條毛巾，免得忘記正身處鄉野。七十六天前，於北部夏季涼風中，最上川的遊船亦滿載著唱歌拍手的觀光客。如今，頂著仲秋煦陽，導遊透過擴音器帶動唱，上班族跟著擊掌和歌，船夫發出咕嚕咕嚕的低哼。歌聲越過球磨川，遙傳公路，最後為震耳欲聾的鑽孔機聲所覆蓋。

有些上班族頭上戴了報紙折成的帽子，有些則用綠色毛毯蓋住雙腿，球磨川激流泛舟長達十八公里，嬌生慣養的上班族膝蓋恐怕吃不消。河對岸的公路上，卡車一次拖著兩艘木舟和兩位老掌舵回到人吉；他們在彼處將重新開始泛舟行程。這場景不免讓我聯想到但丁[17]筆下的浪蕩子弟，被懲罰在地獄中循著半圓線，來來回回地推動重物，永不

17 Dante，一二六五—一三二一年，義大利文藝復興文學家，主要作品有《神曲》等。

得止歇。

我坐著看好幾條木舟經過，然後在一家小餐廳用午餐。餐廳位於堤岸高處，可飽覽球磨川風光。幾位女性地陪也在此用餐，個個將捲髮染紅，套著鮮紅色鬆緊鞋，一身暗藍色格子花樣浴衣。她們將上身伸出餐廳窗外，跟下面木舟中臉頰泛紅的上班族比劃手語，雙方交涉良久。激流泛舟似乎只是序曲，後面還有更精彩的冒險。

下午逐漸流逝，走過山巒，公路和球磨川蜿蜒流進人吉盆地。中途，我在一座荒蕪的小車站稍歇；裡面沒有站員和剪票口，也不見火車經過。一小張告示板上注明，此處是「大家的火車站」。我越過球磨川，轉進公路，瞅見高聳於人吉市上的宮崎（Miyazaki）縣巒峰。人吉單調平靜，跟相同大小的城市比起來，受到之工業污染極微。車站附近是一大片溫泉區，旅館看起來都相當講究昂貴。我在下町後巷中找到一家小旅館。老闆娘嘴裡鑲滿金屬假牙，個性緊張兮兮，替我洗了所有衣物。她養了兩隻猴子作為寵物。猴子砰砰用力敲打籠子，一隻還伸出手臂，撕掉我鼻子上曬得脫皮的小塊皮膚；就像八十九天前，在恐山附近公路上碰到的老頭一樣。

晚上，我跑進一家烤雞肉串店吃晚飯。此店的外牆上貼著生啤酒的海報。門口掛一排紅燈籠，全印上「生啤酒」字樣，店內牆壁到處是條頓（Teutonic，日耳曼）女人穿著阿爾卑斯村姑服裝，奉上生啤酒的圖片。

我點了一瓶生啤酒。

「本店不供應生啤酒。」老闆說。

之後，我們漫天閒扯。老闆娘試著問我兩次：「你酗酒嗎？」她問我，以及「你跟團嗎？」一位年輕男人進門，留著落腮鬍，套件淡黃褐色寬鬆夾克，垂著頭，一語不發地走上樓梯。沒多久，他又下樓來，走到櫃檯後面，拿起一個盤子，將它砸破。老闆和老闆娘一逕低頭盯著地板，年輕男人又出門，一直沒有吭聲。

翌晨，球磨川的河霧飄到人吉市。我離開旅館時，晨靄已散，天空布滿烏雲，好像快要下雨。這是兩週來第一次。要走出人吉市時，經過一個滿頭白髮的老婆婆，氣質高雅，提著購物袋，緩步行走於主要街道上。她每五碼就費力彎下身，拾起皺巴巴的香菸盒。走出人吉後，公路變得陡直，循次上坡，穿過秋收過後的土褐色稻田，通往宮崎縣縣界。延綿不斷的高原斜坡迅速取代陰沉的田野。我走過一個賣梨的路邊攤，掛著英國國旗，但已歇業，和景觀一樣死寂。排水溝裡躺著一隻烏龜，可能原本是某人的寵物，現已乾乾扁扁。我發現襯衫上沾著半百隻死蒼蠅時，嚇一大跳。

下午一點過後，行到人吉環狀橋。紅色鐵橋兀立，巨大雙螺旋型橋身直聳入天際，二二一號公路由此抄個捷徑，一晃便鑽進鑿穿山巔的兩公里長隧道。通橋才六個月，橋下的老舊公路已爬滿蔓草，遭到廢棄。不可置信的是，造橋者為行人設計了一道階梯，垂直銜接公路，讓我省了兩公里腳程。空曠山谷中山嵐怒號，我拾階而上，橋的鐵梁隨風低鳴。我是數哩之內的唯一聽眾。我向熊本縣投下最後一瞥，緋紅的秋楓在低矮橋口處隱隱約約，襯映得如夢如幻。我走進隧道，十九分鐘後，進入宮崎縣，站在高台俯瞰蝦野（Ebino）山谷。

山谷後方，密布在山巒間的山霧，銀光蕩漾，與雲朵連成一片。霧島三大高山（韓國岳、高千穗岳和新燃岳）若隱若現，如鬼魅般矗立於遠處。下方是小鎮加久藤（Kakuto），一道鐵軌逶迤而過，鎮公所是唯一超過兩層樓的建築。我慢步下坡，抵達加久藤街衢，荒蕩如山路。

旅館房間毫無擺飾，我竟得要求一張坐墊和收放式小矮桌，否則無法寫下筆記。最後一位登記住房的客人於九月十日投宿。這七週以來，旅館一家無事可做，被迫專心與媳婦和平相處。年輕媳婦來自人吉，今年春天才和旅館老闆的長子結婚。

我在客廳和旅館一家人共進晚餐，親睹締結秦晉之好。年輕媳婦像女傭般被呼來喚去。先是她老公，再來是東京來的伯伯，他剛好要在這住一晚，最後是她婆婆。婆婆態度最為嚴厲，威風凜凜地坐在走廊的沙發上，剛好位於拉開的紙拉門中間，遙控媳婦晚餐中的一舉一動，鉅細靡遺。

「馬上端醃醬菜給老外！」

「再開一罐啤酒！」

「妳不知道菜豆湯煮好了嗎？」

媳婦衝進衝出，臉上帶著恍恍惚惚的微笑，毫無怨言。而她的夫家四十五分鐘內都端坐在坐墊上，文風未動。

晚餐後，一位住在隔壁的老祖母被叫來娛樂我。我只是在席中不經意提到，我很喜歡三味線的音色。馬上有人想到，那位老祖母有把三味線。我們全場靜坐，看著老祖母慢慢彎下腰，小心地坐到坐墊上，煞有介事般，一步步打開刺繡精美的裹布，挑了一個撥片，然後將耳朵緊貼到脖子上，仔細調每一根琴線的音。最後，她莊重地環顧四周，對著屏氣凝神的觀眾宣布，她沒學過三味線。

「但這是三味線沒錯，」老祖母跟我說，「這樣好了，讓你摸摸看。」

為了炒熱氣氛，伯伯自告奮勇要高歌一曲，荒腔走調。他獻唱完畢後，立刻將電視機的音量調到最大，以杜絕任何人提供技高一籌的餘興表演。老祖母則告訴我，她早聾了。

「我早聾了。」她嘮嘮又說一次，然後轉身對媳婦怒吼，端茶來！拿餅乾來！

八點鐘，年輕媳婦突然消失了十五分鐘，回來時，穿著嶄新的藍白色運動服，神態扭捏不安。

「我可不可以去排球俱樂部？」她膽怯問道。

「唉呀呀，是排球啊？」她婆婆老奸巨猾地說。「妳希望我們在妳回來前，全坐在這渴死！今晚還有客人哪！妳難道忘記了？」

「我不去就是了。」媳婦傻笑著。

「唉呀呀，妳去！妳要去就去！」婆婆說。「妳回來時要洗盤子。立正挺胸站好！不然客人哪看得出妳穿運動服的模樣！」

媳婦滿臉漲得通紅，呆呆微笑，在紙拉門前立正站好。她婆婆在一旁，逐一數落她身體哪部分不爭氣。她老公見她被整，得意地微笑。老祖母再提醒我們一次，她早聾了。

稍後，媳婦告訴我，她剛嫁來此地時，人生地不熟，因此參加了排球俱樂部，好認識一些朋友。她於五月加入俱樂部，但五個月以來，只去了三晚。排球俱樂部的成員曾臭著臉，責備她不把排球當一回事，讓她練習還算對她客氣。他們說什麼也不讓她加入排球隊。她邊說邊嘆氣，隱約一笑，「鄉下生活就是這麼回事。」

「鄉下生活，」媳婦去打排球後，婆婆糾正道，「表示你不用一早起床。你住在這時，愛怎樣就怎樣。我們不像城裡人，沒事就在那忙來忙去。你明天晚點再吃早飯，儘管賴床。」

「他就像我兒子，」聾老祖母說，「他想住多久，就住多久。」她給我一個柿子。她剛花了二十分鐘，才切好，將皮剝好。

媳婦打完排球回來時，我已躺在樓上房間的臥墊裡，其他家人也一樣。我聽著她在廚房裡洗碗盤的哐噹聲，然後是在客廳裡準備早餐碗盤的聲響。她沒有很晚才睡，不到半夜就上床了。鄉下的生活步調的確輕鬆。

只有日本有四季

翌晨，媳婦給我一張到蝦野高原的地圖，用紅色原子筆在筆記紙上畫了好幾道線。我花了一個小時研讀這張地圖。我最後放棄，走到蝦野魚市中心。它是一座小倉庫，孤單單立在一片空地上，裡面有位老頭正小心翼翼地堆著柴薪，為冬天作準備。老頭拿著小石頭，在地上幫我畫了路線圖，我倆蹲著看地面，頻頻討論路徑狀況，活像兩位印地安斥候。這片霧島山最低矮的山坡上，零星散落著幾處豬舍和雞舍。雞舍裡，雞隻骨瘦如柴，咯咯咯叫個不停。土地瀰漫著英國氣味，這些聲響將我帶回童年時的禮拜天。

「你也知道，只有日本有四季變化。」婆婆在吃早餐時解釋。

我離開旅館後，走至正午，迎面而來的仲秋景色令我屏息。眼前是一片深紅色楓林。繼續爬上火山北坡，秋意正濃，燦金色、鮮黃色和猩紅色楓葉漫山遍野，彷彿走進絢爛的萬花筒中。轉過彎道，霧島似乎變成童話世界，兩隻馬上了馬具，等著趁秋天將柴薪拉到山谷中的農場。萬籟俱寂，只聞楓葉的颯颯聲響。大約一小時才有一輛車經過。一或兩輛房車在路邊停下，新婚夫婦陶醉地盯著馬匹和火紅的秋楓，也睜大眼睛觀賞我。

下午三四點，璀璨的秋葉天幕逐漸稀疏，霧島山的灰綠色圓錐挺立於高高的楓林之後，呼哧呼哧冒著白色蒸氣，飄進雲朵緩緩聚集的天空。山路陡地下坡，剎那間，女人招攬觀光客的輕快廣告，透過擴音器傳來。硫磺的濃烈臭味趕跑了豬兒和英國風情。走出炫目耀眼的秋楓紅林，進入海拔四千呎高的蝦野高原，火山群重巖疊嶂，夕陽於其後徐徐下山。高山峻嶺幽邃魆闇，團團煙霧沸沸而上，像極恐山翻騰不安的月球地貌。

巔峰高處寒風刺骨。成群學童自八輛巴士中下車，正要上坡觀賞火山口景致，導遊拿著麥克風在前引導。學童扯高嗓門，蓋過麥克風，戰戰兢兢地對我吼著：「嘿，這是一支筆！」以及「你好嗎嗎嗎？」

我在蝦野「逼死他審他」（Bijitaa Sentaa，Visitors Center，觀光中心）灌了兩瓶啤酒，住進一間國民宿舍，它幾乎沒有住客。這棟國民宿舍似乎是專為新婚夫婦而建造，因其紀念明信片都做成心型。今晚，宿舍裡有一對蜜月夫婦。他們分坐在長桌兩端，默默無言地吃著晚餐。翌晨，早餐時間變得活潑多了。一小巴士的公司社員一早抵達，在早上七點四十五分，就喝掉十七瓶啤酒。

我離開國民宿舍時，天空中飄著細雨，我因此草草瀏覽蝦野高原景點。御池、不動池和大浪池等火山口湖，以及探幽路徑的標示，皆清楚明瞭。臭氣沖天的蒸汽雲四處翻攪，煙霧茫茫。青少年和青少女穿著剛洗好的登山裝，大聲喧譁地上下巴士，爭先恐後，一片混亂。從他們猛瞧著我的神情來看，我想，我再待久一點的話，身邊也會被插上標示牌。

十點二十分，出發下坡往霧島收費公路而去，經過一輛巴士。司機衝著我微笑，說他願意免費載我下山。五位老婆婆手腳著地，匍匐於地面，用浮石磨洗人行道路邊石。一個小告示指出，我即將離開宮崎縣，進入我旅程中最後一個縣，鹿兒島縣。

一整天下來，蔚藍天空中的雷雨雲移動緩慢。偶爾，透過路樹，可瞧見低處的海洋。自離開門司後，便與之睽違。下坡山路往零星點綴於霧島山西南斜坡的霧島溫泉鄉邁進。先看到一家小旅館，廢棄已久，窗戶破碎，瓦屋塌陷。再來是巨大的林田（Hayashida）溫泉飯店，樓高九層，兩側是巴士站、保齡球館和一家大型百貨公司。我閒晃於百貨公司內，以確定這不是幻覺（活火山附近很少會有百貨公司從天而降），也想順便找個地方吃午飯。一路感覺有點陰森森。我是百貨公司裡唯一的顧客。手扶梯和女性內衣部之間，共計有九位穿制服的小姐對我鞠躬，像上發條的機器人。她們站在櫃檯後，整個大廳安靜地恍如墳場。我正要上手扶梯時，一位矮小的經理身穿運動上衣，慌張地衝上前來，多管閒事地說「巴素！巴素！（Basu，巴士）」，指指站牌方向。

「我不想搭巴士，」我回他一句，「我想吃午飯。」他目瞪口呆地看著我，三位百貨小姐突然恢復正常運作，摀著嘴巴偷笑。

百貨公司裡沒有我想吃的東西；我瞄到它時就該明白，害我走了些許冤枉路。一家棕櫚餐廳杳無人煙，一端有個舞台，放了六支康加鼓[18]。我逛一下便離開百貨公司，找

18 為康加舞伴奏的手鼓。

到一家木板屋，吃了一盤炒飯，講起我的生平故事。一位顧客嘴裡叼著牙籤，想知道我所有的事蹟，卻對著廚師發問。廚師充當即時口譯，沒什麼問題，怪只怪在我們都在說日文。那位顧客只直接對我說了一句話。我吃完炒飯，就要走出店門口時，他對著我說，只有日本有四季變化。

午後，經過幾座溫泉，下坡朝海岸方向而去。溫泉區內，八或九層樓高的飯店和紅磚瓦房牛排館林立，還有一家健康中心。一位高中女生原本坐在青草堤岸上，看到我，連跑帶跳地過街，想練習英文。

「我的學校在一個山丘上。」她說。

「哪座山丘？」我問。

「那座山丘沒有名字。」她神秘兮兮地說。她偷偷告訴我，她以後想成為同步口譯（剛剛賣炒飯的店一定是打了電話要請一位），遞給我一盒口香糖，然後說她很高興認識我。兩個高中男生騎著腳踏車，遠遠地看到這一幕，對她鬼吼了些不堪入耳的字句。隨後，我走過一家卡朋[19]點心店，離開最後一座豪華溫泉丸尾，下起雨來。

轉進二二三號國道公路，向前邁進，之後經過的栗川溫泉等區較為廉價引人，有的就在路邊用鐵皮浪板搭個簡棚，供來客更換衣服。一群老婆婆坐在離國道不過五碼開外，上身赤裸，胸部下垂，下身穿件襯裙，掩不住鬆垮的小腹。她們看到我，精神大振，猛對我揮手。噴射客機隆隆劃過頭頂的雨雲上方，飛往鹿兒島機場。公路於潮濕灰暗的峽谷間，迤邐曲折三十分鐘後，連接鹽浸（Shiohitashi）。我直抵鹽浸溫泉旅館，房舍搖搖欲墜，我一看就決定投宿此地。我是今晚唯一的住客，硫磺澡堂為我所專用。我整晚沒說上多少話。老闆娘染紅頭髮，滿面倦態，和服上繡著杜鵑花葉，嘴角叼著一根香菸，借我紀梵希牌香皂洗澡。

最後的旅程

旅程第一百二十四天，下午三點，我走抵鹿兒島灣，往南沿著海岸線，準備完成到達佐多的最後一程。櫻島山（Mt. Sakurajima）壯麗的灰棕色圓錐矗立前方，煙雲飄於火山口頂端。道路平坦，傳來紛雜的海洋怪味：曝曬的捕魚網、海面上的浮油、未加蓋的下水溝、傾倒於海灘的垃圾、蓖麻油和腐爛的魚頭等。港邊飄散的海味，提醒我，日本東岸的太平洋南和中國東海交會，北與鄂霍次克海（Sea of Okhotsk，浪濤拍擊北海道東北岸）銜接。

二十隻小豬擠在豬寮裡，拍打著粉紅色耳朵，試著入睡。隔壁住了一位老太婆，穿著和服橫躺在大型彩色電視機前，鼾聲掩蓋過傍晚新聞播報。我走進一家店小歇，女店

---

19 Al Capone，一八九九至一九四七年，芝加哥黑手黨老大。

員花了五分鐘，對我手臂上的茸毛嘖嘖稱奇。一個鼻子紅通通的男人告訴我，他準備包兩百萬日幣的禮金給即將結婚的兒子。夜晚來臨。漁船引擎發出低沉的顫動聲，掠過小海港，港裡紅燈籠忽亮忽滅。越過海灣，於黝闇的火山溶岩山坡後方，鹿兒島市的琥珀色燈光閃爍不定。就像於盛夏六月的第一段旅程中，於此，在最後一段腳程時，也有一位老先生對我說著「辛苦您了」。

翌晨，我慢吞吞地繞過櫻島山麓。一九一四年噴出的大正溶岩，在海灣中形成一座島嶼，由於火山不斷噴灑出溶岩和火山灰，最後島嶼的東南頸部連接九州本島的垂水市。九州的海洋比土地平靜祥和。火山附近隆起的高山崇嶺，宛如巨人玩泥餅（mudpies）遊戲時隨意扔成。道路邊的棕櫚樹、仙人掌和果樹都覆蓋著一層厚厚的淡灰色塵土。

吃午飯的小餐廳冷冷清清。老闆娘從窗口看到我，立刻奔過馬路，告訴我，她女兒剛生了外孫，所以她得馬上趕去醫院，只來得及幫我弄一盤炒麵。我吃著炒麵，自己從冰箱裡拿了啤酒。等我吃完時，老闆娘已不見蹤影。我留下一千日幣紙鈔，用空啤酒罐壓住，然後在潔白靜謐的海灘睡了半小時。

今天下午有數公里腳程，不是走馬路，而是行於防波堤上。防波堤已快傾塌，卻是這片荒蕪海灘上簡陋木屋和房舍的唯一防護。一位老奶奶給我吃一片鹽漬魚。一個老翁正在釣魚，連忙從海邊的凳子上起身，過來跟我握手。天空澄朗，太平洋天際閃電斷斷續續，五點鐘，雷雨雲聚集在海灣上方，西沉的太陽穿透雲層，射出暮光，斜暉映襯成日本太陽旗。

海浪開始翻攪，夜幕低垂，浪濤掀起滾滾巨浪，暴風雨驟然瀟瀟而下。路上沒有遮雨棚，我快步跑到濱田（Hamada）村。民宿老闆娘一下在餐廳端炸豬排給客人，一下跑到雜貨店賣肥皂粉，趁空檔期間趕忙招呼我，送來熱毛巾、熱茶和拖鞋。我獨自跟貓咪玩耍了一陣。後來，老闆娘關上雜貨店，熄掉餐廳的燈，和我一起在客廳用晚餐。她告訴我，濱田是個鳥不生蛋的鬼地方。週末從佐多岬釣魚回來的漁夫們，總在開車經過此地時，順道將垃圾丟下。

「佐多岬還有多遠？」我問。

「十五日本里，」她告訴我，「坐計程車要一個小時。你要是瘋子，真想用走的話，一天半。」

老闆開著在北九州市買的二手車，在十點三十分返家。我花了十八天，才從北九州市走到此；他開車只要十二個多小時。老闆夫婦竊竊私語了好一會兒，原來他在路上跟警察起了爭執。但他們倆馬上掃除陰霾。他們曾收到從遙遠的宗谷岬寄來的明信片，特地收藏起來，現在高興地拿出來給我看。

「那是北海道最北端，」他們告訴我，「和佐多岬幾乎一模一樣。你一定會大吃一驚。」

十一月三日是國定假日，根據日本國家觀光振興會的官方指南，文化節是「為了培養愛好和平與自由，以及促進文化」而擬定。佐多村南方的路迤邐爬上丘巒。下方的亮藍海洋乍隱乍現，點點白色漁船隨波蕩漾。越過鹿兒島灣，南端薩摩半島（Satsuma Peninsula）上，開聞山（Mt. Kaimon）如金字塔般兀立不動。

我停在一家雜貨店，老闆似乎是兩個小孩。這兩個小鬼在店裡所有海報和招牌上，畫了鬍鬚和黑色牙縫。年紀較小的那位緊抓著一塊紅色小坐墊不放。那塊小坐墊只要一壓，就會發出淒厲的嚎笑。我在店裡時，那塊小坐墊尖笑連連，表示狂熱歡迎之意。也是在這間店裡，第一次碰到《南日本新聞》的報社記者。他恰好開車經過，憑著內人對他的口述，竟然認出我來。內人正在佐多岬等他——還有等我——而記者正要趕去那做採訪。他抓住這個機會，拍下我和開聞山的合照，拍下我與一位老奶奶的合照。老奶奶背著木籃，裡面裝了蔬菜和一些東西。既然拍了合照，記者便要她跟我解釋，那個木籃是什麼。

「你的背包好用多了，」她告訴我，「我真希望有你那種背包。它比這種老式的……它叫什麼……它叫什麼呢……？」

「背負子（shoiko）。」我建議，東北人用這個名詞。

「大概吧。」她回答，給我一個南方人不以為然的表情。

記者開車先走，總在最奇怪的地方等我拍照。他覺得那些地方背景都不錯。我實在是不堪其擾，因為我很想小解，又不敢暢快解放，誰知道他會在哪個隱密地點冒出來。

最後一段腳程是收費公路，兩旁種著棕櫚樹。左右兩邊的海浪高舉，嘩啦啦拍在下面的岩石上。公路逶迤曲折，起伏陡峭。明天，四個月以來的第一次，我將疲累而病奄奄地坐著巴士，駛回這條顛簸的路段。

我以沉重的步伐，走過一塊露營區。小小的茅舍以稻草覆頂，圍成一圈，排列出旅行社想像中的大溪地風情。我付了一百日幣渡資，走過通往佐多岬燈塔的隧道。隧道裡，擴音器播放著夏威夷吉他歌曲。穿制服的女學生咂咂出聲，對我破爛的牛仔褲，表示輕蔑。隧道入場票上標明著，我已抵達北緯三十一度——與亞歷山卓（Alexandria，埃及北部港市）、上海和印巴的旁遮普（Punjab）緯度相同。

佐多岬燈塔前是一道階梯，蜿蜒拾階而上，內人幸惠（Yukie）和記者正在等我。一個告示板上寫著，此處是日本最南端領土。記者拍下我站在告示板前的照片。在一家空蕩無人的餐廳裡，他請我喝啤酒。那亦是這趟旅程的最後一瓶。他問了我以下問題：

「旅程總共花多久時間呢？」

「一百二十八天。」

「你總共走了多遠呢？」

「很難估算確切數字。地圖不怎麼可靠，山路又折來折去。如果包括在大都市裡休息，隨意逛逛的腳程的話，最接近的數字是三千三百公里。但實際上可能遠高於此。」

「你搭過巴士或火車嗎？」

「沒有。」

「不是會碰到駕駛停下來，要讓你搭便車嗎？」

「常常碰到，尤其是天候惡劣的時候，但我總是婉拒。」

「你現在感覺如何呢？」

「輕了九公斤，少了三片腳趾甲。」

「旅程中，最艱難的部分是什麼呢？」

「北海道的部分，我那時身體還不太適應。還有兵庫縣和山口縣中部山區，地圖上畫的某些公路，其實是繞來繞去的泥巴路。」

「食物還習慣嗎？」

「毫無問題。」

「地方方言是否是個大難題？」

「還好。」

「你曾想放棄嗎？」

「旅程剛開始時，曾想過一次，我那時覺得我無法完成。另一次是在廣島，我開始懷疑這麼做有沒有意義。」

「你現在知道此行的意義了嗎？」

「還不知道。」

「你樂在其中嗎？」

「是的。如果我還有時間、體力和金錢的話，我會再走一次。」

「你當初為什麼決定要做這趟徒步之旅呢？」

「我四分之一的人生在日本度過，而我無法確定，這是否為浪費時間。我希望藉由四個月時間，仔細研究這個國家後，能讓旅居此地變得更有意義，也更清楚我的自身處境，不論是好是壞。」

「你辦到了嗎？」

「還沒有。」

「你喜歡日本人嗎？」

「哪種日本人？」

「就是日本人呀。」

「請問是哪種日本人？」

「你在日本覺得自在嗎？」

「不，我想，臉皮特別厚（thick-skinned）的外國人才辦得到吧。」

「你覺得，你在這四個月中，是否學到很多東西呢？」

「是的，我更認識日本，也更了解自己。」

記者闔上筆記簿，我們握手道別。我與幸惠坐在餐廳裡，寫明信片給在東京的朋友，覺得我已盡力好好回答那些問題了……

……但我一直忘不了一段對話。那時，我才開始徒步兩週，正逢七月溽暑的北海道。我坐在一家小雜貨店外面，沐浴在夏季烈陽中，跟一位老爹攀談。老爹問我住在哪，我回說東京。

「東京不能代表日本，」他說，「住在東京，無法了解日本。」

「沒錯，」我同意。「所以，我想花點時間，好好看看其他地方。」

「光看還是無法了解日本。」老爹說。

「不，不光是看，不是像觀光客從巴士窗口看那樣。我要走過全日本。」

「就算你走過全日本，還是無法了解日本。」老爹又說。

「不光是走過全日本，還要和各式各樣的人交談。」

「就算你和各種人談過話，還是無法了解日本。」老爹堅持。

「那請問你，我該怎麼做才能了解日本？」我問他。

這問題似乎出乎他意料之外，他有點受傷，有點生氣的樣子。

「你無法了解日本。」他說。

附錄　日本歷史略表

舊石器時代	至西元前一萬年		
繩文時代	至西元前三百年		
彌生時代	至西元三百年		
古墳時代	至七一〇年	三五〇年	大和朝廷興起於奈良縣
		六三〇年	首度派遣遣唐使
奈良時代	至七九四年		
平安時代	至一一八五年	七九四年	仿唐朝長安建立平安京（京都）
		八〇一年	坂上田村麻呂為「征夷大將軍」討伐蝦夷
		一〇〇八年	紫氏部完成《源氏物語》主要部分

鎌倉時代	至一三三三年	一一八五年	壇之浦合戰，平氏遭滅族，源賴朝建立鎌倉幕府
		一二二一年	承久之亂
		一二七四年	第一次元朝蒙古來襲
		一二八一年	第二次元朝蒙古來襲
		一三二四年	後醍醐天皇首次倒幕失敗
		一三三一年	後醍醐天皇二次倒幕失敗
室町時代	至一五六八年	一五四三年	葡萄牙人登陸種子島
		一五四九年	沙勿略抵日傳教
安土桃山時代	至一六〇〇年	一五八七年	豐臣秀吉發布日本史上首次禁教令
		一五九二年	豐臣秀吉首次出征朝鮮
		一五九七年	二次出征朝鮮

江戶時代	至一八六八年	一六〇〇年	關原戰役使德川家康確立霸權地位
		一六一二年	德川幕府頒布禁教令
		一六三五年	頒布海外渡航禁止令
		一六三九年	頒布鎖國令
		一六四一年	與中國和荷蘭之貿易據點僅限於出島
		一八五三年	美國培里率艦叩關
		一八五六年	開放長崎、函館、橫濱等港口
		一八六七年	大政奉還
明治時代	至一九一二年	一八六八年	明治元年
		一八六九年	蝦夷地改稱北海道，設「北海道開拓使」
		一八七一年	廢藩置縣
		一八七七年	西南戰爭
大正時代	至一九二六年		

昭和時代	至一九八九年	一九四五年	廣島、長崎遭原子彈攻擊，日本無條件投降
		一九四六年	昭和天皇發表「人間宣言」 《日本國憲法》發布
		一九五四年	自衛隊成立
		一九七二年	札幌主辦冬季奧運
平成時代	——		

國家圖書館出版品預行編目（CIP）資料

縱走日本二千哩／亞蘭．布斯（Alan Booth）著；廖素珊譯. -- 三版. -- 臺北市：馬可孛羅文化出版：英屬蓋曼群島商家庭傳媒股份有限公司城邦分公司發行，2022.09
面； 公分. --（當代名家旅行文學；MM1063Y）
譯自：The Roads to Sata: a 2000-Mile Walk through Japan
ISBN 978-626-7156-20-9（平裝）

1. CST: 徒步旅行 2. CST: 日本

731.9 111011165

當代名家旅行文學

【當代名家旅行文學】MM1063Y

縱走日本二千哩

The Roads to Sata: a 2000-Mile Walk through Japan

作　　者❖亞蘭．布斯 Alan Booth
譯　　者❖廖素珊
封面設計❖陳文德
內頁排版❖張彩梅
校　　對❖魏秋綢
總 策 劃❖詹宏志
總 編 輯❖郭寶秀
編輯協力❖黃美娟
行銷企畫❖許純綾

發 行 人❖涂玉雲
出　　版❖馬可孛羅文化
10483台北市中山區民生東路二段141號5樓
電話：(886)2-25007696
發　　行❖英屬蓋曼群島商家庭傳媒股份有限公司城邦分公司
10483台北市中山區民生東路二段141號11樓
客服服務專線：(886)2-25007718；25007719
24小時傳真專線：(886)2-25001990；25001991
讀者服務信箱：service@readingclub.com.tw
劃撥帳號：19863813　戶名：書虫股份有限公司
香港發行所❖城邦（香港）出版集團有限公司
香港灣仔駱克道193號東超商業中心1樓
電話：(852) 25086231　傳真：(852) 25789337
馬新發行所❖城邦（馬新）出版集團 Cite (M) Sdn Bhd.
41-3, Jalan Radin Anum, Bandar Baru Sri Petaling,
57000 Kuala Lumpur, Malaysia
電話：(603) 90563833　傳真：(603) 90576622
讀者服務信箱：services@cite.my
輸出印刷❖中原造像股份有限公司
三版一刷❖2022年9月
三版二刷❖2023年4月
紙書定價❖490元
電子書定價❖343元

ISBN：978-626-7156-20-9（平裝）
ISBN：9786267156216（EPUB）
城邦讀書花園
www.cite.com.tw